丛书出版获以下项目支持

国家社会科学基金重大项目"大数据环境下信息价值开发的伦理约束机制研究"（17ZDA023）
国家社会科学基金一般项目"开源运动的开放共享伦理研究"（17BZX022）
中央高校基本科研业务费项目"大数据伦理问题及其对策研究"
大连理工大学学科建设项目"人工智能伦理问题研究"

互联网、大数据与人工智能伦理丛书

本书系国家社科基金一般项目"中国社会科学研究伦理审查制度缺失问题及对策研究"（15BSH032）成果

中国社会科学
研究伦理审查制度建设研究

—————○○○　　侯俊霞／著　　○○○—————

科学出版社

北　京

内 容 简 介

研究伦理审查制度是国家治理体系和治理能力现代化中完善科技创新体制机制、健全科技伦理治理体制不可或缺的组成部分。

本书聚焦中国社会科学研究伦理审查制度建设，以国内外知名高校相关制度建设为案例，结合历史文献梳理和理论来源探讨，辅以问卷及访谈数据，提出中国社会科学研究伦理审查原则及制度建设的基本框架。

本书可供政府部门、业界与学界对社会科学研究伦理审查制度感兴趣的读者阅读参考。

图书在版编目（CIP）数据

中国社会科学研究伦理审查制度建设研究 / 侯俊霞著. —北京：科学出版社，2023.3
（互联网、大数据与人工智能伦理丛书）
ISBN 978-7-03-074086-1

Ⅰ. ①中… Ⅱ. ①侯… Ⅲ. ①社会科学-社会公德-检查-制度建设-研究-中国 Ⅳ. ①C12

中国版本图书馆 CIP 数据核字（2022）第 231389 号

丛书策划：侯俊琳 邹 聪
责任编辑：邹 聪 乔艳茹 / 责任校对：韩 杨
责任印制：徐晓晨 / 封面设计：有道文化

科学出版社 出版
北京东黄城根北街 16 号
邮政编码：100717
http://www.sciencep.com
北京建宏印刷有限公司印刷
科学出版社发行 各地新华书店经销
*
2023 年 3 月第 一 版 开本：720×1000 B5
2023 年 3 月第一次印刷 印张：24 1/2
字数：350 000
定价：168.00 元
（如有印装质量问题，我社负责调换）

互联网、大数据与人工智能伦理丛书
编 委 会

丛书序

　　互联网、大数据与人工智能是当代及未来发展的驱动力。互联网拓展了人类的生存空间，大数据是 21 世纪的"新石油"，人工智能成了社会发展的引擎。世界各国纷纷将互联网、大数据与人工智能的发展上升至国家发展战略层面。同时，互联网、大数据与人工智能的发展面临诸多现实的伦理和法律问题，如网络安全、个人隐私、数据权益和公平公正等。关于这些问题的伦理学研究常常是制定相关法律法规和政策的前置议程。我国在制定互联网、大数据与人工智能发展战略时，也极其重视伦理和法律问题的研判与应对。

　　2015 年 7 月，国务院发布《国务院关于积极推进"互联网+"行动的指导意见》，要求加快"互联网+"相关立法工作，落实加强网络信息保护和信息公开的有关规定，加快推动制定网络安全、电子商务、个人信息保护、互联网信息服务管理等法律法规，逐步完善相关标准规范、信用体系和法律法规。

　　2015 年 9 月，国务院发布《促进大数据发展行动纲要》，高度重视数据共享、数据安全和隐私保护。《促进大数据发展行动纲要》要求明确数据共享的范围边界和使用方式，厘清数据共享的义务和权利，加强安全保障和隐私保护，界定个人信息采集应用的范围和方式，明确相关主体的权利、责任和义务，加强对国家利益、公共安全、商业秘密、个人隐私、军工科研生产等信息的保护，加强对数据滥用、侵犯个人隐私等行为的管理和惩戒，推动数据资源权益相关立法工作。

2017 年 7 月，国务院发布《新一代人工智能发展规划》，对人工智能伦理问题研究提出了明确要求，将人工智能伦理法律研究列为重点任务，要求开展跨学科探索性研究，推动人工智能法律伦理的基础理论问题研究。《新一代人工智能发展规划》指出人工智能可能冲击法律与社会伦理、侵犯个人隐私、挑战国际关系准则，要求加强前瞻预防与约束引导，最大限度地降低风险，确保人工智能安全、可靠、可控发展。最引人注目的是，《新一代人工智能发展规划》关于人工智能伦理和法律制定了"三步走"的战略目标：到 2020 年，部分领域的人工智能伦理规范和政策法规初步建立；到 2025 年，初步建立人工智能法律法规、伦理规范和政策体系；到 2030 年，建成更加完善的人工智能法律法规、伦理规范和政策体系。

技术发展与社会环境息息相关。在大力发展高新技术的同时，必须高度重视可能的社会风险和伦理挑战，必须加强技术伦理学研究。技术伦理学是规范性的，也是建设性的。技术伦理学研究旨在揭示技术发展面临的伦理难题，为技术发展清理路障，同时为技术发展提供价值指引，确保技术在造福人类的轨道上发展。

随着互联网、大数据与人工智能对人类社会影响的普遍化，其伦理问题不再只是囿于哲学伦理学圈内的议题，已成为政界、业界、学界和公众高度关注的公共话题。对这些问题的研究也不再局限于哲学伦理学方法，搭建多学科交叉研究和交流的平台势在必行。

李伦教授主编的这套丛书是搭建这种平台的一种尝试。这套丛书将运用伦理学、法学、社会学和管理学等的理论与方法，关切人类未来，聚焦互联网、大数据与人工智能面临的现实问题，如网络内容治理问题、网络空间数字化生存问题、数据权和数据主权问题、隐私权和自主权问题、数据共享和数据滥用问题、网络安全和信息安全问

题、网络知识产权问题、大数据价值开发的伦理规范问题，以及人工
智能的道德哲学、道德算法、设计伦理和社会伦理等问题，并为治理
互联网、大数据与人工智能的伦理问题提供对策建议。

郭东明

中国工程院院士、大连理工大学校长

2018 年 12 月

序

建立健全社会科学研究伦理治理体系

　　科学技术的研究和应用与人类价值的关联日益广泛，尤其是人类增强技术、合成生物学、大数据和人工智能等新兴技术对人本身和外在世界的改造达到了空前的深度，给人类社会带来无限可能性的同时也潜伏着引发社会发展危机和人类集体忧虑的伦理风险。如何有效防范科技伦理风险，已成为科技伦理治理和国家治理现代化的重大问题和热点问题。

　　我国高度重视科技伦理治理。中央全面深化改革委员会第九次会议和第二十三次会议分别审议通过《国家科技伦理委员会组建方案》和《关于加强科技伦理治理的指导意见》，提出组建国家科技伦理委员会，加强统筹规范和指导协调，推动构建覆盖全面、导向明确、规范有序、协调一致的科技伦理治理体系，健全多方参与、协同共治的治理体制机制。"科学当然包括社会科学。"（邓小平语）科技伦理治理，当然包括社会科学研究伦理治理。建立健全社会科学研究伦理治理体系，是落实《关于加强科技伦理治理的指导意见》的题中应有之义，是确保社会科学研究健康发展的应有举措。

　　以涉及人的研究伦理审查为例，与生物医学研究伦理审查相比，系统性的、制度化的我国社会科学研究伦理审查制度尚未真正建立起来。概括起来，主要有四个方面的原因。第一，与生物医学研究相比，我国社会科学研究的国际化水平偏低。生物医学研究伦理审查制度的启动与我国科学家在国际学术期刊发表论文的旺盛需求不无关系，而在这些期刊发表相关论文要求经过伦理审查。第二，社会科学研究给被研究者带来的不良影响常常被认为不如生物医学研究大，社会科学研究伦理审查不必急于求成。事实上，社会科学研究对被研究者甚至社会可能产生的影响不亚于生物医学研究，社会科学研究既影响被研究者，其研究结果的应用还会影响到社会政策。且不说臭名昭著的"服从权威研究"，就连被誉为应用人类学力作的《菊与刀》也遭到了伦理质疑。哈佛大学傅高义教授曾指出本尼迪克特的研究存在伦理问题，认为她对身处美国的日本移民的访谈方式令人难以容忍，给被研究者带来心理负担和身心疲惫，由于研究者与被研究者之间存在不平等的权力关系，访谈常常沦为审讯式的询问，被研究者的自主性难以保证。第三，与生物医学研究相比，制定合适的社会科学研究伦理规范难度更大。社会科学研究被认为存在诸多不同于生物医学研究的特点，如社会科学研究中的霍桑效应，要做到被研究者知情同意常常会导致这类研究无法开展，这部分反映了制定合适的社会科学研究伦理规范的难度。即便如此，国外社会学等的学会（协会）仍高度重视社会科学研究伦理规范的制定，如美国社会学协会（ASA）在 1971年就制订了《伦理准则》（*Code of Ethics*），提出了维持研究的客观性和完整性、尊重研究对象的隐私与尊严、不伤害研究对象、为研究对象保守秘密、获得研究对象的知情同意等原则。第四，我国科技伦理管理存在条块分割的现象，没有建立起广覆盖的伦理审查制度。原卫生部率先建立涉及人的生物医学研究伦理审查制度，其管辖效力限于医疗卫生系统。其实，涉及人的研究伦理审查制度的开创者美国，并没有区别对待生物医学研究和社会科学研究，只要是涉及人的研究都必须遵守《联邦法规》第 45 主题 46 部分（The Common Rule 45CFR46）条款，需要经过机构伦理审查委员会（Institutional Review Boards，IRB）的伦理审查。涉及人的研究包括生物医学研究，也包括社会学、人类学、教育学、管理学等社会科学研究。例如，哈佛大学在医学院、公共卫生学院和文理学院等都建立了 IRB，审查从生物医学到社会科学的研究项目。

北京外国语大学侯俊霞教授 2012 年在英国获得教育学博士学位，经历过社会科学研究伦理审查的全过程，回国后发现国内没有建立这样的制度，于是决定在这一领域开展研究。她回国后开始在国防科技大学任教，出于研究的需要到我当时所在的湖南师范大学伦理学研究所访学，选修伦理学课程，并大量阅读了伦理学研究所丰富的中英文藏书。2015 年她成功申报国家社科基金项目"中国社会科学研究伦理审查制度缺失问题与对策研究"，这为她的研究提供了极好的机会和条件，本书就是这项研究的主要成果。侯俊霞教授对研究伦理审查制度建立历史和发展现状进行了文献分析，在此基础之上，发挥她在实证研究方面的优势，采集了大量的问卷调查和深入访谈数据，撰写了本书。

伦理学研究常常诉诸理论思辨和逻辑论证，这项成果的一大特色是运用社会科学研究方法研究社会科学研究伦理问题。侯俊霞教授在英国留学六年，系统掌握了社会科学研究方法，将质性数据与量性数据结合，刻画案例，分析现状，其研究可读性强。本书的创新之处有三点：第一，通过对研究者、管理者和潜在参试者进行广泛调查研究，系统梳理出中国社会科学研究伦理意识现状和审查制度缺失导致的问题，了解制度建设中存在的障碍，并分析当前显性和潜在的需求。第二，通过对经历过研究伦理审查的研究者进行访谈，深入了解其在审查过程中的经历以及对审查制度的态度转变，有利于在制度建设初期做出预判，找准需要关注的重点，对制度推进提前制定相应的配套措施，为管理者、研究者和实施者提供支持，确保制度建设顺利进行。第三，从理论和实践两个方面深入论证中国建立社会科学研究伦理审查制度的现实意义，提出具有中国特色的社会科学研究伦理审查制度建设的基本原则和基本框架。

值得称道的是，侯俊霞教授针对研究中伦理意识培训缺失这一发现，在上海、湖南、河南、新疆、青海的多所院校举办教师研究能力提升工作坊，将研究伦理作为重要的培训内容。她在所在高校完成中国工科大学生研究型学习经历跟踪研究，尝试将研究伦理融入专业课程建设提升在校生研究伦理意识。侯俊霞教授通过与高校科研管理者、研究者和中外审查者进行访谈，促进了相关领域的反思，为促进社会科学研究的国际交流与合作创造更有利的文化环境，为提升中国社会科学研究的国际影响力、中国文化的自信力做出贡献。

伴随大数据、人工智能等新兴技术的广泛应用，社交媒体、数字社会的崛起，人类行为和社会被广泛数字化、深度数字化。社会科学的研究范围、研究场景和研究方法极大拓展，大数据时代的社会科学研究已今非昔比。例如，计算社会科学通过新的计算技术和方法来进行社会模拟、建模、网络分析和媒体分析等，并以此来研究社会和人类行为的关系和互动。以往的社会科学研究伦理问题没有得到有效解决，而大数据时代的社会科学研究伦理问题已初露端倪，并将传统的研究伦理问题尖锐化和隐蔽化，保护被研究者的个人自主和隐私等面临更大的挑战。2014 年，Facebook 公司的 Adam D. I. Kramer、康奈尔大学的 Jamie E. Guillory 和 Jeffrey T. Hancock 在《美国国家科学院院刊》（PNAS）第 24 期发表论文"通过社交网络的大规模情绪传染的实验证据"（Experimental evidence of massive-scale emotlonal contagion through social networks），引起大量质疑，被指责违反科研伦理，"令人不寒而栗"。研究主持者未经用户知情同意，违反尊重自主原则，侵犯隐私；修改推送算法，秘密操控用户情绪，对用户情绪产生不良影响。毫无疑问，关于大数据时代社会科学研究伦理问题及其伦理审查制度的研究，是一项更具挑战性和紧迫性的课题，期待侯俊霞教授做出更多更好的成果，为建立健全我国社会科学研究伦理审查制度和推动社会科学研究伦理学的发展做出新的贡献。

李　伦

中国伦理学会科技伦理专业委员会主任

大连理工大学科技伦理与科技管理研究中心主任

大连理工大学大数据与人工智能伦理法律与社会研究中心主任

中国人民大学伦理学与道德建设研究中心科技伦理研究所所长

2022 年 1 月 9 日

目 录

图目录

表目录

第1章 导　　论

1.1　研　究　背　景

　　研究伦理审查（research ethics review）制度如何建立是当代中国社会科学研究制度建设亟待解决的一个问题。研究伦理审查制度是国家治理体系和治理能力现代化中完善科技创新体制机制、健全科技伦理治理体制不可或缺的组成部分。随着大数据时代的到来、人工智能技术的发展，研究伦理问题层出不穷，保护参试者隐私等问题成为新的难题，研究伦理审查制度建设随之进入新的挑战期，需要通过建立科技伦理治理体系、配套法律法规、加大过程监管力度等措施来应对。正是在此背景下，为应对日益增多的国内社会科学研究和国际合作研究中的伦理问题，必须高度重视研究伦理，突破国内社会科学研究领域研究伦理审查方面的思想局限，破解制度缺失难题，为完善中国社会科学研究的规范制度与提升中国社会科学研究的影响力探索路径、建言献策。

　　研究伦理审查制度的缺失及与此相关的思想观念的局限，是中国社会科学研究现代化与国际化亟须解决的重要问题。目前中国社会科学研究已有长足的进步，并有自己鲜明的指导思想与独特的深厚传统，但是中国社会科学研究在全面现代化与国际影响力方面仍有较大的进步空间。十八届三中全会提出了国家治理体系和治理能力现代化的重要思想和方针，十九届四中全会通过《中共中央关于坚持和完善中国特色社会主义制度　推进国家治理体系和治理能力现代化若干重大问题的决定》，正式将"健全科技伦理治理体制"纳入国家完善科技创新体制机制的核心内容，这就要求中国社会科学研究以更加广阔的视野和改革创新的勇气，尽快提升现代化水平。2021 年 12 月 17 日，习近平总书记在中央全面深化改革委员会第二十三次会议上的讲话中指出科技伦理是科技活动必须遵守的价值准则，要坚持增进人类福祉、尊重生命权利、公平公正、合理控制风险、保持公开透明的原则，健全多方参与、协同共治的治理体制机制，塑造科技向善的文化理念和保障机制（新华网，2021）。

研究伦理审查制度是维护相关人员合法权益和保证学术诚信的重要手段。在英美等国，以人为研究对象的研究项目在开题之前都应向所在研究机构或院校提交研究伦理审查申请，经有关伦理审查委员会批准之后方能开始研究（Silverman，2010）。如果参试者是易受伤害的人群，还要继续报请更高一级的伦理审查委员会审批。回顾国外研究伦理审查制度的建立过程，不难看出他们日渐完备的社会科学研究伦理审查制度，是建立在对许多有悖科学伦理道德的案例不断反思、总结的基础之上的，如 20 世纪 50 年代芝加哥大学教授进行的"威奇托陪审团研究"（Wichita jury study）。该项目没有遵守基本的学术伦理道德，在陪审团成员、被告和原告均不知情的情况下，用隐蔽的麦克风偷偷录下 6 个民事案件审理中陪审团审议过程，严重侵犯了当事人的隐私权（Kimmel，1988）。再如华盛顿大学劳德·汉弗莱（Laud Humphrey）的同性恋公共卫生间性行为（tearoom trade）研究，该项研究因为隐瞒研究的真实目的和暴露参试者的身份而引起争议（Bryman，2015）。为此，国外的研究机构包括高等院校逐渐建立了相应的审查制度，并确保伦理审查委员会运行的独立性，要求审查不受所在研究机构或院校、研究人员及委员会成员个人利益或者经济利益的影响（Economic and Social Research Council，2012）。

新西兰奥克兰大学斯德豪斯（Seedhouse）博士提出了"伦理金字塔网格"，主张从外部法规和行为规范，对个人、群体和社会的影响，对合作规则和道义的遵守，以及对个人自主权利的尊重四个层面分析有关伦理问题（侯俊霞等，2013）。笔者对国外相关文献进行梳理，并结合我国国情和社会科学研究的现状，发现研究伦理审查的重点主要集中在以下五个方面：第一，项目研究目的是否有益于人类社会发展；第二，项目是否保证研究的独立性；第三，项目是否评估了参试者可能遇到的危险，并且采取了必要的措施保护参试者免于伤害；第四，项目是否告知参试者该项研究的真实目的和内容，并在参试者完全知情的情况下获得了知情同意书；第五，项目是否最大限度地保护参试者的利益不受侵害，保护参试者的隐私不受侵害，以及自愿参与和自由退出的权利（侯俊霞等，2013）。

目前我国的研究伦理审查制度多限于自然科学领域，尤其是与生命医学相关的项目研究。笔者在开展"中国社会科学研究伦理审查制度建设"研究过程中发现一些社会科学研究者认为社会科学研究不需要进行研究伦理审查，甚至将其视为开展研究的人为障碍。这样的观念不仅是错误的，而且是有害的，甚至是危险的。社会科学研究中经常会遇到各种复杂的、与伦理相关的两难境遇（de Wet，2010）。如针对吸毒人员、黑恶势力等特殊人群的"卧底调查"研究比比皆是，但如何在收集真实数据和遵守研究伦理之间找到平衡点，目前仍缺乏必要的理论和法规指导。再如，一些教育研究随意动用学生进行各项实验，打着科学研究的旗号，在学生正式签署"知情同意书"之前即开始收集数据，也没有给予学生自愿参与和自由退出的权利。

随着我国社会科学实证研究，特别是国际合作社会科学研究项目的快速增长，急需进行相应的研究伦理审查制度建设，并以此为中心进行相关理论研究。笔者于 2020 年 4 月以"伦理审查"为关键词，在中国知网（CNKI）数据库检索到 299 篇 CSSCI 期刊文章，进行梳理后发现仅有 10 篇与社会科学研究相关，其他均为生命医学研究伦理审查。其中我国学者和加拿大学者合作在我国偏远乡村进行了一项质性研究，还曾引发当地道德观念与国外伦理审查制度的冲突问题（李玲，2009）。这一案例暴露了我国在社会科学研究管理方面还存在薄弱环节，需要借鉴国外的社会科学研究伦理审查体系来建立适用于本土文化的伦理审查制度。不过到底如何借鉴，目前还缺乏相关的理论指导，更没有相应的实证研究来支撑。中国社会科学的国际合作研究已经受到伦理问题的挑战，具有中国特色的社会科学研究伦理审查理论及制度的建立已提上日程。为了社会科学研究与文化工作的进一步繁荣，为了和谐社会的建设，社会科学研究伦理审查制度的建立和推行刻不容缓。

1.2 研 究 概 要

我国在社会科学研究管理方面还存在薄弱环节，需要借鉴国外的社会科学研究伦理审查体系来建立适用于本土文化的伦理审查制度。笔者于 2015～2020 年历时五年完成"中国社会科学研究伦理审查制度缺失与对策"研究，旨在促进中国社会科学研究的公正、诚信与法治化，为有效消除或减少社会科学研究中的矛盾及冲突提供理论与制度依据，提升中国社会科学研究人员、管理机构及其工作人员、社会公众在伦理意识与法律意识方面的自觉性。要建立具有中国特色的社会科学研究伦理审查制度，并使其有效运行，必须要以中国广大社会科学研究人员、管理者和潜在参试者相应的伦理意识和素质为基础，了解其对社会科学研究伦理审查制度的认识现状。研究伦理审查制度的建立，还需从研究伦理审查制度的缺失所引发的实际问题出发，对当前中外社会科学研究伦理审查制度建设现状作深入的分析与研究，借鉴国外较为成熟的制度模式，吸取其有益的普适性成分，以期对具有中国特色的社会科学研究伦理审查制度的建设提出较为全面合理的对策和建议。

本书首先通过对研究伦理审查制度发展历史进行梳理和审视，发现该项制度是随着人类研究伦理意识的逐步提升，以及在对科学研究行为本身和科学技术成果应用的反思基础上逐步建立起来的，经历了萌芽期、建立期和发展期。研究伦理审查制度建设以一定的研究伦理意识觉醒为基础，同时又通过制度的引导提升了研究者、管理者和参试者的伦理意识。

在理论框架构建上，本书尝试从义务论的角度阐释研究者应该将参试者不仅仅当作手段，还要当作目的；从功利主义的角度理解研究者的学术自由应该以尊重参试者的权益为前提；从契约主义的角度说明科学研究是研究共同体成员之间的合作，不能是一种"随心所欲"

的自然状态；从德性论的角度去思考如何培养有德性的研究者；从生命伦理学的原则主义出发搭建研究共同体普遍接受的行动指南与准则框架。

　　笔者在对全国 22 个省（除台湾外）、3 个自治区（除西藏和宁夏外）和 4 个直辖市开展的问卷调查中发现，我国社会科学研究相关人员的研究伦理意识需要提升，研究伦理教育和培训系统性不足，难以满足研究者应对日益复杂的研究伦理问题的需要。伦理审查的过程可以帮助研究者改进研究设计，规范研究者在实证研究中的行为，提升研究者的伦理意识，是对研究者与参试者的双向保护。同时笔者发现，研究伦理审查制度具有本土适应性问题，不能简单照搬西方的研究伦理审查制度，具有中国特色的社会科学研究伦理审查制度必须与中国现有的法律制度、伦理规范、行政管理相适应；刚性的制度必须与柔性的管理及人的素质互相支撑、互相适应，具有中国特色的社会科学研究伦理审查制度建设必须与学者素质的提升与管理者管理水平的提高相互动。

　　为更好发挥中国特色社会主义制度的优势，建议将中国社会科学研究伦理审查制度纳入国家科技伦理审查制度建设之中。考虑到研究伦理审查的特殊性和专业性，建议研究机构应建立专门的研究伦理审查委员会，根据专业特点和研究方法进行风险评估，多通道开展审查，同时通过常规教育和专题培训加大对研究人员研究伦理意识的培养。本书提出适合中国社会科学研究伦理审查的四个原则：价值正向原则、保护弱者原则、学术独立原则和尊重权利原则。在此基础上提出中国社会科学研究伦理审查制度建设的五个层次基本框架。

1.3　章 节 安 排

　　本书共分为 7 章。

　　第 1 章，导论。介绍了本书的研究背景、研究概要和章节安排。

　　第 2 章，社会科学研究伦理审查制度发展进程。梳理了社会科学研究伦理审查制度形成的历程及发展现状，分析其普遍规律与文化特色，为中国社会科学研究伦理审查制度的建立和实施提供理论框架和制度借鉴。

第 3 章，社会科学研究伦理审查制度的理论来源及其对制度建设的启示。首先从义务论、功利主义、契约主义和德性论这四个规范伦理学分支的核心思想，分别汲取对本研究的启示，然后结合生命伦理学中的"原则主义"，从研究共同体中的主体之间的利益关系协调，来综合论述各理论对伦理审查实践的影响。

第 4 章，研究方法。在对整项研究进行研究方法概述后，详细描述了访谈的五个阶段对象选取的途径和理由，访谈问题的设计和流程，以及访谈数据分析过程。继而对问卷设计、发放、回收及调查对象人员结构分析结合图表进行了详细介绍。最后对本项研究中遵守的研究伦理问题进行了反思。

第 5 章，中国社会科学研究伦理意识现状。结合问卷调查（$n=1093$）和深入访谈（$n=24$）结果，梳理了目前中国社会科学研究伦理审查制度建设现状的前提——研究伦理意识现状。结合参试者对研究过程不同阶段涉及的研究伦理问题的认识，归纳出制度建设需关注的重点。

第 6 章，中国社会科学研究伦理审查制度建设现状。以问卷调查量性数据和深入访谈质性数据为基础，梳理中国社会科学研究伦理审查制度建设现状，归纳调研对象对中国社会科学研究伦理审查制度建设的认识与态度、困惑与担心、需求与认为目前存在的障碍，以及推进与建议。

第 7 章，中国特色社会科学研究伦理审查制度建设的建议。本章结合文献综述和实证数据研究发现，对我国社会科学研究伦理审查制度发展现状、研究伦理意识现状和研究伦理审查制度建设现状给出主要研究结论，并在此基础上提出中国社会科学研究伦理审查制度建设的核心原则和基本框架，为我国研究伦理意识教育和培养给出相关建议。

第 2 章　社会科学研究伦理审查制度发展进程

2.1　导　　言

本章通过梳理社会科学研究伦理审查制度形成的历程及其发展现状，尝试为我国相关制度的建立提出启示和建议。该项制度及其相关研究是随着人类研究伦理意识的逐步提升，以及在对科学研究行为本身和科学技术成果应用不断反思的基础上逐步形成并发展的。包括研究者、管理者和参试者在内的研究共同体逐渐达成共识，即在通过研究增进人类科学知识，为社会公益做出贡献的同时，共同体有义务保障他人权利不受侵犯。梳理研究伦理审查制度建立的过程，可以帮助我们理解制度建立的意义，提出制度建立的原则，制定相关流程和实施办法。

2.2　研究伦理审查制度的萌芽期

在第二次世界大战之前，起源于医学研究领域的研究伦理审查制度经历了漫长的萌芽期。西方医学之父、古希腊医生希波克拉底（Hippocrates，公元前 460—前 370）强调行医过程中应该具备高尚的道德准则。医学生毕业时宣誓遵循的"希波克拉底誓言"（the Hippocratic oath），其中就包括最大限度地保护患者不受伤害、保护其隐私等（Gallin & Ognibene，2013）。犹太医生和哲学家摩西·迈蒙尼德（Moses Maimonides，1135—1204）告诫同行要将患者永远视为其目的本身，而不是获得新真理的手段（陈元方和邱仁宗，2003）。

18 世纪现代临床研究试验渐现雏形，出现了苏格兰医生詹姆斯·林德（James Lind）的柑橘类水果预防坏血病临床试验和"免疫学之父"英格兰医生爱德华·詹纳（Edward Jenner）的牛痘免疫接种预防天花传播等试验（Gallin & Ognibene，2013）。到了 19 世纪，医生常常在自己、家人或邻居身上进行人体试验，如德国医生约翰·约尔格（Johann Jorg）为试验药物疗效，喝下 17 种不同剂量的药物；苏格兰产科医生詹姆斯·扬·辛普森（James Young Simpson）为了试验比乙醚更好的麻醉剂，吸入氯仿（陈元方和邱仁宗，2003）。

19 世纪末期，知情同意在临床研究中的重要性逐渐凸显。加林和奥尼贝内梳理了几个典型案例（Gallin & Ognibene，2013），如 18 世纪英国外科医生贝克（Baker）和斯特普尔顿（Stapleton）因没有征得患者斯莱特（Slater）的知情同意，分离了他已经部分愈合的骨折骨骼，而被患者告上法庭，成为第一例有关知情同意的诉讼案例。1897 年，意大利细菌学家朱塞佩·圣阿雷利（Giuseppe Sanarelli）未经 5 名参试者同意，为其注射已知高毒物质。虽然他宣称发现了黄热病的致病细菌，但其行为被学界指责为一种犯罪。随后，美国病理学家和细菌学家沃尔特·里德（Walter Reed）发现蚊子是黄热病的病菌携带者。他与志愿者签订的书面协议中保证所有公开发表的黄热病报告都要明确志愿者知情同意权。1907 年，加拿大医学家威廉·奥斯勒（William Osler）提出，只有在患者完全同意时，才能让其服用新药，也只有在动物试验证明新药或新的操作具有安全性之后才能用于人类参试者，而且邀请健康志愿者参加试验前要获得对方的知情同意（陈元方和邱仁宗，2003）。

这个阶段的研究伦理处在萌芽期，没有制定规范的伦理准则，约束调节研究者与参试者之间的关系主要靠研究者自己的伦理意识。有相当一部分研究者片面追求研究发现，置参试者的利益于不顾。如 1898 年德国布雷斯劳大学（University of Breslau）特聘教授阿尔贝特·奈塞尔（Albert Neisser）为了研制抗梅毒疫苗，在妓女不知情的情况下为其注射梅毒患者的血清导致其患病；第二次世界大战前，在私立北平协和医学院工作的美国神经科医生莱曼（Lehman）以两美元一天的酬劳招募了一些人力车夫，在没有获得知情同意的情况下，对其注射卡地阿唑，观察抽搐反应，并录制了整个过程进行研究（陈元方和邱仁宗，2003）。

这一时期，参试者与研究者之间的关系还是口头誓言，并未正式订立伦理规约。参试者基于对医生的信任参与研究，认为其会尽全力保护自己不受伤害（Israel & Hay，2006）。1900 年，普鲁士科学、教育和医务大臣颁布指令，要求禁止对未成年人或没有行为能力的人进行诊断治疗和免疫以外的医学干预，并且对其他人进行医学干预时也应该得到当事人完全同意，在保证其知晓不良后果后才能进行干预；之后颁布了"新疗法和人体实验的管理条例"，再次强调了知情同意和保护未成年人的利益，同时要求尽量采用动物研究代替人体实验，强调任何创新疗法研究成果必须充分尊重患者的尊严和人性才能发表（陈元方和邱仁宗，2003）。德国的这些规定仅限于本国范围内执行，还未对其他国家产生影响。而就是在德国境内，也由于种族主义兴起，一些奉行日耳曼人至上的卫生学家、遗传学家、人类学家和生物学家在纳粹支持下，进行了一系列丧失伦理的实验研究。

第二次世界大战中，通过非人道的实验获得数据，强迫包括妇女儿童在内的受害者参与，将人作为实验对象追求所谓"科学"的行为令人发指（Gregory，2003）。例如，德国纳粹在达豪和奥斯威辛等集中营对犹太人、吉卜赛人、战俘和政治犯进行了缺氧、冷冻、喝海水、病菌感染、芥子气烧伤、辐射和绝育手术等试验，为德国军方获取数据；日军在我国境内进行了令人发指的人体细菌实验（陈元方和邱仁宗，2003；邱仁宗和翟晓梅，2003）。

2.3　研究伦理审查制度的建立期

第二次世界大战后，国际社会先后制定并颁布了《纽伦堡法典》（1947 年）、《赫尔辛基宣言》（1964 年）、《贝尔蒙报告》（1979 年）和《以人类参试者为研究对象的生物医学研究国际伦理指南》（1982 年），成为生命伦理学的基石，逐渐规范与研究相关的伦理行为。这一时期的重要事件是四份文件的颁布以及在国际社会的逐步推广和反复修订完善。在生命和医学研究中逐渐发展出来的概念、做法和原则，成为当代科学研究中伦理实践的重要参考标准（Israel & Hay，2006）。

2.3.1 《纽伦堡法典》（The Nuremberg Code，1947 年）

第二次世界大战结束后，纽伦堡军事法庭对包括卡尔·布兰特（Karl Brandt）在内的 23 名医生战犯进行了审判，而美军以包庇战犯作为交换条件获取了日军细菌战的相关数据，暴露了美国当局奉行的双重伦理标准。对第二次世界大战中纳粹的人体实验审判催生了《纽伦堡法典》（详见附录一），用以规范以人为参试者的研究，制定了相关国际伦理原则，突显了参试者应具有自愿知情同意权、风险受益分析和自愿退出权利，强调研究者应该对研究进行风险受益分析，而研究也只有当其结果有利于社会，并以行动符合道德、伦理、法律规范为基本原则时，其正当性才能得到论证。

《纽伦堡法典》首先强调在法律上有资格提供同意的参试者的自愿知情同意权的绝对必要性。"自愿"体现在"没有外力干涉、欺瞒、蒙蔽、胁迫、欺诈、乘人之危等显失公平情形"，同时这种"自愿"是在完全知情的情况下做出的自由选择，即充分了解和理解实验事项后做出的理智且明智的决定。因此，知情同意需要告知受试者实验的性质、持续时间、目的、实验方式和方法，可预料到的不便和危害，以及因参与实验可能对其健康或人身造成的影响。《纽伦堡法典》同时在第九条给予参试者自愿退出的权利，即在实验过程中，如果参试者已处于不可能继续进行实验的身体或精神状态，他应该享有终止实验的自由。

《纽伦堡法典》第二条和第三条分别对开展实验的必要性和实验设计的正当性进行了规定。强调实验结果应该富有成效，造福社会，并且是通过其他研究方法或手段无法获得的，结果也不是可以随意获得或者无足轻重的。实验设计的正当性在于任何人体实验都要首先在动物身上进行，结合所研究的疾病自然史或其他问题的知识，保证预期的结果可以证明实验的实施是正当的。

　　《纽伦堡法典》第四条至第七条对参试者保护和风险评估原则进行了规定。实验应避免一切不必要的肉体和精神上的痛苦和创伤，保护参试者不受伤害。如果事先知道会造成参试者死亡或残障性伤害，必须禁止该项实验。此项规定不包括从事实验的医生自己作为受试者进行的实验。对实验进行风险评估的原则，是所冒风险不能超过实验所要解决问题的人道主义重要性。应做好相应的准备，并提供足够的措施保护受试者，尽最大可能使其免受伤害、残疾或死亡。

　　法典第八条和第十条对研究者的素质进行了规定。实验只能由具备相应科研资质的人员来进行。实验人员在实验的各个阶段都应具备最高的技能水平以提供最好的护理保障。最后一条明确规定，在实验进行的任何阶段，当主持实验的科学家依据自己的良好诚信、卓越技能和审慎判断，认为继续实验有可能对受试者造成伤害、残疾或死亡，就应随时中断实验。

　　在纽伦堡审判之后制定《纽伦堡法典》，是由于国际社会担心对战争期间残酷实验的憎恶情绪会摧毁公众对科学研究的信任，故而对以创造知识，增加社会利益为目的的科学研究进行了反思。作为反思的成果，《纽伦堡法典》的十条准则推动了科研伦理建设，之后被列入《赫尔辛基宣言》（1964 年），一同成为国际科研伦理的基石。

2.3.2　《赫尔辛基宣言》（The Declaration of Helsinki，1964 年）

　　1947 年《纽伦堡法典》颁布后，并未能引起研究者的普遍重视，相关准则未被全面遵守，有悖研究伦理的案例仍层出不穷。以美国为例，在社会科学领域，出现了斯坦利·米尔格拉姆（Stanley Milgram）的"服从权威研究"（obedience to authority study）和本书第 1 章提到的"威奇托陪审团研究"。为了从参试者那里获得真实自然的行为反应，心理学研究者经常采用隐瞒真实目的的实验方案（Hock，2012）。美国心理学家斯坦利·米尔格拉姆从 1960 年开始从事服从权威和个人良心是否矛盾的研究（McArthur，2008）。他采用欺骗的手段，让参试者以"教师"的身份"电击""学生"。尽管电击不是真实的，学生也是扮演的，但是在实验过程中，这些"学生"痛苦的叫声、撞墙的举动和垂死的状态，让参试者误以为是自己执行操作造成的，心理上遭受了巨大的痛苦（Kimmel，1988）。这项研究给参试者带来压力和焦虑，他们因被迫做出不符合道德规范的行为而陷入两难境地（Bryman，2015）。

同一时期，在美国医学研究领域出现了弗纳尔德州立学校（Fernald State School）智障儿童实验、辛辛那提大学（University of Cincinnati）人体照射实验等有违研究伦理的研究。1964 年，世界医学会（World Medical Association，WMA）在芬兰赫尔辛基召开的第 18 届世界医学会大会上发表了《世界医学会赫尔辛基宣言——人体医学试验之伦理原则》（简称《赫尔辛基宣言》，详见附录二）。该宣言历经九次修订，2013 年在巴西福塔莱萨举行的第 64 届大会上进行了最新修订（World Medical Association，2013）。

作为规范人体试验的第二个国际文件，《赫尔辛基宣言》在伦理原则和限制条件上比《纽伦堡法典》更加全面、具体和完善。《赫尔辛基宣言》涵盖了《纽伦堡法典》的十大准则，同时区分了治疗性临床研究与以健康参试者为对象的临床研究，允许无行为能力的参试者由监护人代替其进行参与研究授权，同时对研究人员的行为订立了审查制度（陈元方和邱仁宗，2003）。尽管该宣言主要适用于医生，世界医学会号召参与以人为对象的研究的其他相关人员也遵循这些准则。在开展研究时，研究者需要考虑到本国与以人为对象的研究相关的伦理、法律规章和标准，以及适用的国际规范和标准，但是这些相关要求不得削弱或排斥该宣言提出的受试者保护内容。

《赫尔辛基宣言》着重于四个主要问题：参试者的自主权，危害的风险，研究的价值和质量以及正当性（托尼·霍普，2015）。对最新版（2013 年第 64 届世界医学会大会修订版）进行分析，《赫尔辛基宣言》带给社会科学研究的启示包含以下七个方面。

第一，研究者应以参试者的权益为首要考量，一切以其最大的福祉为出发点。虽然为了促进人类社会进步，不可避免地需要开展以人为参试者的科学研究，以获得新的知识，但是这一目的绝不能超越研究中参试者的权利和利益。研究者在开展研究前，首先要进行风险评估。只有在研究的人道主义重要性远远超过参试者承受的风险和负担时，才可以进行该项研究。研究的伦理标准是促进和确保人类受试者受到尊重，并保护其健康和权益。

第二，只有受过相应伦理和科学教育及培训并且具备一定资质的人员才能开展以人类参试者为研究对象的研究。研究者的职责是通过研究增进人类社会的福祉和权益。研究者的知识和良知是其在伦理规则下开展研究的基础。研究者一直对受试者的生命、健康、尊严、人格、自我决定权和隐私等负有保护责任。

第三，参试者有广泛参与权和补偿权。应给予在研究中代表性不足的人群参与研究的相应机会。应确保因参与研究而受到伤害的受试者能获得恰当补偿和治疗，如在教学研究中开展对比试验，应当对对照组进行补偿。宣言中提到"对于同时肩负医学研究和医疗任务的医生，只有在能证明该研究具有潜在预防、诊断或治疗价值，并且有充分的理由相信，参加研究不会对作为受试者的患者健康造成不良影响的情况下，才可以让患者参与该项研究"（第 14 条）。这对于约束肩负双重责任的教师或心理咨询师等研究者同样具有参考价值。

第四，科学研究应重视对所有易受伤害群体的保护。当研究对象是易受伤害群体或个人时，其权益更有可能受到侵犯或遭受额外伤害。只有无法在非易受伤害群体中开展此项研究的情况下，对易受伤害群体进行的研究才是正当的。此外，该群体应能从研究产生的知识、实践或干预措施中获益。

第五，应重视研究伦理审查制度建设。宣言中规定在研究开始前，应将研究方案提交给相关研究伦理委员会审定、评估、指导和批准。该委员会的运作必须公开透明，且完全独立于研究者、资助方，不受其他任何不当影响，并且具备相应资质。该委员会必须考虑到本国和研究项目所在国的法律法规，以及适用的国际规范和标准，但这些法律法规和规范标准绝不允许削弱或排斥宣言中的受试者保护条款，且该委员会必须有权监督进行中的研究。研究人员应向委员会提供监督信息，特别是关于严重不良事件的信息。未经该委员会审定和批准，不得对研究方案进行任何修订。在完成研究后，研究者应当向委员会提交一份终结报告，包含对研究结果和结论的总结。

第六，充分保障参试者的知情同意权。宣言对知情同意的相关内容进行了详细的规定。首先，有知情同意表达能力的个体必须是自愿作为受试者参加研究。尽管也可以同其家人或社区负责人进行商议，但是，除非有知情同意表达能力的个体自由地表达了同意，否则不得将其纳入研究项目。在有知情同意表达能力的受试者参与的医学研究中，研究人员必须向每位潜在受试者充分说明研究的目的、方法、资金来源、任何可能的利益冲突、研究人员的机构隶属关系、预期利益和潜在的风险、研究可能造成的不适、试验后的条款以及其他任何与研究有关的信息，还应告诉潜在受试者有权拒绝参与研究或随时撤回同意、退出研究而不被报复，应特别关注潜在个体受试者的特定信息需求，以及提供信息的方法。

第七，研究者、作者、资助方、编辑和出版方对研究结果的出版和传播都负有伦理义务。各相关方应遵守公认的伦理准则。研究者有责任公开研究成果，并对其报告的完整性和准确性负责。负面的、不确定的结果必须和积极的结果一起发表，或通过其他方式让公众知晓。必须在出版物上公布资金来源、机构隶属关系和利益冲突。不符合《赫尔辛基宣言》原则的研究报告，不应被受理发表。

2.3.3 《贝尔蒙报告》（The Belmont Report，1979 年）

1. 《贝尔蒙报告》形成的背景

《纽伦堡法典》和《赫尔辛基宣言》发布后，医学研究领域有违伦理的研究仍时有发生。最有代表性的案例是塔斯基吉（Tuskegee）梅毒研究和威洛布鲁克（Willowbrook）肝炎实验。两个研究周期很长，前者从 1932 年至 1972 年长达 40 年，后者从 1956 年至 1972 年近 16 年。

1932 年，为了研究在非治疗情况下梅毒的自然发展过程，并调整针对黑人的治疗方案，美国公共卫生署（United States Public Health

Service）在亚拉巴马州梅肯县的塔斯基吉镇招募了 399 名感染梅毒的穷困非裔美国佃农作为研究对象。患者只认为他们在接受治疗，并不知道他们是研究对象。在研究设计中，没有考虑给研究对象提供治疗，之后提供了无效或疗效较差的汞药膏和新肿凡纳明。1945 年，在已知青霉素能有效治疗梅毒时，没有采用该治疗方案，同时隐瞒信息，不让患者到医院外寻求治疗。1947 年《纽伦堡法典》和 1964 年《赫尔辛基宣言》颁布后，该项目的研究者没有进行伦理反思，仍继续开展研究，直到 1972 年媒体曝光后才结束。受害者有死于梅毒的受试者、感染梅毒的妻子和生下来就感染梅毒的孩子。当媒体曝光后，医学研究界为该研究开脱，批评大众媒体干预了研究。塔斯基吉梅毒研究具有强烈的种族主义色彩，成为"虐待受试者的象征"和"欺骗、阴谋、玩忽职守和疏忽大意的代表"，导致黑人社区对其他研究的不信任（陈元方和邱仁宗，2003）。

威洛布鲁克州立学校（Willowbrook State School）位于纽约市史坦顿岛，建立于 1947 年，专门招收智障儿童。学校计划容纳 4000 人，但 1965 年已招生 6000 人。学校环境脏乱，人员拥挤，频频爆发黄疸型肝炎，大部分孩子入校后就会感染。自 20 世纪 50 年代中期起，纽约大学索尔·克鲁格曼（Saul Krugman）在学校进行了一系列相关研究，研究肝炎病毒的种类、传播途径和预防措施。其中一项研究给 60 名健康孩子服用了肝炎病毒，导致其全部患病。之后，克鲁格曼观察孩子们的皮肤和眼睛变黄、肝脏肿大、呕吐和拒绝进食的全过程。他为自己辩护称，既然这些智障儿童大部分入校就会感染病毒，对他们进行人工感染也是无可厚非的（陈元方和邱仁宗，2003）。然而，人工喂食病毒，不仅使患病概率达到了 100%，而且没有使用当时已经发现有效的球蛋白来保护儿童。家长虽然同意肌肉注射或口服病毒，但并不知道孩子们有可能遭遇的风险（Beecher，1966）。对家长不仅没有给予知情同意，还以不参加研究就不能入校等手段施压。威洛布鲁克肝炎研究给研究对象带来的只有伤害，没有益处（Beecher，1966）。

《纽伦堡法典》和《赫尔辛基宣言》发布后，并未对非医学研究领域起到伦理指导的作用，例如，出现了有违伦理的同性恋公共空间性行为研究。华盛顿大学博士生劳德·汉弗莱乔装打扮成一个窥淫癖者（voyeur），通过车牌追踪到当事人的姓名和地址。一年之后，他改换发型，以另外一项研究名义到这些人家中进行采访。他发现超过 50%的同性恋活动参与者的个人自我和公众自我之间存在不一致性，他们为了隐瞒自己的偏常行为而选择与异性结婚。汉弗莱于 1970 年发表了博士论文《茶室交易：公共空间非个人性行为研究》（*Tearoom Trade: Impersonal Sex in Public Places*），该研究因隐瞒研究的真实目的和暴露参试者的身份而引起争议，并导致学院多名教授要求校长取消其博士学位，半数的教师愤然辞职（Bryman，2015）。

美国心理学家菲利普·津巴多的"斯坦福监狱实验"也是损害参试者利益的一项实验（Hock，2012）。为了研究周围环境对人的行为的影响，他和同事克雷格·黑尼（Craig Haney）、柯蒂斯·班克斯（Curtis Banks）及戴夫·贾菲（Dave Jaffe）在斯坦福大学心理学系大楼的地下室建了一个模拟监狱，将招募的大学生志愿者随机分配扮演两个星期的"看守"和"囚犯"。尽管参试者签署了知情同意书，事前知道研究中可能会有违背他们个人隐私和公民权利的情况，但是在研究中扮演"囚犯"的参试者还是出现了情绪崩溃和强烈的应激反应，变得抑郁，思维混乱，甚至绝食；扮演"看守"的参试者则想尽办法折磨那些"囚犯"，包括骚扰、恐吓、侮辱、惩罚，甚至做出脱光对方衣服，强迫其用手清洗马桶等不道德行为。大多数参试者不能区分角色扮演和自我，忘记了自己是具有自由意志的大学生和参试者，拥有随时可以退出实验的权利。在该项研究开展的第六天，津巴多意识到自己已经忘掉了"研究者"的身份，开始不自觉地扮演起"监狱主管"的角色，于是叫停了实验。这项研究与米尔格拉姆的"服从权威研究"相比，在研究伦理上有了一定的进步。研究者在研究之初获得了参试者的知情同意，同时在研究过程中对伦理问题保持警醒，能够意识到研究对参试者带来的伤害，主动终止了实验。但是在实验设计之初，研究者应该预判这样的研究会给参试者带来哪些潜在的伤害，做出应对的措施，而不应该追求研究的中立客观，损害其知情同意权。

2. 比彻（Beecher）研究的推动作用

"威洛布鲁克肝炎研究"被美国医学伦理学家亨利·比彻（Henry K. Beecher）作为 50 个有违伦理的案例之一进行了分析（Beecher，1966）。限于篇幅，比彻的文章选择了 22 个典型案例。当时的美国随着器官移植的增加，不断产生许多新的伦理问题。政府用于研究的资助大幅增加，仅马萨诸塞州综合医院（Massachusetts General Hospital）的科研经费就从 1945 年的 50 万美元增加到了 1965 年的 838.4 万美元，增加了近 16 倍；而美国国立卫生研究院（National Institutes of Health）的研究资助 20 年间增长了近 623 倍，由 70 万美元激增到 43 660 万美元。随着研究机会不断增加，医生的责任也不断扩展。与此同时，年轻医生如果想得到终身职位必须开展研究。因此，在这一时期出现了大量探索新治疗方法的以人为对象的研究，也导致了科学利益和患者利益的分离。

通过对 22 个案例的伦理问题进行分析，比彻发现他分析的这些研究没有给予参试者知情同意，没有告知其潜在的风险，导致一些参试者残疾或死亡（Beecher，1966）。比彻认为与人相关的研究有两个最重要的因素，一是知情同意（informed consent），二是要有一位有能力、有良知、有同情心、有责任感的研究者。后者比前者更重要。无论一项研究有多么困难，出于道德、社会和法律的原因，也应该在研究前获得知情同意。必须让参试者或其监护人完全理解研究的内容及其可能带来的所有风险，否则知情同意书就是一纸空文。

研究的收益要与研究的风险相当，判断一项研究是否合乎伦理要在研究开始前而不是研究之后，结果正当不能证明手段正当（Beecher，1966）。比彻提出研究结果发表时，要声明遵守了伦理规范。期刊应该慎重考虑是否应该发表获取手段不合伦理的数据（Beecher，1966）。

比彻的研究强调了研究者的伦理意识和素质比制度更重要。符合伦理的科学研究需要具备以下三个主体，即知情同意的参试者，能对风险进行评估的管理者，有能力、有良知、有同情心、有责任感的研究者（图 2-1）。

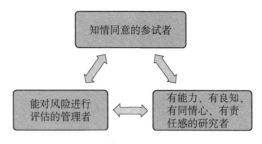

图 2-1 符合伦理的科学研究三主体

比彻于 1966 年在《新英格兰医学杂志》(*The New England Journal of Medicine*) 发表了研究结果, 被美国国立卫生研究院和食品药品监督管理局 (Food & Drug Administration) 采纳, 成为美国现代伦理原则制定的基础, 促使伦理审查委员会成立, 在国内外产生广泛影响 (Israel & Hay, 2006)。

1976 年, 美国国立卫生研究院成立了研究对象保护办公室 (Office for the Protection of Research Subjects, OPRS), 发布了《保护人类参试者政策》, 建议成立独立的评审机构, 即 IRB。国外的研究机构包括高等院校逐渐建立了相应的伦理审查制度, 并确保伦理审查委员会运行的独立性, 要求审查不受所在研究机构或院校、研究人员及委员会成员个人利益或经济利益的影响 (ESRC, 2012)。研究人员在开题前, 必须向所在院校的伦理审查委员会提交研究伦理审查申请。

3. 《贝尔蒙报告》基本伦理原则

多项研究有违伦理的做法遭到披露, 促使美国政府成立贝尔蒙工作组进行调查, 并在 1979 年发布了《贝尔蒙报告》。1974 年 7 月 12 日, 美国《国家研究法案》(公法 93-348) 签署生效, 由此成立生物医学与行为研究受试者保护全国委员会。委员会主席由波士顿妇女医院肯尼斯·约翰·瑞安 (Kenneth John Ryan) 医生担任, 其他十名成员包括行为行为生物学专家、生理心理学专家、生命伦理学专家、基督教伦理学专家、法学专家、医学院院长、全国黑人妇女理事会会长、内科主任以及律师。委员会的主要任务之一, 就是为涉及人体实验对象的生物医学和行为学研究确定基本的伦理原则, 同时提供指南以确保相关研究能够按照原则进行。

　　委员会几经审议，于 1976 年 2 月在史密森学会贝尔蒙会议中心举行了四天的会议。1979 年 4 月 18 日，美国卫生、教育与福利部（Department of Health，Education，and Welfare）发布《贝尔蒙报告》，为保护参试者提供了伦理原则（ethical principles），同时提供了应用指南（guidelines）。《贝尔蒙报告》（详见附录三）制定的三个基本伦理原则包括尊重他人（respect for persons）原则，善待他人（beneficence）原则及公平公正（justice）原则。

　　第一个基本伦理原则是尊重他人原则。具备自主能力的个人和丧失自主能力的人都应受到保护。尊重自主性即尊重有自主能力的人深思熟虑后的意见和选择，同时对尚未成年和欠缺行为能力的人同样给予尊重，在他们成长过程中或者不具备行为能力时给予保护。第二个基本伦理原则是善待他人原则。作为一种义务，该原则包括不造成伤害和将可能的利益最大化。研究者及其所在机构有义务提前筹划，将利益最大化，同时降低研究调查中可能出现的风险。社会成员有义务认识到研究带来的知识进步，有可能会给人类社会带来长期的利益和风险。第三个基本伦理原则是公平公正原则，包括分配公平和平等地对待他人，以及避免系统地选择某些阶层作为参试者。

　　在以上三项伦理原则基础上，《贝尔蒙报告》从有效自愿知情同意、研究者能力、结果证明、公平合理选择参试者和伤害赔偿等方面，给出了帮助研究者将总体原则应用于规范科研行为的指南（Israel & Hay，2006）。虽然在知情同意、风险效益评估和研究对象选择方面给出了一些指南，但是《贝尔蒙报告》和《纽伦堡法典》及《赫尔辛基宣言》一样，没有为研究者制定具体可行的操作规范。

2.3.4　《以人类参试者为研究对象的生物医学研究国际伦理指南》（International Ethical Guidelines for Biomedical Research Involving Human Subjects，1982 年）

　　国际医学科学组织理事会（Council for International Organization of

Medical Sciences，CIOMS）是国际非政府组织，1949 年，由世界卫生组织（World Health Organization，WHO）和联合国教科文组织（United Nations Educational，Scientific and Cultural Organization，UNESCO）出资成立。其主要职责是与联合国及其分支机构，尤其是 UNESCO 和 WHO 保持合作关系（CIOMS，2016）。20 世纪 70 年代末，CIOMS 开始与 WHO 一起关注生物医学研究领域的伦理问题，着手制定指南，提出国际伦理审查原则和在不同地区具体应用的建议。双方尤其关注在资源较少地区开展研究的伦理问题，合作发布了《以人类参试者为研究对象的生物医学研究国际伦理指南草案》。

1982 年，CIOMS 与 WHO 合作制定了《以人类参试者为研究对象的生物医学研究国际伦理指南》（第一版）。20 世纪 90 年代，艾滋病暴发，急需大规模开展疾病防御和治疗的方法研究，出现了第一版指南中没有考虑到的新的伦理问题。在这一阶段，医学和生物技术快速发展，跨国试验增多。《赫尔辛基宣言》也分别于 1983 年和 1989 年进行了两次修订。于是，CIOMS 和 WHO 协同艾滋病全球项目一起对指南进行了修改，于 1991 年发布了《流行病学研究伦理审查国际指南》，1993 年发布了《以人类参试者为研究对象的生物医学研究国际伦理指南》（第二版）。

21 世纪初，在资源缺乏地区开展临床对照试验时，因为没有对研究对象采取有效干预而导致伦理问题，引发广泛关注。相关伦理问题在 1993 年版指南中找不到相应的条款。CIOMS 组成工作组经过两年修改，于 2002 年发布了第三版指南。之后，器官移植研究、在资源匮乏地区进行的研究，以及大数据背景下的研究激增。2011 年，CIOMS 执行委员会成立工作组，从 2012 年 9 月至 2015 年 9 月进行了三次会面，共同修改指南。工作组将《流行病学研究伦理审查国际指南》与第三版指南合并，于 2016 年发布第四版指南，指导与人类健康相关的所有研究。

梳理 CIOMS 指南修改的历程不难看出，研究伦理问题随着社会的进步和科技的发展而变得纷繁复杂。研究者和管理者在实践中会遇到各种伦理问题，需要不断反思，积极应对。同时，伦理研究者更应该积极与科技结合，提早预判，从消极应对到主动预防。CIOMS 不仅将指南的范围从生物医学研究拓宽到健康相关研究，同时承认社会科学研究、行为研究、公共健康监督研究伦理与其他研究活动中的伦理没有明显的区别。随着 IRB 等机构的建立，研究伦理审查制度开始进入发展期。

2.4　研究伦理审查制度的发展期

20 世纪 70 年代以来，随着 IRB 等伦理审查机构的建立，各国开始陆续建立研究伦理审查制度，并且涵盖了社会科学领域。因国情不同，各国在伦理审查制度建设方面的做法也不同。Israel 和 Hay（2006）对北美洲、澳大利亚、南非和部分欧洲地区的伦理审查制度进行了调查，发现以下几种趋势。

第一，现代伦理规范通常是对生物医学研究领域危机事件的回应。在美国，威洛布鲁克州立学校智障儿童肝炎实验和塔斯基吉梅毒研究推动了 1974 年《国家研究法案》的颁布，批准了卫生、教育与福利部的新 IRB 条例。法案同时建立了生物医学与行为研究受试者保护全国委员会，承担对 IRB 系统的审查。

在加拿大，加拿大社会科学与人文研究委员会（Social Sciences and Humanities Research Council of Canada，SSHRC）、加拿大健康研究院（Canadian Institutes of Health Research，CIHR）和加拿大国家科学与工程研究委员会（National Sciences and Engineering Research Council of Canada，NSERC）于 1994 年发布了研究和学术诚信声明，并于 1998 年发布了《三大委员会关于以人类为对象的研究行为伦理规范联合声明》（Tri-Council Policy Statement：Ethical Conduct for Research Involving Humans，TCPS）。

在新西兰，卡特赖特调查案（Cartwright inquiry）（Cartwright，1988）改变了研究伦理管理制度。1987 年，"妇女健康行动"（Women's Health Action）组织的创始人桑德拉·科尼（Sandra Coney）和菲丽达·邦克（Phillida Bunkle）发表文章，揭露了全国知名妇科医院为期

20 年的一项有违伦理的研究。该研究于 1966 年开始，由新西兰著名妇科和产科专家赫伯特·格林（Herbert Green）主持。在没有获得知情同意的情况下，针对宫颈严重异常的患者进行研究，对宫颈黏液涂片呈阳性的患者放任不管，导致一些患者在多年后患上了宫颈癌。事件曝光后，引发了公众的愤怒，政府成立了内阁调查委员会。调查由地区法院法官西尔维娅·卡特赖特（Silvia Cartwright）组织，被称为卡特赖特调查案，为期两年（1987—1988 年）。该调查案促使新西兰颁布法律给予患者优先权利，并建立起以患者为中心的健康护理系统。卡特赖特调查案同时发现伦理批准和过程监督方面存在体系上的漏洞，暴露出伦理审查委员会缺乏独立性，没有起到保护患者、增进其福利的作用等一系列问题。由此，在医疗专业外独立设立健康与残疾事务专员（Health and Disability Commissioner）对患者负责，建立了对患者负责的责任系统。同时设立了全国宫颈筛查项目，大大降低了宫颈癌死亡率，并且成立了独立的伦理审查委员会以保护患者权利。卡特赖特调查案与妇女健康运动同时质疑医权主导（medical dominance）和医生最有发言权（doctor knows best）的思想，倡导女性成为卫生保健的主动参与者、对健康干预有知情同意权、有权获得医学循证信息（evidence-based information）以提升女性对身体健康方面的认识。

第二，部分国家将从生物医学领域获得的伦理审查策略直接应用于社会科学领域。它们主要通过国家立法，或者将研究伦理作为大型资助机构提供资助时的必要条件来实现。美国公共卫生署（USPHS）早在 1966 年就要求每个接受基金支持的科研机构都应成立委员会，对联邦资助项目是否符合参试者保护事项进行审查；而卫生、教育与福利部（DHEW）于 1974 年也规定未经研究伦理审查委员会审查通过的研究将无法获得该部的资助。加拿大 TCPS 规定委员会或协会只对遵守 TCPS 的项目进行资助。英国经济和社会研究委员会（Economic and Social Research Council，ESRC）也有类似的规定。

1991 年，美国 15 个联邦机构同意采纳《联邦法规》第 45 主题第 46 部分 A 分项（Title 45 of the Code of Federal Regulations Part 46,

Subpart A）中受试者保护条款。这项 45CFR46 被称为美国联邦受试者保护通则（Common Rule），它提出了三项基本要求：由 IRB 对研究方案进行独立审查、受试者知情同意和机构政策联邦认证（张海洪和丛亚丽，2017）。该通则为与人相关的研究规定了机构结构、审查制度和相关政策，得到了美国教育部、农业部和国家科学基金会等联邦机构的支持，而研究机构必须遵守该通则，才有资格申请获得这些政府机构的资助（Israel & Hay，2006）。

第三，伦理规范采用自上而下或自下而上的方法制定。前者如美国、加拿大、澳大利亚、挪威等国家，普遍由政府部门或研究机构制定全国政策，而后者如英国、新西兰、南非和丹麦等国家由专业机构和独立科研单位制定多样的伦理路径，但近年来已经逐渐转向国家制定统一规范（Israel & Hay，2006）。将来随着跨国研究的增加会出现广泛应用的国际规范。

第四，社会科学与自然科学在伦理审查制度上的融合。如前面提到的加拿大的三大委员会联合发布 TCPS，自 2010 年起，每隔 4 年进行一次更新，分别发布了 TCPS2、TCPS2（2014）、TCPS2（2018）和 TCPS2（2022），针对不断出现的伦理问题及时对指南进行修订（Canadian Institutes of Health Research et al.，2022）。

随着大数据时代的到来、人工智能技术的发展，研究伦理问题层出不穷。保护参试者隐私等问题成为新的难题。研究伦理审查制度随之进入挑战期，需要通过建立科技伦理治理体系，配套法律法规，加大过程监管力度等措施来应对。

2.5　研究伦理审查制度在社会科学研究中的建设现状

研究伦理审查机构的建立对于规范社会科学实证研究起到了一定的作用。但是笔者通过文献梳理发现，20 世纪 80 年代，美国的社会科学和行为科学研究者对 IRB 采用生物医学研究伦理审查标准的做法极其不满。例如在制订相关规则之前，由于没有咨询社会科学研究者，导致他们对此感到愤怒，他们认为新规定专横、不妥当、侵犯了他们的宪法规定的权利（Israel & Hay，2006：42）。1981 年，美国卫生与公众服务部（Department of Health and Human Services，DHHS）对相关规定进行了较大修改，允许部分社会科学和行为科学研究者免除或快速完成审查手续。可以快速完成伦理审查或豁免的研究包括普通教育实践、使用访谈或之前搜集的数据、以文化信仰为主题或者在公共区域进行的观察等（Denzin，2009）。截至 1998 年，美国历史协会、口述史协会、历史学家组织、人类学协会与全国 700 多家 IRB 沟通，请其在伦理审查过程中考虑不同专业的研究特征（Denzin，2009）。

社会科学研究经常基于解释主义的质性研究方法来设计研究方案，研究者与参试者合作完成研究，而在伦理审查实际操作过程中，伦理审查委员会因为人手短缺，或者对社会科学研究方法了解不足，不能给予快速审核（Denzin，2009）。2005 年 6 月 23 日，美国联邦政府将伦理审查范围从接受联邦资助的项目扩大到所有受资助的项目，受到美国大学教授协会（American Association of University Professors）的抵制（Denzin，2009）。他们认为研究伦理审查制度没有上诉机制，在研究伦理审查过程中，研究者往往需要修改研究伦理审查申请以满足伦理审查委员会的要求，否则研究无法展开，因此建议对于非联邦资助的项目依照研究方法而非专业来申请伦理审查豁免；豁免的项目包括参试者为有完全自主能力者，且采用问卷调查、访谈或在公共区域进行观察来搜集数据的研究（Denzin，2009）。

然而，从研究方法的角度来分析，忽视对社会科学研究开展伦理审查，往往对学术共同体的良性发展带来许多隐性不可逆的影响。我们以隐蔽式观察法为例进行说明。

20 世纪 70 年代初，美国 8 位研究者声称出现幻听假扮精神病患者进入 12 家精神病院，对医生和护士对患者的态度进行了研究（Rosenhan，1973）。在被确诊为精神病患者后，他们立即停止扮演，回归正常，但是平均用了 19 天才被允许出院。其间，他们记录下精神科医生和护士对他们求助时的反应，发现 71% 的精神科医生和 88% 的护士会采用回避的态度，以此来证明精神病患者在医院的无助和主体地位的丧失。这项研究中研究者的欺骗行为等伦理问题引起很大的争议（Bryman，2015）。此外，对研究伦理的忽视会对社会科学研究实践本身产生不利影响。研究对象在以后的研究中容易对研究者不信任，认为他们是窥探者（snoopers 或 voyeurs）（Bryman，2015）。如前文提到的美国劳德·汉弗莱的同性恋公共空间性行为研究。在英国，西蒙·霍尔德韦（Simon Holdaway）在自己所在的警局进行了隐蔽型参与式观察，完成了博士课题（Holdaway，1983）。他观察同事间的互动，倾听别人之间的对话，查阅文件，记录自己的感受和体验。他的上司们并不知道他在自己的警局内开展研究。他的研究虽然有助于了解警察内部工作情况和警官职业文化，但欺骗了参试者，侵犯了其隐私权。

隐蔽型参与式观察法很难保证参试者的匿名权。如我国社会科学研究领域近年来在伦理研究方面有争议的《中县干部》研究，在论文撰写和发表过程中，研究者对涉及的人和地点进行了匿名处理，但因未及时消除在该县网页上的个人信息而暴露了研究场域（王星和孟盛彬，2012）。美国有研究者为了保护参试者和研究场域，选择匿名发表研究报告（Nathan，2005）。2005 年，中国人民大学博士生方刚也采用隐蔽型参与式观察法完成了《男公关》研究。他在进入研究场域、数据搜集和论文撰写阶段，对自己的行为对参试者及其所在研究场域可能构成的伤害保持警惕，删除一切有可能暴露隐私的信息，虽然这可能在一定程度上会使研究受损，但是出于对研究伦理的考虑，不得不有所放弃。可见，研究者将参试者视为信息提供者的同时也应努力成为他们利益的代言人（方刚，2012）。

隐蔽型研究虽然能为研究提供特别形式的数据，可以避免公开研究可能对研究现象带来改变的问题，但是采用隐瞒方式开展研究要极其审慎。在一项宗教崇拜研究中，研究者在临近"设想的世界末日"到来之前以隐瞒的方式加入了这个组织，加剧了这群人的妄想，有违研究的初衷（Festinger et al.，1956）。20 世纪末至 21 世纪初，逐渐有学者采用虚拟民族志（virtual ethnography）的研究方法来探讨与互联网相关的社会文化现象，并在男同性恋聊天室和女同性恋网络论坛等特定的网络空间进行在线观察（卜玉梅，2012）。研究者伪装成厌食症患者在网站上发帖，或在期刊上发布虚假征婚广告，吸引近千人回复，再对回复内容进行文本分析（Bryman，2015）。为了避免这类研究中出现伦理问题，开展在线观察的研究者需要思考何时公开自己的研究者身份，如何区分私人和公共领域，如何预先获得参试者知情同意和怎样保护其隐私等伦理问题。

国外伦理审查委员会对这类研究要求研究者必须清晰地作出解释，理由要极其充分，进行不二选择之论证，将其作为研究方法的最后一种选择。例如，ESRC 的指导原则是："不能轻易采用隐蔽型研究，更不能将其当作常规研究方法使用，只有在研究重要并且有社会意义的问题且不能以其他方式进行研究的情况下才能使用。"（ESRC，2015）多伦多大学社会科学和人文研究伦理委员会等机构不建议开展此类研究（SSHREB，2013）。英国社会研究协会在其发布的伦理指南中指出，社会科学研究者及其合作伙伴有义务不采用易违背或侵犯人类价值观和伤害人类感情的研究方法，不论该种方法的优势如何，只要对社会科学研究声誉有损，危及社会对社会科学研究者的信任，都不能采用（Social Research Association，2003）。这是开展此类研究的先决条件。一旦大众对社会科学研究产生了不信任感，认为社会科学研究者都是"窥探者"，将会影响整个社会科学学术共同体的声誉，导致研究经费的减少，减弱大众将来参与研究的合作意愿（Bryman，2015）。

再以教育研究中常用的对照实验法为例，剖析其中的伦理问题。实验法中涉及的一个伦理问题是损害参试者的最大利益，破坏公平公正的社会价值。研究者经常采用实验法作为研究方法以探寻变量之间的因果关系，通过操控自变量来确定其对因变量的影响。例如，美国学者罗伯特·罗森塔尔（Robert Rosenthal）和勒诺·雅各布森（Lenore Jacobson）在 1964 年开展的"课堂中的皮格马利翁现象"研究（Rosenthal & Jacobson，1968）。研究者将研究场域选在了美国底层社会学生聚集的一所学校，学生大多数为少数族裔。1964 年春所有学生完成了"潜在优异生"选拔测试，新学年开始，所有老师拿到了一份"潜在优异生"名单。事实上，学生参加的是一般的 IQ 测试，被随机分配到实验组，成为所谓的"潜在优异生"。八个月后，研究者通过测试发现教师对学生的期望影响了学生的学习表现和智力发展。这项实验采用经典实验设计，也称为随机对照试验（randomized controlled trial，RCT）。研究者建立实验组和控制组，通过对实验组进行干预，操纵自变量，并通过前测和后测来验证其对因变量的影响（Bryman，2015）。在这项研究中，"潜在优异生"们得到老师更多的关注，那些没有入选的学生不可避免地被老师所忽视，其利益受到损害。笔者认为在这种社会科学对照实验中，应采用临床科研方法中的"均势原则"（principle of equipoise）对实验设计进行伦理审视。美国医生查尔斯·弗里德于 1974 年提出 RCT 的运用要遵循新药和对照药物疗效不确定原则（胡林英，2006）。弗里德将均势原则创造性发展，使其成为随机临床试验的道德标准和评估有效性的方法（王晓敏和李伦，2013）。均势原则要求研究者对实验干预的效果处于一种不确定状态，即不清楚两种方法孰优孰劣，此时开展随机对照试验在道德上是可以接受的；相反，如果已知干预后效果更佳，那么研究者对于控制组的参试者，就没有尽到保护其最大利益的义务。在教育研究中，当研究者明知一种教学方法对学生学习行为会有促进作用时，就不应该设计对照实验，而应该在自然情境下，对自然班进行行动研究或历时跟踪研究。同时，在对照实验进行中，如果研究者发现该干预特别有效，也应该停止干预，或者在实验结束后，对控制组学生进行同样的干预，否则对于另一组学生来说，则违背了教师为学生提供最佳教学方法的职业道德。

由此可见，以研究方法来确立风险级别，以其中涉及的伦理问题为伦理审查重点，有助于研究者改进研究方案，同时保护参试者利益，促进以参试者和研究者伦理互动为基础的研究共同体的良性发展。

2.6　研究伦理审查制度在中国的研究与演进

直到 21 世纪初，我国的研究伦理审查制度仅限于自然科学领域，尤其是与医学相关的课题研究。社会科学研究中虽然经常会遇到各种复杂的、与伦理相关的两难境遇，但我国在此领域尚未建立完备的伦理审查制度。在人们的认识层面，这个问题也没有得到应有的重视。一些社会科学研究者认为社会科学研究不需要进行伦理审查，甚至将其视为开展研究的人为障碍。研究伦理审查制度的缺失及与此相关的思想观念的局限，已经成为中国社会科学研究发展亟须解决的重要问题。

近几年来，这种情况虽然没有发生根本性的变化，但已在很大程度上得以改善，在理论和实践层面均有体现。科技伦理问题已经引起国家层面的高度重视。2019 年，政府工作报告中明确提到"加强科研伦理和学风建设"。同年 7 月，中央全面深化改革委员会第九次会议审议通过了《国家科技伦理委员会组建方案》，排在诸多重要文件首位，标志着我国国家层面的科技伦理监管已提上依法治理的议事日程。方案明确"科技伦理是科技活动必须遵守的价值准则。组建国家科技伦理委员会，目的就是加强统筹规范和指导协调，推动构建覆盖全面、导向明确、规范有序、协调一致的科技伦理治理体系。要抓紧完善制度规范，健全治理机制，强化伦理监管，细化相关法律法规和伦理审查规则，规范各类科学研究活动"（新华社，2019）。中共中央十九届四中全会审议通过了《中共中央关于坚持和完善中国特色社会主义制度、推进国家治理体系和治理能力现代化若干重大问题的决定》，将"健全科技伦理治理体制"纳入文件中，作为完善科技创新体制机制的重要内容。

2019 年 1 月，科技部、财政部联合印发《关于进一步优化国家重点研发计划项目和资金管理的通知》，提出有关承担单位和科研人员须恪守科学道德，遵守有关法律法规和伦理准则（科学技术部和财政部，2019）。相关单位建立资质合格的伦理审查委员会，对相关科研活动加强审查和监管；相关科研人员应自觉接受伦理审查和监管。经过不断努力，2021 年 6 月 10 日，十三届全国人民代表大会常务委员会第二十九次会议通过了《中华人民共和国数据安全法》，自 2021 年 9 月 1 日起施行。该法的第八条明确指出："开展数据处理活动，应当遵守法律、法规，尊重社会公德和伦理，遵守商业道德和职业道德，诚实守信，履行数据安全保护义务，承担社会责任，不得危害国家安全、公共利益，不得损害个人、组织的合法权益。"第二十八条明确指出："开展数据处理活动以及研究开发数据新技术，应当有利于促进经济社会发展，增进人民福祉，符合社会公德和伦理。"这为在大数据时代利用数据开展社会科学研究提供了法律依据。

目前，我国在国家层面尝试建立一套明确责任的研究伦理和法律框架，包括四大体系：①确保科研诚信和保护受试者的法律法规体系；②对研究立项和研究方案进行伦理审查的体系；③对科研人员、参与伦理审查人员以及监管人员进行系统能力建设的体系；④对伦理审查机构进行考评和监督的体系。然而，我们仅在国家卫生健康委员会和国家市场监督管理总局有相关法律法规体系和伦理审查机构体系，能力建设和考评监督体系相对较弱。科技部系统较为关注科研诚信，防止不端行为，而对保护受试者尚未纳入职责范围（《中国医学伦理学》编辑部，2019）。

笔者对在中国知网检索到的 299 篇有关"伦理审查"的核心期刊文章进行梳理，发现大多集中在医学领域，同时主要以介绍各国研究伦理审查情况为主，关于我国伦理审查实践的研究很少，社会科学领域的相关文章更是仅有寥寥数篇。能够查到的国家社会科学基金项目中与伦理审查直接相关的项目，除 2015 年笔者主持的年度一般项目"中国社会科学研究伦理审查制度缺失问题及对策研究"（15BSH032）外，仅有 2016 年刘婵娟副教授主持的年度一般项目"医学科学研究中的伦理审查制度问题研究"（16BZX109），该项目的研究主题主要是医学科学研究中的伦理审查制度问题。这一现象说明我国社会科学研究伦理审查制度研究才刚刚起步，并未得到足够的关注和重视，缺乏普遍性视角下的社会科学研究伦理审查制度的深入探讨。对这一现象我们要能够正确认识，正如认识的发展趋势和路径是螺旋式上升的过程，对社会科学研究伦理审查的研究也不例外。从具有代表性的个体即特殊性出发，不断总结共同的本质和规律并上升为普遍性认识，再用普遍性的认识去指导并加深对特殊个体的认识，这就是我们常说的认识的一般规律：由个别到一般，再由一般到个别的辩证认识过程。对社会科学研究伦理审查的研究正处于认识的第一个阶段，即集中于对某些特殊领域的伦理问题进行研究，尚未真正上升到一般即普遍性的原则高度。但这个阶段是开端亦是基础，为下一阶段的研究提供了不可或缺的根基与镜鉴，且对本研究产生了极大的启发，现将有关文献梳理结果汇总如下。

2.6.1　生物医学研究伦理审查

我国伦理审查制度建设在医学科学研究领域取得了实质性进展。2007 年 1 月，卫生部颁布《涉及人的生物医学研究伦理审查办法（试行）》，极大地推动了我国对参试者保护和伦理审查的制度化建设和能力建设，具有里程碑式的意义。截至 2016 年 11 月，绝大多数三甲医院设立了伦理委员会，具有药物临床试验机构资质的二级、三级医院也设立了伦理委员会（佚名，2016）。但仍有不少医疗机构临床科研项目的伦理审查并未按照该办法执行。随着生物医学研究的快速发展和伦理审查工作的逐步深入，该办法作为规范性文件已不能满足发展需要，迫切需要根据当前临床研究管理工作的要求，统筹规划制度建设，进一步细化伦理审查、知情同意内容和规程，加强涉及人的生物医学研究伦理审查工作的法治化建设，提高伦理审查制度的法律层级，从而进一步明确法律责任，更好地保障参试者的合法权益。

为了进一步加强这一工作，在借鉴国内外管理经验的基础上，2016 年 9 月 30 日国家卫生和计划生育委员会（简称国家卫计委）通过《涉及人的生物医学研究伦理审查办法》，10 月 12 日发布，12 月 1 日起施行（国家卫生和计划生育委员会，2016）。尽管此办法较 2007 年颁布的试行办法增补了"知情同意"与"法律责任"的规定，但还是缺乏具体的操作规范和有效可行的监管机制。2019 年 5 月 6 日，国家宣布正在对该审查办法进行修订。按照《涉及人的生物医学研究伦理审查办法》的适用范围和管理内容，国家卫生健康委员会牵头组建"国家生命科学和医学研究伦理委员会"，并按照该办法调整后的适用范围和管理内容，将委员专业扩展为生命科学、医学、生命伦理学、工程技术学、法学、管理学等，增加了社会组织和普通民众代表，将委员会职责确定为研究、咨询、指导、调查、评估、培训和交流，并明确相应运行机制，在中国医学科学院设立秘书处保障其独立运行（国家卫生健康委员会，2020）。2018 年，国家卫生健康委员会委托中国医院协会承担医学伦理专家委员会办公室工作，形成体系化教育培训制度，制定《涉及人的临床研究伦理审查委员会建设指南（2019 版）》。新冠疫情暴发后，国家医学伦理专家委员会办公室和中国医院协会组织专家针对疫情暴发期间医学研究伦理审查新问题对指南进行修订，并于 2020 年 10 月 26 日在中国医院质量大会发布《涉及人的临床研究伦理审查委员会建设指南（2020 版）》。

依据《涉及人的生物医学研究伦理审查办法》（2016 年版），国家医学伦理专家委员会负责对涉及人的生物医学研究中的重大伦理问题进行研究，提供政策咨询意见，指导省级医学伦理专家委员会的伦理审查相关工作。该办法扩充了适用于伦理审查的研究活动范围，补充了"采用流行病学、社会学、心理学等方法收集、记录、使用、报告或储存有关人的样本、医疗记录、行为等科学研究资料的活动"。但是适用范围为开展涉及人的生物医学研究的各级各类医疗卫生机构，没有包括从事社会科学研究的高等院校及科研机构。该办法明确规定涉及人的生物医学研究应当符合知情同意原则、控制风险原则、免费和补偿原则、保护隐私原则、依法赔偿原则和特殊保护原则。关于知情同意，在心理学研究中，因知情同意可能影响受试者对问题的回答，从而影响研究结果的准确性，研究者可以在项目研究完成后充分告知受试者并获得知情同意书。

然而，我国机构伦理委员会受多种因素影响，审查能力较为薄弱，专业素养仍不足，伦理审查还未能满足基本需求（李红英等，2016）。在我国的伦理审查实践中，由于相关法律法规缺失，缺少相对明确和具体的制度和标准操作规程（SOP），导致持续审查没有得到应有的重视和规范（张海洪等，2014）。我国有待强化 SOP，建立系统、规范的长效培训及考核机制，建立科学、智能的伦理委员会指导及监管平台，建立科学、高效、智能的自学和考核平台（李红英等，

2016）。传统伦理审查采用纸质文件审查方式和人工管理模式，导致审查信息无法及时共享，沟通效率低下、协同工作困难，难以适应新时期伦理委员会的发展要求（郝梅等，2017）。因此，要运用新科技成果探索新的实践路径，依据国际通用规则和医院 SOP，构建信息化伦理审查协同工作平台，规范审查流程，提升审查能力，提高审查效率，保护受试者权益，保证审查质量（张海洪等，2014；郝梅等，2017）。

　　研究伦理审查制度的建立与研究中不断出现的伦理问题和伦理困境始终如影随形，这一特点在自然科学方面体现得尤为明显。每当有挑战人类既有价值观念的重大事件发生，总会产生大量的伦理反思。国内学者对"黄金大米"事件进行了伦理反思（唐钧，2013；张田勘，2013；李久辉和王磊，2015），分别从"黄金大米"事件出发，结合转基因的争论，找到教训，提出措施，强调伦理委员会在涉及人体试验研究中的作用。有学者提出建立我国的"生命伦理法"，并依法建立伦理委员会，理顺政府管理部门在生命医学研究领域的职能以及各级伦理委员会之间的关系（李久辉和王磊，2015）。国内学者（艾凉琼，2016；韩跃红，2019；谭波，2019）指出基因编辑技术中的伦理审查应该成为法治框架下的必然产物，需要对伦理委员会的组织架构和职责进行相应强化；相关事件暴露出我国生物医学伦理规制的某些薄弱环节，诸如机构伦理委员会的权力与其能力、独立性和规范性建设严重不相称，对机构伦理委员会审查失误的补救措施明显不足，相关规范性文件效力层次低，以及对违规行为处罚过轻等。

　　在人工智能和大数据方面，冯曼和胡惮（2019）指出语言智能是一把双刃剑，而国内对语言技术发展的伦理关注尚不充分，并提出要对语言智能本质进行哲学拷问，以及建立语言智能的伦理规范以促进和谐共生的技术进步。2019 年 4 月 8 日，欧盟发布了人工智能伦理准则，列出了"可信赖人工智能"的 7 个关键条件——人的能动性和监督能力、安全性、隐私数据管理、透明度、包容性、社会福祉和问责机制，迈出了在理性规制框架下促进人工智能发展的步伐（冯曼和胡惮，2019）。赵纪萍（2018）介绍了美国《高等教育纪事报》刊发乔治·华盛顿大学政治学教授亨利·哈勒尔（Henry Harrell）的文章。

这篇文章的要点，一是由于社交媒体的渗透程度之深，社会科学研究面临全新的变化，数据的来源正在从政府单一渠道向多渠道变化，而且这些数据从量到质都有飞跃性变化；二是数据访问限制前景堪忧，学术的公开和学者的公正与平等受到前所未有的挑战；三是提出了数据政治的概念，并认为由于没有学术规范的约束，有可能出现有悖学术伦理的决策和研究。

从伦理视角看科技创新，科技与伦理分离引发了科技生态危机，而正是这种危机，彰显了重塑科技活动的伦理维度的重要性和紧迫性；科技创新伦理表现为科技与自然的有机统一，并要求科技与人的有机统一（刁龙，2018）。正是层出不穷的科技伦理问题的涌现，使组建国家科技伦理委员会成为必然。很多学者对组建国家科技伦理委员会积极响应，认为应该将科技伦理规范建设提高到文化自信的高度，强化以人民为中心的价值追求，鼓励学科交叉和跨界交流，树立正确的科技文化观，推动科技文化创新发展，努力构建中国科技文化的学科体系、学术体系和话语体系（陆航，2019）。

科技发展需要伦理出场，伦理应当主动贯穿科技发展全过程（胡明艳，2019）。随着国家科技伦理委员会的组建，国家层面科技伦理监管提上日程，将为我国科技创新事业行稳致远发挥积极有效的保驾护航作用（沈栖，2019）。范春萍（2019）认为组建国家科技伦理委员会的目的在于加强统筹规范和指导协调，推动构建覆盖全面、导向明确、规范有序、协调一致的科技伦理治理体系。她进一步分析了当前科技风险的特征及挑战，认为这种风险具有全面性、系统性、深层性、连锁效应性和指数增长性，在科技体之上形成一个风险体，使科技呈现天使与魔鬼的两面，与此同时构成价值观和学理的挑战、经济及国际竞争的挑战和实践性挑战。因此，科技伦理研究和科技伦理教育具有同等重要性。

国内学者对于科学技术发展引发的伦理问题的关注及反思，国家层面的伦理制度的建立与引导，都将推动我国科技伦理的快速发展。然而，高校作为研究项目开展和研究伦理培养的主要阵地，这一层面的伦理制度建设还在起步阶段。

2.6.2　社会科学研究伦理审查

社会科学研究伦理审查方面的研究在国内刚刚兴起，进展较慢。目前研究的一个侧重点是对国外研究伦理审查制度的介绍，如文雯（2011）、杜丽姣和边霞（2016）分别介绍了英国和美国教育研究伦理审查制度；杨祥银（2016）介绍了美国口述历史伦理审查制度；张玲（2016）、刘晨和康秀云（2018）对加拿大伦理审查制度进行了介绍。这些文章并未停留在简单介绍他国社会科学研究伦理审查制度的建设情况，而是希望通过对比较成熟的制度进行研究，促进对我国建立社会科学研究伦理审查制度具体步骤和措施的思考。此外，也有学者直接探讨我国的社会科学研究伦理审查制度建设问题（侯俊霞等，2013；杨斌和姜朋，2018），但数量极少。

该领域另一个研究重点是根据社会科学研究方法的不同特点，梳理其中隐含的伦理问题，尝试为伦理审查制度建设提出建议（侯俊霞和赵春清，2018）。研究者通过梳理实验、观察、访谈和调查问卷四种常用的社会科学研究数据采集方法在使用中涉及的错综复杂的伦理问题，说明忽视这些问题有可能给参试者带来生理虐待、压力焦虑、名誉损害和隐私侵犯等伤害，同时会影响社会科学学术共同体的声誉，破坏公平诚信的学术研究生态，阻碍社会科学研究的良性发展。

第三个研究重点是大学学术伦理研究。弘德与扬善是学术活动的内在属性，任何学术都是伦理的学术，学术研究的根本宗旨是追求学术的真、善、美、利的和谐统一，因而高校目前十分重视包括学术目标的伦理导向、学术活动的伦理调节、主体与相关者的利益关系和学术行为的伦理规范在内的大学学术伦理的建设（程孝良，2017）。针对我国高校科研诚信危机事件不断发生的问题，孙君恒（2015）提出要大力加强科技伦理教育，同时强化专业伦理教育，建立学术诚信办公室和社会监督机制。他特别强调现阶段可以借鉴国外经验，以加强学生的科研伦理教育，重视大学教师的科研规范。有学者（如罗志敏和南钢，2014）建议将各个层级、各种形式的学术道德管理机构统一定名为"学术伦理委员会"，依据学术伦理原则进行组建，职能包括学术伦理制度建设、学术伦理问题的咨询服务、学术伦理的宣传与教育、学术伦理问责、学术伦理评价、相关材料的保存及数据库（如学术伦理问题案例库）的建设及学术伦理委员会自身的建设与维护。

杨斌和姜朋（2018）介绍了大学伦理委员会的实践，提出了大学伦理委员会的制度设计问题，分析了大学伦理委员会的定位，与学术委员会等机构的关系，以及组织运作构想和六项主要职责：①草拟学术伦理规范并报请大学学术委员会审议，经校务委员会或学校教职工代表大会批准；②就已有的学术伦理规范向校内师生进行宣传、介绍和培训，接受各方咨询；③组建专家评议组，对校内师生承担的由学校资助（含第三方经由学校账户转拨经费）的学术研究在立项前进行学术伦理审查，并出具相关意见，审查内容包括但不限于研究的主题和方法的合乎伦理性、研究对象（如受试者）的权益保障、该研究对公众的影响等；④就校内师生主动提起的学术伦理审查案（如学生学位论文选题或研究方法是否合乎学术伦理等），组建专家评议组，开展相关审查；⑤收集、整理、保存相关文件档案；⑥与其他校内机构或校外同行就学术伦理建设事宜开展沟通协调。这些建议大大推动了大学学术研究伦理审查制度建设。

2.7　小　　结

本章梳理了研究伦理审查制度形成的历程及发展现状，分析其普遍规律与文化特色，为中国研究伦理审查制度的建立和实施提供理论框架和制度借鉴。主要结论如下。

第一，研究伦理审查制度的逐步建立，立足于人类研究伦理意识的逐步提升和对科学研究本身及其成果应用的反思。这一制度的建立经历了萌芽期、建立期和发展期。

第二，研究伦理审查是维护相关人员合法权益和保障学术诚信的重要手段。以伦理审查委员会为主要执行者和形式的科学研究伦理审查制度经历了从无到有、从不完善到比较完善的发展过程。

第三，随着生物医学研究伦理审查制度日益成熟，社会科学研究伦理审查制度建设也越来越受到重视。世界高校通过设置大学伦理审查委员会，对本校人员从事以人类参试者为对象的各类研究进行审查、监督，以保护作为研究对象的人类参试者的权利和福祉。

第四，我国在国家层面还没有建立一套确保负责任研究的伦理和法律框架，包括确保科研诚信和保护受试者的法律法规体系，对研究立项和研究方案进行伦理审查的体系，对科研人员、参与伦理审查人员以及监管人员进行系统能力建设的体系，以及对伦理审查机构进行考评和监督的体系。

第五，最新的标志性事件是，中央全面深化改革委员会第二十三次会议审议通过《关于加强科技伦理治理的指导意见》和第九次会议审议通过《国家科技伦理委员会组建方案》。中央全面深化改革委员会第九次会议指出："科技伦理是科技活动必须遵守的价值准则。组建国家科技伦理委员会，目的就是加强统筹规范和指导协调，推动构建覆盖全面、导向明确、规范有序、协调一致的科技伦理治理体系。要抓紧完善制度规范，健全治理机制，强化伦理监管，细化相关法律法规和伦理审查规则，规范各类科学研究活动。"（新华社，2019）

第六，国内学者开始思考在大学建立伦理审查委员会的重要性和必要性，并介绍了国内外两方面的实践，就大学伦理审查委员会的制度设计提出相关建议，包括伦理审查委员会的定位、与其他各种委员会如学术委员会等机构的关系，提出了伦理审查委员会组织运作构想、主要职责和人员组成等。少数大学已经开始相应的实践。

第七，梳理研究伦理审查制度的建立及发展历史，了解制度在实施过程中遇到的困惑和阻力，有助于在中国社会科学研究伦理审查制度建设之初尽可能避免政策性失误，并与社会各方做好沟通和宣传教育工作。

第3章　社会科学研究伦理审查制度的理论来源及其对制度建设的启示

3.1　导　　言

本章主要梳理社会科学研究伦理审查制度的理论来源，并分析这些理论对我国制度建设的启示。研究伦理（research ethics）聚焦实证研究中涉及的道德现象，探寻研究共同体中各利益相关方应遵守的外在行为规范和个人应具有的伦理意识。就伦理学的范围界定而言，研究伦理属于应用伦理学的研究范围，其主要任务在于从伦理的角度分析以人为对象的研究带来的问题，为解决这些伦理问题提供有理论依据的解答。按照流行的观点，伦理学中的规范理论主要包括义务论、功利主义、契约主义和德性论，本章试图在分析这四种主要理论核心思想的基础上汲取对社会科学研究伦理审查制度的启示。最后，本研究将从生命伦理学中的"原则主义"寻找社会科学研究伦理审查制度建设的理论来源。

3.2　规范伦理学及其对社会科学研究伦理审查制度建设的启示

3.2.1　义务论：研究者将参试者不仅仅当作手段还要同时当作目的

义务论的主要代表人物是德国哲学家伊曼努尔·康德（Immanuel Kant，1724—1804），他所创立的伦理学理论的核心观点是人的行为只有出于义务而行动时，其行为才具有道德价值。康德认为以往的伦理思想都试图从外部世界寻找道德的根源，而这些尝试最终都失败了，因为只有从自身的理性出发才能最终找到道德的根源。在康德看来，人类之所以拥有道德，是因为人类作为一种理性动物，应该从其理性中找到一种放之四海而皆准的道德原则，这才是人区别于动物的根本属性（唐纳德·帕尔玛，2011：36）。只有通过这一原则，人类才能最终确定道德的善恶，而善恶也只有通过这一原则才能得以确立。道德律令适用于任何有理性的人，是一种无条件的、强制性的、必须服从的"绝对命令"（李泽厚，2007：291）。无条件的命令要求"必须"服从或执行，在客观上普遍有效。按照李泽厚的分析，这种命令来自纯粹理性，而非感官经验或个人幸福，是纯粹理性的实践力量（李泽厚，2007：292）。在《道德形而上学原理》一书中，康德将绝对命令表述为"要只按照你同时认为也能成为普遍规律的原则去行动"，绝对命令是人人都应当遵循的，具有一切时间和地点上的普遍有效性，是最高的道德标准。因此，康德认为一种行为只有出于绝对命令时，才是义务的行为，才具有道德价值（康德，2012：30）。

康德的绝对命令描述了一个纯粹的理性存在者如何付诸行动。可以分别从普遍法则、人性、自律、目的王国四个不同的角度进行阐释，其第二种表述形式即人性对本研究具有重要意义：

> 你的行动，要把人性，不管是你自身的还是他人的，在任何时候都同时看作是目的，永远不能只是看作手段。其中心意思是我们必须尊重个人，不能把个人当成实现某种目的的工具，比如操纵别人来达到目的。在某种意义上这就是说要尊重这样的事实：个人作为具有自由意志的存在者不能被剥夺选择的权力。这也意味着个人有不完善的职责去帮助别人。（加勒特·汤姆森，2002：86）

康德认为一种行为的道德价值不依赖于行为的影响或结果，一种道德上正当的行为必须出于道德上正当的动机，只有出自义务的行为才具有真正的道德价值。这与我们现代的研究工作十分契合。根据这种理论，我们在研究工作中应当将参试者作为有尊严的主体来看待，尊重和顾及其内在价值，而不应当仅仅把参试者作为工具和手段，这样才能获得参试者的认同。

除了绝对命令的第二种表述形式，康德关于绝对命令的第四种表述形式，即目的王国对于本研究也有着重要的借鉴价值。

> 一个遵守这样准则的成员为了可能的目的王国而立法。这种表述的意思就是说每一个人类共同体中的成员必须把他或她的准则用来普遍立法，而这些法则也是用来规定其他所有成员的行为的。只有这样，在一个理性存在者的共同体中，每个成员才能互相当作是目的。（加勒特·汤姆森，2002：87）

类比于康德的理论，研究共同体在这里可以用康德的"王国"，即"通过普遍的法则建立起来的人类的联合体"来指代。在学术的王国里，所有的人都应自律，不能有偏袒。每个利益相关方既是法则遵守者，也是立法者。在这个人类共同体中，"每一个成员对他自身和对所有人而言都是一个人"（加勒特·汤姆森，2002：87）。

对于多数研究者来说，开展研究的原因多是出于身为研究者的责任。康德认为"一种行为只有是出于责任，以责任为动机，才有道德价值。仅仅是其结果合乎责任、与责任的诫律相符合，而以爱好和其他什么个人目的为动机的行为，则无多大道德价值，甚至于完全没有道德价值"（苗力田，2012：7）。这里提醒我们作为研究者要牢记自身担负的社会责任，关注社会公平与正义，尊重参试者人格，避免为了研究而研究，过度采集数据。

提升研究者的伦理素质对一项研究能够合乎伦理至关重要。"人若出自义务行动，则其行为准则便拥有一种道德价值。而这种行为法则是由作为行为主体的他自己自我设定的，并非取决于外在的规定。人如果不是依照自己为自己订立的法则行事，他就会失去对该法则的尊重。"（甘绍平，2015：142）在实际开展研究中，研究者会遇到各种道德两难问题，需要进行道德判断（详见第 5 章）。康德伦理学中对良知的论述，有助于我们进行道德选择。一个受法则支配的行为的内在归责属于判断力，是行动归责的主观原则，对行为作出有法权效力的判断，在人身上的内在审判意识就是良知（康德，2013c：448）。

> 每个人都有良知，发现自己由于一个内在的审判者而受到监视、威胁，并且一般而言受到尊重（和畏惧结合在一起的敬重），而这种守护着他心中的法则的力量不是某种他自己给自己（任意地）**造就**的东西，而是被并入他的本质的。当他打算逃脱时，良知就如影随形地跟随着他。人虽然可能通过种种愉快和消遣来麻醉自己，或者让自己进入梦乡，但却无法避免时时回归自我或者醒悟，在这种情况下他就会听见良知可怕的声音。他在自己最严重的堕落中也许能够做到根本不再把良知的声音放在心上，但他毕竟不能避免对它的**倾听**。（康德，2013c：448，449）

面对道德困境，我们要倾听良知的呼唤，同时设想一个与自己不同的他者作为自己行动的审判者，这样自我既是原告也是被告，具有了双重人格性，“一方面不得不站在一个毕竟是被交托给他自己的法庭的门槛前颤抖，但另一方面自己手中掌握着出自生而具有的权威的审判者职务”（康德，2013c：449）。

3.2.2 功利主义：研究者的学术自由应该以尊重参试者的权益为前提

与义务论强调我们应该出于道德原则的动机而行动不同，功利主义强调根据行动的后果行事。稍晚于康德，英国哲学家杰里米·边沁（Jeremy Bentham，1748—1832）和约翰·斯图亚特·密尔（John Stuart Mill，1806—1873）将功利主义形成发展为一种系统的伦理学体系。边沁从前人的思想中汲取营养并确立了理论的基本框架，密尔对其思想加以修正和发展，使之更加系统化和理论化。

边沁的功利主义思想是建立在他的“苦乐观”基础之上的。他继承了英国经验主义的传统，将道德上的善恶等同于感觉上的苦。快乐就是善的，痛苦便是恶的，"趋乐避苦"成为人们行为的最终目的。当一种行为所带来的快乐大于痛苦时，这种行为就是善的；当一种行为所带来的痛苦大于快乐时，这种行为便是恶的。通过这种后果论的计算方法，边沁发现了作为功利主义理论核心的"功利原则"。在《道德与立法原理导论》一书中，边沁指出，"功利原理是指这样的原理：它按照看来势必增大或减小利益有关者之幸福的倾向，亦即促进或妨碍此种幸福的倾向，来赞成或非难任何一项行动"（边沁，2000：59）。也就是说，对任何一种行为予以赞成或不赞成的标准是看该行为是增多还是减少当事者的幸福，以该行为增进或者减退当事者的幸福为准（周辅成，1987：211，212）。在功利原则的基础上，边沁进一步提出了最高功利原则，即"最大多数人的最大幸福是正确与错误的衡量标准"（边沁，1995：91）。

边沁面临的最大难题是人类如何在不同的快乐或福利之间进行衡量。针对边沁难题，密尔修正和发展了边沁的功利主义思想。首先，他认为快乐不仅有量的区别，还有质的区别。所谓质的区别是指"人不仅有着肉体感官上的快乐，而且还有精神上的追求，人具有动物所不具有的比嗜欲更为高尚的心能"（宋希仁，2010：297）。也就是说，对人类而言，精神的快乐要高于肉体的快乐。之后，密尔进一步探讨了"快乐"和"幸福"两种概念的区别。密尔认为幸福是一个包含众多组成元素以及追求手段在内的整体，而快乐的价值就在于它是幸福的组成部分之一。这样，幸福取代快乐成为人们的最终目的和道德标准，幸福主义取代了快乐主义。此外，密尔更加重视"最大多数人的最大幸福"的最高功利原则，并将其视为每个人都应奉行的原则。在他看来，一种行为所带来的幸福，并不应当仅仅局限于行为者本身，而是应当包含与该行为有关的所有利益相关者。这样，功利主义就不再是一种利己主义，反而是一种可以体现道德客观普遍性的利他主义。

从边沁的"最大多数人的最大幸福是正确与错误的衡量标准"这一最高功利原则来看，我们在研究伦理中应该关注研究利益相关者的整体福利。而把密尔的功利主义理论应用到研究伦理，我们获得的启示是尽管研究伦理应该总体上考量利益相关者，但这种有关利益的考量应该还是存在不同层级上质的定位和区别的。

正是基于利他主义的考量，密尔在《论自由》中对个人的自由权利进行了限制，个人的自由不能使自己成为他人的妨碍。"每人既然事实上都生活在社会中，每人对于其余的人也就必得遵守某种行为准绳，这是必不可少的"（约翰·密尔，1952：89），而"一个人的行为的任何部分一到有害地影响到他人的利益的时候，社会对它就有了裁判权"（约翰·密尔，1952：90）。密尔认为"个性的自由发展的最终目标是既要推动社会文明整体的发展，也要促进个人在心智、情感和道德等方面的自我发展。自我发展必须借助一定的制度安排，通过建立良好的政治制度与良好的教育体系来保证"（宋希仁，2010：302）。把这种思想运用到研究伦理中，我们应该坚持研究者拥有开展学术研究、发展自己职业的自由。不过，值得深思的地方在于，研究者的独立性是否是绝对的呢？个人是否拥有最高主权呢？研究项目的开展涉及国家的安全、社会的利益、他人的权利。因此，除了研究者有责任防止研究对他人造成危害外，研究选题和研究的开展也需要受社会的监督和制度的约束。在这个意义上，我们需要更加细致地思考，对于研究项目和研究者而言，到底什么才是最大多数人的最大幸福？

基于这种疑问去审视功利主义，我们会发现，人类所珍视的价值目标除自由外还有福利、正义、平等和社会安全等，"有时候可以牺牲自由以换取这些价值"，"而这种放弃实质上可以理解为对更深层的生存的自由权利的维护"（宋希仁，2010：303）。如何做到这点，功利主义在另一意义上为我们提供了便于操作的制度化程序，这也是边沁和密尔都注重从原则化角度来思考问题的原因。

边沁关注制裁和法律的改革，他的制裁理论提供了个人快乐同社会幸福沟通的桥梁，在社会制裁力的引导下个人对于幸福和快乐的追求会趋向于与其利益相关的一切人的最大幸福（宋希仁，2010：306，307）。人类福利体系的建立需要凭借"理性"和"法律"的力量，好的立法能够最大限度地促进"最大多数人的最大幸福"的实现，法律是辅佐道德来调解伦理关系的手段，同时也是道德的另一种保障（宋希仁，2010：294）。

因此，通过规章制度的制定来调解伦理关系，建立伦理审查制度，防止研究中出现冲突，在合理范围内限定研究者对个人利益的追求，体现了合理的利己主义要求。同时，在以人类为对象的研究中，知情同意书的签订可以视为一种追求利益相关方最大幸福的协议。这既是一种研究者对参试者的承诺，也是对毁约行为的一种制裁。这种承诺的目的在于实现社会信任和提升社会信任度（甘绍平，2015：134）。

然而，单靠制裁和制度来规范研究者的行为还不够，伦理意识的培养和提升力度也需加大。从密尔的观点来看，"良心是'一种伴随违反义务而起的相当强烈的痛苦'，它就像是阻碍人们做出违反伦理标准的行为的一道屏障，一旦人们冲破这道屏障，做出违反伦理标准的事情，这种情感就'变成了悔恨而重现于心上'；而且在德性修养程度越高的人，违反良心所伴随的痛苦就越强烈。这种感情是构成良心的基本成分"（宋希仁，2010：307）。从制裁和法律改革与道德的互动性来看，密尔提出"只有良心才能够为功利原则提供其义务性的根本来源，提供其准则性的最终的动力"（宋希仁，2010：307）。良心是洗染而成的，不具有良心的人不可能被"任何别的道德原理提供的内在的制裁力所约束，所以只能通过间接的外部制裁力的约束使他遵守道德的要求。所以，密尔主张将内在良心的制裁与外在制裁结合起来，实现功利主义原则的有效约束力"（宋希仁，2010：308，309）。

总而言之，功利主义认为当个体的利益与集体的利益发生冲突时，个体应该为集体福利的总量提升做出道德牺牲，即便违背当事人意志（甘绍平，2015：130）。社会的正义高于个人利益，使得"正义"作为伦理学中的核心概念具有了一种比功利总量最大化更高的价值，所以有学者认为，"当代功利主义者均主张总体功利的提升是一项道德标准，但并非是唯一的尺度，对于最大多数的最大幸福原则，应以公正、正义的原则作为补充，这样才能使功利主义合乎于对人性的普遍认知"（甘绍平，2015：131）。为了更全面地建立伦理理论框架指导社会科学研究伦理审查制度建设，需要从契约主义伦理学尤其是正义论的相关思想中汲取营养。

3.2.3 契约主义：科学研究是研究共同体成员之间的合作，不能是一种"随心所欲"的自然状态

契约主义（contractualism）认为，伦理价值、权利和义务来自人类之间的共识（唐纳德·帕尔玛，2011：37）。契约主义者认为道德是行为主体间为了保护各自利益而进行的合作，以实现社会最大程度的公平（甘绍平，2015：178）。近代契约主义主要以托马斯·霍布斯（Thomas Hobbes，1588—1679）和让-雅克·卢梭（Jean-Jacques Rousseau，1712—1778）的思想观念为代表。霍布斯认为契约的签订在于保护自己不受伤害，使自己特定的利益最大化；卢梭认为契约的签订在于创造社会和谐，考虑普遍的人类利害关系（唐纳德·帕尔玛，2011：271，272）。

霍布斯认为，人类天生具有自私自利的本性，他在系统论证了"人性本恶"的基础上建立了契约主义的伦理思想。在《利维坦》中，霍布斯陈述了利己主义观点，如每个人的一切自愿行为都是为了获取好处，这使人们不得不面临两难处境。"当一个人转让他的权利或放弃他的权利时，那总是由于考虑到对方将某种权利回让给他，要不然就是因为他希望由此得到某种别的好处。"（霍布斯，1985：100）每个人都试图将自己的利益最大化而不惜牺牲他人利益，又发现除了与人合作之外没有办法实现个人利益（唐纳德·帕尔玛，2011：273）。因此，霍布斯认为道德起源于维护人的基本利益，使其免受他人侵害，由此揭示了"道德的消极性的益处，即保护个体不受他人的伤害"（甘绍平，2015：64）。"权利的互相转让就是人们所谓的契约。"（霍布斯，1985：101）

与霍布斯的观点相近，当代契约主义者大卫·高西尔（David Gauthier，1932—）认为，"道德的行为是以对极端自利的最大化的放弃为手段，以社会合作为途径、最终使理性的自利获得最大化的稳定的可持续的行为模式"；"合作虽然意味着对极端自利的放弃，但结果则是整个社会益处的最大化"（甘绍平，2015：175）。道德是"通过对

极端自利的有益限制而使理性利益获得最大化所签订的契约"（甘绍平，2015：176）。契约主义的贡献在于它提供了一项原则：道德一定是可普遍化的，它是否真的拥有普遍适用的能力，就要看它是否为不偏不倚视角下的理性契约的结果，或者看它是否经得住理性契约的严格审视。

霍布斯式契约论对研究伦理审查制度建设的启示在于，即使我们从比较自私的角度来考量我们的科研行为，我们也应该在研究过程中进行合作，因为合作最终也是能够促进自我利益实现的。除了霍布斯式契约论外，罗尔斯式契约论也值得我们注意。

美国哈佛大学哲学教授约翰·罗尔斯（John Rawls，1921—2002）于 1971 年出版了《正义论》。这本书被誉为契约论最优秀的宣言之一（唐纳德·帕尔玛，2011：284）。他在书中提出了正义即公平（justice as fairness）的观点（约翰·罗尔斯，2009）。社会所有公民都有权合理获得一份社会生产产品，在分配过程中为了避免谈判时因个人生理、家庭和社会背景的不同而导致不公的契约，罗尔斯要求人们穿上一件想象的外衣，即无知之幕（veil of ignorance），屏蔽自己的任何特征，以便通过理性契约协商获得正确的理论，不被任何正义的理论所强加（唐纳德·帕尔玛，2011：285）。设立这种"原初状态"是为了建立一种公平的程序，使得"被一致同意的原则都将是正义的"，用纯粹程序正义的概念作为理论的一个基础（约翰·罗尔斯，2009：105）。"由于无知之幕的过滤，各式各样的拥有着不同意欲的行为主体马上便转变成为一种普遍化了的行为主体，他所占据的立场是一种不偏不倚的立场，他所选择的行为规则一定是那种合乎每个人的普遍利益因而为每个人认同的原则，这种原则一定是一种客观有效的具有普遍性约束力的原则，而且肯定不会受到理性的拒绝。"（甘绍平，2015：186）

正是在这个意义上，罗尔斯提及的两个正义原则对于科研伦理具有重要的借鉴意义：一个有关平等自由，它提醒我们在研究中要平等地保障参试者的基本自由权利；另一个有关机会公平和补偿正义，它提醒我们在机会公平的前提下对易受伤害人群给予特殊关照。生存权及其相关的免受伤害是人的基本权利。

总之，从契约论的角度来看，我们可以认为以人为研究对象的研究在某种意义上就是研究者与参试者之间的一种合作。任何合作无论基于什么目的都首先应该尊重参与者的平等人格。知情同意书在某种意义上就是这样一种尊重人格平等的合约/契约。"如果潜在的合作方没有情感上的联系，则他们便需要有一种特殊的理由来相互信任并基于此而能够依时而合作。"（甘绍平，2015：62）作为研究者，我们承担的义务之一就是为后来的研究者营造符合伦理规范的研究环境。

> 我们这代人之所以拥有签订契约的能力，缘于同样无法预先与我们签约的前辈对我们的付出，前辈的付出对我们形成了一种无法拒绝的道德命令，即将对后代的付出无条件地传递到后辈身上，尽管后者并没有与我们签约并做出什么承诺的能力。（甘绍平，2015：133）

当然，与此同时，合作就意味着个体让渡部分权利进入共同体，这可能要求参与合作的个体在某些情况下牺牲自己的部分利益。

因而，尽管每个研究者都有开展个体研究的权利，但任何研究都不是一种单一的个体行为，而是许多平等的个体共同参与打造的共同体行为。那么，当我们从每个个体都是研究共同体成员的角度进行审视时，研究者就都有义务让自己的研究行为符合共同体的伦理规范，为维护契约基础上的学术共同体贡献力量。同样，当代研究者对后来研究者的关注不应低于对当代人的关注，应当为后来研究者建立良好的研究环境，关注学术生态的未来和研究共同体的可持续发展。

3.2.4 德性论：做有德性的研究者

研究伦理的主体是研究者，要想探讨什么是有德性的研究者以及如何成为一个有德性的研究者，我们就需要借鉴德性伦理学的理论。德性伦理学具有不同于上述其他伦理学范式的两个基本特征：关注个体的德性品格而非行为；关注善好和卓越等德性论（aretaic）概念，而非应该、正当、错误和必须等道义论（deontic）概念（迈克尔·斯洛特，2017：3）。德性的特质主要考虑人的品格，既有可能对拥有者有益，也有可能有助于他人，这种有关人的品格的特质，帮助我们关注人的品格养成。

在德性论看来，道德的本质在于德性的养成（甘绍平，2015：105），中西方思想在这一点上概莫能外。中国儒家的德性伦理学以仁爱为核心（龚群和陈真，2013：383）。在古汉语中，"德"指一个人的心理特征，指得、占有某种好东西，通"得"，德即得也；英文中的"德性"（virtue）源于拉丁文 vir，意为"力量"、"勇气"或"能力"，有获得、占有某种好东西的意思，和希腊文中的"德性"（arete）本义相同，后引申为"事物之完善的、良好的、优秀的状态"（王海明，2009：373）。当一个事物的某种功能得到发挥或充分实现时，就可称之为德性（龚群和陈真，2013：382）。因为德性论主要是从西方分析发展出来的，接下来我们更细致地梳理一下西方德性论的线索。

事实上，德性是古希腊伦理学体系中的根本性概念。西方伦理学的奠基者苏格拉底对德性的客观普遍定义进行探求，提出了"德性即知识"的根本命题，对人的智慧、节制、正义、虔诚、勇敢等"人的德性的具体表现形式"剥去其具体现象形态，探寻其内在共有本质，发现对"善美"的追求成为德性知识的主要考量（宋希仁，2010：27）。在苏格拉底看来，人有了德性的知识，就不会由于"无知"而作恶，"无知"是个人及社会的错误和不幸的根源；而知识是人与生俱来的东西，藏于灵魂之中，通过"产婆式"提问可以使这种灵魂之婴儿得以诞生（宋希仁，2010：23-31）。

比苏格拉底往前一步，柏拉图将苏格拉底关于人的德性的探索归纳成智慧、勇敢、节制和正义四种基本德性，即"四元德"，这四种德性既体现在城邦公民个体身上，也体现在作为大写的人的城邦中（宋希仁，2010：37-44）。就个人层面而言，柏拉图认为个人灵魂是包含理性、激情和欲望的三分主体，但又具有统一性，"四元德"是个人灵魂和谐状态下的表现。其中，智慧是理性的体现，勇敢是激情在理性引导下的产物，节制是理性对欲望的限制，理性主导激情和节制的状态就是个人灵魂的正义。就城邦层面而言，柏拉图认为城邦由哲学王、护卫者和平民组成，他们共同构成城邦的主体，"四元德"是城邦和谐状态下的表现。其中，智慧是哲学王用理性治理城邦应该有的表现，勇敢是护卫者用激情保卫城邦的体现，节制是平民节制欲望的表现，而正义就是城邦中的三类公民各安其分，各司其职。因此，对于柏拉图而言，他认为人的主要任务是进行理性的哲学思考，获得关于善的知识，而且不管是谁，无论是针对个人还是城邦，只要知道善，就会获得所有的美德，没有一个真正理解善的人可以成心作恶（唐纳德·帕尔玛，2011：228）。

亚里士多德作为古希腊伦理学的集大成者，在继承与发展前人思想的基础上形成了自己的伦理学体系，使之成为一门独立、系统的学科。其中，至善与幸福的问题是亚里士多德伦理学的理论核心。亚里士多德从现实生活出发，认为人们的行为都是为了追求某种目的，即某种具体的善，其中作为目的本身而被追求的便是"至善"，"这种最高的善或目的就是人的好的生活或幸福"（宋希仁，2010：58）。亚里士多德认为幸福就是至善，这种幸福并不是抽象的、理念的幸福，而是具体的、现实的幸福。实现幸福需要三种条件，即身体、财富与德性，其中德性是最重要的，没有德性就没有真正的幸福。

亚里士多德将德性分为理智德性和道德德性，认为它们都是灵魂符合逻各斯的活动，不过，前者主要通过教导而发生发展，后者通过习惯养成（亚里士多德，2003：36）。其中，理智德性又可以细分为智慧（sophia）和明智（phronesis）。明智泛指那种在特殊情形下知道怎样做出判断的人（MacIntyre，2007：154），也作为一种理智德性本身代表着一种实践判断力，"明智是一种理智的能力，使人能够在具体境遇中做出正确的决断，运用正确的手段与途径，从而达到由德性选择的目标，实现善好和幸福的生活。一句话，明智是一种通过对合宜的手段的选择来实现其既定目标的能力"（甘绍平，2015：116）。而道德德性以求取适度为目的，"在适当的时间、适当的场合、对于适当的人、出于适当的原因、以适当的方式感受这些感情，就既是适度的又是最好的。这就是德性的品质"（亚里士多德，2003：49）。过度与不及是恶的特点，德性则处于两者之间，存在于由逻各斯规定的适度之中，是一种选择的品质（亚里士多德，2003：50）。亚里士多德认为，"德性是一种适度，因为它以选取中间为目的"，因此人们的行为与情感就必须遵循适度原则，在过度与不及中间选择一个适度的位置。

在继承亚里士多德德性论思想的基础上，托马斯·阿奎那（Thomas Aquinas，1225—1274）建立了基督化的亚里士多德德性伦理学，对天主教影响深远（唐纳德·帕尔玛，2011：227）。基督教伦理学在智慧、正义、勇敢和节制之上，加上了信仰、爱和希望三个基本德性（龚群和陈真，2013：383）。从而把人的德性发展和上帝紧密联系起来，认为人的德性最终来自上帝，为德性的起源提供了神学的基础。然而，伴随着近代自然科学革命、启蒙运动的发展，人们越来越不相信神的存在，这在客观上导致了德性论的没落。而义务论和功利主义等基于人性强调行为规范的理论得到极大发展。

及至当代，伊丽莎白·安斯康姆（Elizabeth Anscombe）1958 年发表《现代道德哲学》一文，德性伦理学才得以复兴。该文质疑以康德为代表的义务论和以边沁、密尔为代表的功利主义后果论对外在规范的强调及对行为者内在态度与动机的忽视（龚群和陈真，2013：373；甘绍平，2015：105）。她认为康德过于强调理性对道德生活的主宰而忽略了非理性的作用，认为道德原则只能是属于共同体的，具有历史性和相对性（龚群和陈真，2013：376；唐纳德·帕尔玛，2011：249）。"从德性伦理学看，康德的问题在于他把善良意志仅仅归结为理性意志，同时又归结为义务或责任的中心性，从而把理性的普遍性原则看得最为重要；而没有像德性伦理学那样，把行为的道德性看成只是根源于德性本身。"（龚群和陈真，2013：379）

随着德性论的复兴，意识到道德哲学的理论讨论与现实生活的实际案例相差很远，麦金太尔在《追寻美德》中建构了评价行为道德与否所需的实践、个人统一和文化相对性三个概念；迈克尔·斯洛特（Michael Slote）于 1992 年出版了《从道德到美德》（*From Morality to Virtue*），指出康德主义伦理学、功利主义和常识道德直觉主义关注对行为对与错的判断（迈克尔·斯洛特，2017）。美德伦理学的特征突出行为的道德性来自对一个人的动机的判断。新西兰奥克兰大学哲学家罗莎琳德·赫斯特豪斯（Rosalind Hursthouse）于 1999 年出版了《美德伦理学》（*On Virtue Ethics*），对新亚里士多德主义德性伦理学进行了全面阐释和辩护，指出情感具有非常重要的道德意义（罗莎琳德·赫斯特豪斯，2016）。由此，德性论在当代得到全面复兴，尽管还存在一些争议，但德性论越来越成为义务论和功利主义之外的第三种规范伦理学形态。

通过上述对德性论的历史梳理，我们可以看到，德性论因为强调人的品格和德性的根本特征，对研究伦理审查制度的建设有着十分积极的启示。这种启示表现在我们对研究者主体的关注上。基于德性论，我们可以很明显地看到，针对应当做一个怎样的研究者，德性论告诉我们应该将关注的范围从外在的行为本身转到内在的行为者整体，应该关注通过品格、气质和情感能力的培养，努力将研究者培养成为一个有德性的人。亚里士多德告诉我们应该适度地获得，应该避开最与适度相反的那个极端，对我们容易沉溺的事物进行研究，了解其性质，最要警惕会让我们失去公正判断能力的快乐和令人愉悦的事物（亚里士多德，2003：59）。进而，研究者对创造新知识的痴迷，有时会让我们忽略参试者的利益，而研究本身给我们带来的愉悦，或是研究成果可能给我们带来的益处也有可能导致我们成为失去公正的"判断者"。如何选择这中间的适度，值得每个研究者思索。

按照亚里士多德的观点，人是行为的原因和本原，所以人的德行应当是人主动去做某事的表现；行为的善恶取决于行为者自身的主动选择和实践，只有源于行为者自身的行为才能受到称赞或指责（宋希仁，2010：65）。这在科研过程中尤其重要。与之相关，麦金太尔认为德性不是"个体自行认定的德性，而是服务于由某一共同体所确定的善好的那些德性"，因此，研究者在维护自身利益的同时应顾及共同的利益、目标和规范（甘绍平，2015：108）。

此外，亚里士多德坚持认为学习到的德性必须不断在错误和尝试中进行理性的锻炼，学习作出必需的选择（唐纳德·帕尔玛，2011：238）。新德性论者推崇亚里士多德德性论中的明智学说（phronesis）。很多人认为这种明智学说就是审慎，指对于个人道德行为进行深思熟虑和谨慎判断的习性，是一种实践性智慧（布尔克，2016：27）。比如，麦克道尔认为明智是一种知识，伽达默尔认为明智是一种具体的道德判断的能力（甘绍平，2015：115）。按照亚里士多德和这些追随者的看法，明智是有德者的标志性特征。我们并非通过美德的概念来定义有德之人，而是用有德之人来定义有德的行为。因此，德性就是人在实践活动中所表现的优点，需要通过实践去获得（宋希仁，2010：71）。随着对伦理德性认识的加深，人在内心产生了想使自己的行为习惯性地符合伦理德性的愿望，此时，道德活动的目的就达到了（布尔克，2016：19）。科研活动作为人类活动的一种，显然也应该符合这种模式。培养有德性的研究者就是要让研究者通过教育和习惯获得美德，让他们在研究共同体和研究过程中通过实践应用反思自己。

在社会科学研究中，由于经常需要与参试者建立信任关系，研究者不可避免地会陷入道德两难境地。规范伦理学强调道德原则的普遍有效性，强调规范与原则在任何具体事例上运用的绝对无条件性，拒绝一切可能的相对化处置与必要的情境权衡，而德性论"认可规范与原则运用程度的相对性，关注具体情境的特殊性，并善于调动规范或原则之外的如情感、直觉等其他道德要素在道德权衡中的作用"，因而可以帮助研究者化解两个同等重要的规范或原则之间的冲突，做出道德选择（甘绍平，2015：106）。亚里士多德德性论中的明智学说提供了一种实践智慧，提示研究者在面对道德冲突时，不仅需要依据道德原则行事的意志，而且需要正确运用规则，综合道德情感、道德直觉、社会习俗、具体当下的时空情感、行为选择的替代方案、行为抉择可能的后果等各种要素，做出道德判断与权衡（甘绍平，2015）。

其实，社会科学研究中出现的伦理两难问题很少有单一的解决办法，需要研究者采用不同的具有创造性的方法来应对。任何伦理指南中的建议都不可能适用于所有的情境，尤其是在不同的文化情境下，更需要研究者基于情境做出判断（BERA，2018）。

3.3 生命伦理学及其对社会科学研究伦理审查制度建设的启示

　　除了主流的规范伦理学理论，就目前发展的情况而言，发展已经比较充分的生命伦理学为研究伦理审查制度建设提供了可以应用的直接理论来源基础。20世纪80年代研究伦理审查制度从生物医学领域开始应用到其他以人为参试者的研究领域。生命医学伦理学的原则主义（principlism）以美国生命伦理学家汤姆·比彻姆（Tom L. Beauchamp）和詹姆士·邱卓思（James F. Childress）的四大原则（尊重自主原则、不伤害原则、有利原则和公正原则）为代表。两位学者于1979年出版了《生命医学伦理原则》一书，由于该书的实用性，现已修订至第八版。其中，在第五版中，两位学者详细论述了相关伦理理论来源，包括功利主义、康德主义、自由个人主义、社群主义和关怀伦理学，在第六版中删掉了关怀伦理学，又在第七版中用美德伦理学替代了社群主义，并在第八版中更加强调美德伦理学的作用。两位学者在总结经典理论并运用于指导前沿案例的基础上认为，伦理学中的经典理论是我们共同的道德遗产，虽然互相之间存在着竞争，但是每一种理论都可以给我们提供建设性意见，帮助我们反思道德生活，发展生命伦理学（Beauchamp & Childress，2013，2019）。

　　在比彻姆和邱卓思的基础之上，之后有学者［如伯纳德·格特（Bernard Gert）、丹纳·克劳塞（Danner Clouser）和查尔斯·卡尔弗（Charles Culver）］用原则主义来指代比彻姆和邱卓思的原则框架，并提出以规则为核心的新框架（汤姆·比彻姆和詹姆士·邱卓思，2014）。但这里需要澄清的是，原则主义是基于公共道德的自洽的理论框架，而非若干基于互相冲突的几种伦理学理论大拼盘（李伦，2014）。对原则主义最大的误解是将尊重自主原则理解为生命伦理的首要原则，并过于强调知情同意（李伦，2014）。四大原则都是初始义务，需要在具体情境中经过权衡来判定哪个原则为实际义务，再通过进一步细化将原则的内容充分展示，为具体情境中的决策提供规则

（李伦，2014）。两位学者认为在出现冲突时，权衡初始原则可以为协商留下空间，而细化初始原则则会促进道德的发展和进步（汤姆·比彻姆和詹姆士·邱卓思，2014：394）。

　　四项基本原则构成了研究共同体普遍接受的行动指南与原则框架，其关系并非平行的。如实施安乐死违背了道德戒律——"汝不可谋害人命"，但另一方面又遵守了两条广为人知的道德要求：尊重患者自主权和提升患者的最大利益（托尼·霍普，2015）。而在个人利益发生严重冲突时，不伤害和有利成为首要义务（汤姆·比彻姆和詹姆士·邱卓思，2014）。上述冲突表明，尽管有四大原则，但它们彼此之间有时会相互冲突，这些原则的冲突再次提醒我们，人类生活的复杂性要求我们更多地发挥实践智慧的作用。

　　这些原则对社会科学研究伦理审查制度的建设影响深远，从第 2 章梳理的伦理审查政策和实践可以看出，尊重自主、不伤害、有利和公正四原则仍然是各个协会和机构伦理审查的重要原则。但是社会科学伦理问题又有自己独特的本质特征。在进行社会科学研究时，我们一方面要考虑研究为全体社会成员带来的共同利益，另一方面需要考虑参试者的个人权利和个人利益的保护。同生物医学研究一样，四大原则是社会科学研究伦理的四大基石，需要在进行社会科学研究伦理审查制度建设时重点关注。

3.3.1　尊重自主原则

　　原则主义的第一项是尊重自主（respect for autonomy）原则。甘绍平（2015：5）认为人的本质特征在于人的自由和自主决策能力，而自由是人的一种最高财富，人因此而享有独特的尊严，任何有损人的自由发展的行为都是不可接受的。因此将自由选择的权利作为其他规范和原则的基础和前提，是其他规范和原则的价值底蕴（甘绍平，2015：90）。而比彻姆和邱卓思（Beauchamp & Childress，2013：101）坚决否认尊重自主原则优先于其他所有伦理原则，原则主义是想建构一种尊重自主的概念，将个体的社会性、行为选择和行动对他人的影响考虑在内，兼顾情感而不是过度注重理性，同时强调法律权利与社会实践和责任的有机统一。

伦理学研究中，经常将 autonomy 理解为自律，因为 autonomy 一词源于古希腊语 autós（自己的）和 nomos（规律），即自己的规律，与他律相对。他律（heteronomy）源于古希腊语 heteros（其他的）和 nomos（规律），意思是人之外的规律（罗国杰，2014）。一切他律的道德规范，都必须转换为自律的道德规范，否则只是一种外在于道德主体的"异己"的力量（罗国杰，2014：201）。而尊重自主原则中的 autonomy，是指在不受他人控制下的自由和基于充分理解下的有意义的选择（Beauchamp & Childress，2013：101）。自由（liberty）和有意行动的能力（agency）是自主的两个关键因素；前者指不受控制性影响，而后者是指按自己意志行事的能力（Beauchamp & Childress，2013：102）。

四原则中的尊重自主重点强调自主选择（autonomous choice），可以根据三个条件来分析选择者的自主行为，即行为的主观性、理解程度和是否受控制（Beauchamp & Childress，2013：104）。首先，自主行为是行为者的主观意愿，是有计划的主动而为；其次，自主行为是基于行为者对行为的充分理解，而疾病、不理性、不成熟和沟通不充分都会影响理解的程度；最后，自主行为应当不受其他因素的控制性影响。尊重自主原则在态度上的表现是承认行为者持有自己的观点、做出自己的选择和基于自己的价值观和信仰进行行动的权利，在行为上的表现是不干涉行为者的个人事项，并通过减轻其害怕情绪等手段来帮助行为者进行自由选择（Beauchamp & Childress，2013：107）。在研究中，只要参试者能够理解实质性信息，按照自己的价值观对信息进行判断，对实现目标有规划，并能与研究者自由交流就可以视为"有能力"做出决定（Beauchamp & Childress，2013：116）。

很显然，对于研究伦理而言，尊重自主原则的积极义务表述是对全面信息的告知和自主选择的促进，消极义务表述是自主行为不能受制于他人，在此基础上的具体道德规则包括告诉实情、尊重他人隐私、保守保密信息、获得知情同意和受他人之托帮助做出重大决定（Beauchamp & Childress，2013：107）。

3.3.2　不伤害原则

四原则中的第二项是不伤害（nonmaleficence）原则，主要是指不得作恶或施害，并将避害、去害和增利三种有利义务一同考虑（Beauchamp & Childress，2013：152）。霍布斯将道德的起源归结为维护人们的基本利益免受他人侵害（甘绍平，2015：61）。赫斯特将"不伤害原则"称为第一规范，可细分为如下规则："你不应杀人；你不应给任何人施加痛苦；你不应剥夺任何人的自由或机会；你不应剥夺任何人的快乐；你不应作假或欺骗；你不可偷窃；你不可在他人面前食言或违约；你不得侮辱和贬损他人。这些作为道德规范或规则的禁令都是能够经受住最严格的普世性程度的检验的，任何一个人都能出于自己不愿遭受伤害的考量，而乐于认同并遵守这些道德禁令的。"（甘绍平，2015：69）

在研究中，实际发生的损伤称为伤害，而可能发生的伤害称为风险。除了疼痛、痛苦、残疾和死亡等身体上的伤害外，精神上的伤害和其他负担及损失同样应当避免（陈元方和邱仁宗，2003：54）。尤其对于社会科学研究而言，对参试者的伤害经常源于隐性的精神上的伤害。因此，研究者在进行研究设计时，应该充分考虑以参试者利益为重，全面考虑可能发生的伤害和风险，做好预防措施。而研究伦理审查委员会在对研究项目进行审查时，应该评估研究对参试者可能带来的伤害和风险。按照风险的级别分类，确定审批流程和时间。对风险较低的研究，加速或免于审查；而对风险较高的研究，则不仅设置严格的流程，同时派有丰富经验的专业人士对研究者进行指导。在研究开展的过程中，研究者及其团队要对风险和伤害实时监控，以防万一。

3.3.3　有利原则

四原则中的第三项是有利原则（principle of beneficence），指为增进他人利益而行动的道德义务，要求行为主体采取积极的措施帮助他人，例如，保护和捍卫他人权利、防止他人受到伤害、救助身处危险的人等，因而比不伤害原则要求要高（Beauchamp & Childress，2013：203，204）。四原则中的有利原则与功利主义中的效用原则的不同之处在于后者对于功利主义而言是唯一的伦理原则，而前者是多个初始原则之一，不能决定道德义务的整体平衡（Beauchamp & Childress，2013：203）。

以这个原则为指导，当研究者与参试者签署了知情同意书，彼此承诺之后，两者就因为彼此具有的特殊利益关系，而产生了与之相伴的责任和义务。按照有利原则，"特殊有利义务一般源于特殊的道德关系，这种关系通常是通过机构角色和契约安排建立起来的。这些义务源于隐性的和外显的任务，如诺言和职责；这些义务也源于接受过特殊利益"，因此，科学研究中的岗位及其职责与承诺都为研究者设立了义务（汤姆·比彻姆和詹姆士·邱卓思，2014：170）。

更具体地说，临床医学研究的有利原则通常指对身患疾病参加研究的受试者，使其通过参加研究减轻痛苦或者对病情有效，或者有一些研究为了促进科学进步，使他人或者是人类的下一代受益。针对这些情况，在社会科学研究中，研究者需要把握这种有利义务的限度。在研究中，有利原则对研究者提出了特殊的要求。例如在访谈中当参试者告诉研究者他有伤害自己或者他人的意图时，研究者有义务积极采取措施预防或实施救护。如果研究者处于遵守保密原则和有利原则的两难处境，而参试者或潜在受害者处于生命健康即将遭受巨大损失的情境，有利义务应当压倒保密义务。

事实上，任何以人为研究对象并可能给研究者带来较大风险的科研项目都应该向伦理审查委员会提交伦理审查报告，对可能给参试者带来的风险及可能对社会带来的风险进行评估，将风险和损害降到最低。伦理审查委员会专家应该根据可以收集到的可靠数据进行判断，确定风险和利益的权重，判断研究的道德合理性（Beauchamp & Childress，2013：230）。更细致地说，专家需要考虑对参试者是否有利，对他人或人类下一代是否有利，对社会是否有利，对科学进步是否有利。"如果答案是肯定的，那么受试者受到一些并不严重并且可逆的不适甚至最小程度的伤害，在伦理上是可以接受的；但如果答案是

否定的，那么使受试者哪怕忍受最小程度的伤害，其合理性都不能得到伦理的论证。"（陈元方和邱仁宗，2003：56）

3.3.4　公正原则

原则中的第四项是公正原则（principle of justice）。公正原则在生命伦理学中虽然很难找到一个统一的定义，但原则主义在这一维度上都主要强调了在有限资源下如何进行公正分配和实现民众机会均等。

分配公正（distributive justice）指由构成社会合作条件的规范所决定的对利益和负担进行公平、平等和合理的分配（Beauchamp & Childress，2013：250）。以人为研究对象的科研项目在不同时期面临不同的分配公正问题。20 世纪 90 年代以前，主要是如何保护参试者免受伤害、虐待和剥削，尤其是在参试者无法从研究中直接受益，以及某个群体承受不公平的负担的情况下；之后，当一些针对艾滋病等重大疾病开展的研究可以为参试者提供新药治疗之后，分配公平开始同时关注平等参与研究和对研究结果的获得（Beauchamp & Childress，2013：250）。

与分配公正有所区别，公平机会（fair opportunity）来自罗尔斯的机会均等原则，指在正义中所有不应得的自然和社会属性都不应该作为社会利益分配的基础（Beauchamp & Childress，2013：263）。例如，天赋无论好坏都不在正义的考量中起作用，以此来减轻偶然因素在机会均等中的消极影响。在社会科学研究中，研究者要恪守公正就意味着以一种适宜、均衡的态度来对待参试者，每一个个体的地位和利益都同等重要，不允许无礼地区别对待，以公正作为建构一种合适得当的社会秩序的基本规范和原则（甘绍平，2015：74）。

此外，在社会科学研究中，在公平这个维度上还关系着有关有限的科研资源的公平分配问题，包括：对科研项目的资助是否公平，不同地域、不同研究题目、不同研究者受资助的机会是否公平，参试者是否能够获得研究结果并从中受益；某些群体是否被过度研究，在开展教育对照实验时学生能否公平地获得接受新教学方法的机会；等等。

3.4 小 结

在研究活动中，研究者、参试者和管理者之间形成各种关系和规范，牵涉各种利益，互相之间产生义务和责任，这就需要我们系统地对这些关系、规范、义务、责任和利益进行道德关系上的思考，从而逐渐形成研究伦理中的道德观念、道德认识、道德原则和规范，进而帮助研究相关利益人进行善恶判断，规范自己的行为。事实上，在人类社会活动和关系发展中，道德和利益的关系问题是人类的基本问题，研究伦理以规范科学研究中各个利益相关人之间的关系为对象，是更为精细的人类行为活动。对这种活动的处理不仅关系到对人类科研行为的规范，实际上也构成了研究者个人与研究共同体之间的关系规范，进而也反映了个人与整个社会关系的规范。

尤其在研究者彼此之间以及研究者与研究共同体之间，各利益相关方之间的关系错综复杂。例如，研究者作为个体的研究自由受制于参试者对个人隐私的保护，管理者对科研项目质量有要求，资助方对研究结果有需求，而整个研究共同体又呼吁社会正义，等等。很显然，研究者个人的伦理意识对共同体的维护和发展起着决定性作用，研究的展开需要研究者个人的高度自律。但与此同时，个人的自律也有其脆弱性，也需要其他利益相关人的监督。管理者在对项目进行管理过程中，既要考虑研究是否具有价值正向性，又要考虑研究的效用问题。资助方伦理意识的提升，也是伦理审查制度提升的隐性一环。因此，研究共同体本身具有与外在社会重叠的道德直觉与道德公理，同时又有各利益相关方持久的基于理性反思自主构建的独特的道德规范，我们都需要基于具体情境对相关道德理论进行梳理和反思。

总而言之，本章尝试从义务论的角度阐释研究者应该将参试者不仅仅作为手段，还应该作为目的；从功利主义的角度去理解研究者的学术自由应该以尊重参试者的权益为前提；从契约主义的角度去说明科学研究是研究共同体成员之间基于自由人格的合作；从德性论的角度去思考如何培养有德性的研究者。最后从生命伦理学的原则主义出发搭建研究共同体可能普遍接受的行动指南与原则的框架。

第4章 研 究 方 法

4.1 导　　言

本章在对整项研究进行研究方法概述后，详细描述了本研究中访谈对象选取的途径和理由，访谈问题的设计和流程，以及访谈数据的分析过程；继而对问卷设计、发放、回收及信效度检验进行了详细介绍；最后对本研究遵守的研究伦理问题进行了反思。

4.2　研究方法概述

基于社会建构主义的本体论和解释主义的认识论，每个参试者在社会科学研究中的经历和对相关现象的解释及建构是不同的，并且会受各种社会因素的影响。从存在论的角度来看，每一位参试者的研究伦理审查经历都是多重社会现实的共现（Creswell，2007），由社会成员在互动中形成，而非独立存在（Bryman，2015）；从认识论的角度来看，意义是建构的，参试者和研究者积极地参与了意义的建构过程（Blaikie，2007：19）。本项研究是研究者与参试者之间的合作，这种合作赋予研究对象以权利，让他们得以发声（Burr，2003：152，153），从参试者的视角解释其行动和所在的社会世界（Bryman，2015）。在研究过程中，有三层解释同时并存：参试者对周围世界的解释，研究者对参试者解释的二次解释，以及研究者结合文献、概念和理论对自己二次解释的再解释（Bryman，2015）。

基于这一哲学立场，为深入了解参试者在社会科学研究伦理审查制度建设过程中的体验、认识、态度、困惑、需求和建议，本研究首先采用访谈法进行数据搜集。在这一阶段，笔者的研究伦理审查经历及态度对访谈提纲设计和数据解读产生了不可避免的影响。笔者在英国攻读博士学位期间采用民族志研究方法历时五年完成博士研究课题，其中的数据采集工作在中英两国进行。笔者在进入田野开展参与式观察前，根据学校要求向所在学院递交了研究伦理审查申请。该伦理审查委员会成员由具有健康、社区和教育专业背景的学者组成，审查严格，时间长，手续繁杂。笔者当时在反复修改伦理审查报告过程中，一方面经历了本书研究中各位访谈对象的内心冲突，另一方面对该项制度的作用产生了好奇；在后期跨国开展田野调查中又不断陷入道德两难境地，进一步加深了对该项制度对于研究者伦理意识影响的思考。回国任教后，笔者开始关注该项制度的建设情况。

在深入访谈中，笔者处于局内人立场，对访谈对象的经历能够很快产生共鸣，理解其行为及感受，但是同时，这种局内人立场又不可避免地会影响自己对他们伦理审查经历的"倾听"和"选取"。作为一个研究者，在研究过程中应尽量在"局内人"（insider）和"局外人"（outsider）之间保持平衡，以便和参试者建立认同感，与他们拉近距离，同时又保持专业的工作距离以进行足够的观察和数据搜集（Hou & Feng，2019）。局外观察者的身份能使笔者边搜集数据，边进行批判性反思（Brewer，2000：60），同时可以防止因失去作为陌生人的敏感度（the sense of being a stranger）而丧失批判分析的视角（Hammersley & Atkinson，2007：90）。

本研究的方法设计分为两个步骤。一是深入访谈，对包括研究者、管理者和审查者在内的 24 名访谈对象的伦理审查经历和思考进行深入了解，以挖掘和梳理他们对伦理审查制度的认识、态度、困惑、需要和建议。二是在深入访谈的基础上，结合被访谈对象在实证研究过程中的伦理问题及解决办法，设计了在线调查问卷并发放至全国各大高校及科研院所，共收到有效问卷 1093 份。在对问卷数据进行分析的基础上，结合质性访谈数据对问卷的数据结果进行进一步的阐述，相互印证说明，呈现研究结果。具体如图 4-1 所示。

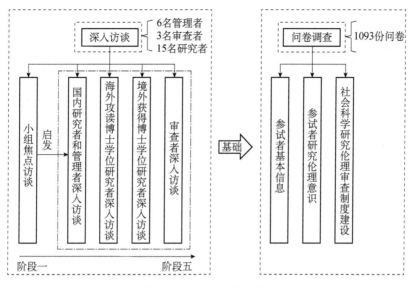

图 4-1　研究方法示意图

4.3　访谈的五个阶段

本研究访谈工作共分五个阶段完成，对 24 名参试者（6 名管理者、3 名审查者和 15 名研究者）进行了访谈。在访谈过程中，根据研究问题不断调整访谈对象的选取范围。

4.3.1　第一阶段：小组焦点访谈

课题立项后，笔者赴西南地区某高校进行调研，采访了负责科研的管理者，以及该管理者介绍的三位从海外留学归国任教的博士（表 4-1）。在向访谈对象发出邀请信（表 4-2）后，得知三位博士在国内从事英语语言教学，授课任务重，时间有限，因此以小组焦点访谈形式进行了访谈。三位受访者在阅读完课题信息表（表 4-3）后，签署了知情同意书（表 4-4），并同意对访谈进行录音（访谈提纲详见表 4-5）。

通过这一阶段的采访，笔者发现由于伦理问题信息较为敏感，不适合小组焦点访谈，也不应通过单位领导来邀请相关人员。同时，笔者发现对参试者提出的问题也不能进行全面回答。为了确保访谈工作有效进行，需要对各国伦理审查制度建设进行全面分析，对制度的由来和理论基础进行梳理和研究。为此，笔者进入湖南师范大学伦理学研究所访学，进行了为期一年的专题研究，较为全面地掌握了当前社会科学研究伦理审查制度的基本状况，梳理了制度的发展历史和理论来源，进一步细化了后续的研究方案。

表 4-1　小组焦点访谈参试者信息表

编号	化名	性别	年龄	专业	职称	导师资格	攻读博士学位国家	国外研究伦理审查经历
F01	邓老师	男	36—40岁	传播学	讲师	硕导	美国	博士课题
F02	韩老师	女	26—30岁	语言学	讲师	硕导	英国	硕士课题
F03	马老师	女	26—30岁	教育学	讲师	硕导	英国	博士课题

注：为保护隐私，表中只给出参试者所属的年龄段，下同。

表 4-2　访谈邀请信

尊敬的老师：

您好！

我叫×××，是××大学文理学院一名教员。这次写信是想请您参加"中国社会科学研究伦理审查制度缺失问题及对策研究"课题访谈。该课题由我主持，于2015年6月获得国家社会科学基金年度一般项目立项（15BSH032）资助。

这项课题主要是调查梳理中国社会科学研究伦理审查制度缺失而引发的问题，继而了解中国当代社会科学研究人员、管理人员及潜在参试者对研究伦理审查制度的认识、态度、困惑、需要及建议。在此基础上提出中国社会科学研究伦理审查制度的核心原则、基本框架和推广普及的建设性意见。

您在社会科学研究领域的研究和管理经历对该项研究非常重要，希望能够得到您的大力支持，期待您的积极参与。我打算到贵校邀请您参加个人或小组访谈。访谈每次45分钟左右。得到您的允许后，录制谈话内容，便于记录和写作。您可以拒绝回答任何问题，可以无条件随时退出，不会有任何权益上的损失。我保证遵守研究伦理准则，保护您的隐私。收集到的信息仅用于这项研究课题。您的个人信息及与我交流的内容，我都会以匿名方式安全保存，不会告诉其他任何人。研究报告及论文著作发表时也不会提及您的真实姓名和学校名称。

欢迎您与我联系，我的联系方式如下：

地址：××大学文理学院

邮编：×××××　电话：××××××××××××　邮箱：×××

此致

敬礼！

×××

××××年×月×日

表 4-3　课题信息表

您受邀参加一项研究课题，在决定是否加入之前需要对这项课题进行全面了解，认真阅读相关信息。如果有不清楚的地方，欢迎您随时提问。

课题名称

"中国社会科学研究伦理审查制度缺失问题及对策研究"

研究者情况介绍及资助信息

×××，××大学文理学院副教授。2015 年 6 月主持申报该课题获得国家社科基金年度一般项目立项（15BSH032）及资助。联系方式如下：

地址：××大学文理学院

邮编：×××××× 电话：×××××××××× 邮箱：×××

课题研究目的及内容

本课题拟对中国社会科学研究伦理审查制度的缺失及建构等问题进行研究。通过深入访谈和问卷调查等方法系统梳理出中国社会科学研究伦理审查制度缺失导致的问题，了解制度建立的障碍，并分析当前显性和潜在的需求。同时从理论上深入论证中国建立社会科学研究伦理审查制度的理论价值与现实意义，提出具有中国特色的社会科学研究伦理审查制度建设的核心原则和基本框架。

希望通过本课题研究可以促进中国社会科学研究的公正、诚信与法治化，为有效消除或减少跨国社会科学研究中的矛盾及冲突提供理论与政策建议，并提升中国社会科学研究人员与管理机构在伦理意识方面的自觉性。

研究对象选取原因

研究对象包括从事社会科学实证研究的研究生、导师、科研管理人员和潜在参试者。调查的内容包括您的背景信息，对伦理审查的认识、困惑，实际遇到的伦理问题及处理方法。同时希望能够和您一起讨论您所遇到的伦理困境的原因、性质、危害以及社会文化背景对您处理伦理问题的影响，等等。欢迎您对中国社会科学研究伦理审查制度建设发表自己的看法，提出自己的需求以及建议。

研究对象提供的支持

研究对象主要通过参加访谈为本项研究提供支持。个人访谈每次 45 分钟左右，小组焦点访谈大约 90 分钟。如果允许的话，谈话的内容将被录音，便于记录和写作。

研究对象的权益

您可以拒绝回答任何问题，可以无条件随时退出，不会有任何权益上的损失。研究者保证遵守研究伦理准则，保护您的隐私。收集到的信息仅用于这项研究课题。您的个人信息及访谈内容，都会以匿名方式安全保存，不会告知其他任何人。论文著作及研究报告中也不会提及您的真实姓名和学校名称。

信息的用途及保存

您所提供的信息仅用于完成该项课题研究，研究结果将以论文、报告和著作等形式发表。音频信息将由×××亲自转录成文字并进行分析。研究期间，信息由×××独自安全保存。任何个人信息都会由编码代替，匿名保存。项目完成后五年，所有信息全部销毁。

课题监管单位及投诉信息

如果您对研究不满意，可以向××大学文理学院教学科研办公室或全国哲学社会科学规划办公室规划处投诉，联系方式如下：

通信地址：××大学文理学院教学科研办公室；邮政编码：××××××；联系电话：××××-××××××××。

通信地址：北京市西长安街 5 号全国哲学社会科学规划办公室规划处；邮政编码：××××××；联系电话：××××-××××××××。

表 4-4　知情同意书

该同意书仅用于以下研究课题：
"中国社会科学研究伦理审查制度缺失问题及对策研究"

我同意××大学文理学院副教授×××博士对我进行课题相关信息的收集。收集到的数据仅用于《课题信息表》中所列出的用途，否则我有权收回此同意书。

我已经阅读了《课题信息表》，并且明白了这项研究的目的。　□
我有机会就这项研究的内容进行提问，并且得到了满意的回答。　□
我清楚我的参与是自愿的。我可以无条件随时退出，我的工作和生活不会因此受到影响。　□
我知道我的个人信息会被安全保存，不会出现在任何书面材料上。　□
我同意加入这次访谈。　□
我同意对访谈内容进行录音。　□
我有义务为参加这次小组访谈的参试者保护隐私，不会向其他任何第三方泄露访谈内容。　□

参加者签名：_____　　　　研究者签名：_____
访谈日期：_____

表 4-5　访谈提纲

1. 您能介绍一下自己的海外研究经历吗？
2. 您能介绍一下您当时所在的院校有关研究伦理审查的规章制度吗？
3. 您当时在申请伦理批准书过程中或者研究实施过程中有没有遇到一些困惑或困难呢？您可以具体谈一下吗？
4. 回国后您在开展实证研究的过程中有没有遇到相关的伦理问题呢？您是如何处理的呢？
5. 您现在所在的研究机构/高校有相关伦理审查制度吗？
　　（如果有）您能详细谈谈具体内容吗？
　　（如果没有）那有其他相关的做法吗？
6. 您觉得在中国社会科学研究领域需要建立伦理审查制度吗？为什么呢？
7. 在中国社会科学领域建立研究伦理审查制度目前存在哪些障碍呢？
8. 您认为在中国建立这种制度应该怎样推进呢？您有哪些具体建议呢？
9. 如果参照国外的做法建立研究伦理审查制度，需不需要进行一些调整呢？
　　（如果不需要）完全按照国外的做法，在实际操作过程中需要注意哪些问题呢？
　　（如果需要）您觉得应该在哪些方面进行调整呢？
10. 您对这个课题有哪些建议？

4.3.2　第二阶段：国内研究者和管理者深入访谈

在上述准备工作之后，笔者于 2017 年初和 2018 年初赴祖国北部、西部和中部进行实地调研。对两所大学分管科研的校领导进行深入访谈。同时采访了四位在高校从事科研管理、研究生教育和出版社工作的负责人，以及四名教学科研人员，参试者信息如表 4-6 所示。

访谈内容聚焦于对社会科学研究伦理审查制度建设的认识和态度，以及制度建立和实施过程中遇到的问题。

表 4-6　国内研究者和管理者参试者信息

编号	化名	性别	年龄	专业	职称	导师资格	攻读博士学位国家	跨国研究经历
M01	艾校长	男	51—55 岁	文学	教授	博导	中国	在美国访学 1 年
M02	齐校长	男	51—55 岁	化学	教授	博导	中国	在英国访学 1 年
M03	德院长	男	51—55 岁	文学	教授	硕导	无	在英国、美国进修
M04	宁处长	女	51—55 岁	经济学	教授	博导	中国	不详
M05	郑社长	男	51—55 岁	中文	编审	硕导	中国	在美国短期培训
M06	克处长	男	56—60 岁	工学	教授	博导	中国	与美国学者合作研究多项
Y06	于老师	女	46—50 岁	文艺学	教授	博导	中国	在新西兰工作 5 年
Y10	黎老师	女	36—40 岁	文学	副教授	硕导	中国	在美国访学 1 年
Y11	晋老师	男	46—50 岁	药学	教授	博导	中国	与美国学者合作研究 1 年；在英国和加拿大访学各 1 年
Y12	司老师	女	51—55 岁	语言学	教授	硕导	中国	与欧盟学者合作研究项目

这一阶段的访谈，帮助笔者对中国社会科学研究伦理审查制度建设（本段下称"制度建设"）现状有了进一步认识。参试者分享了他们对制度建设重要性的认识，讨论了当前中国社会科学研究中存在的与研究伦理相关的问题与挑战。如齐校长提出的大数据背景下的隐私权保护，宁处长从制度实施者的角度提出的三个问题"谁来做？谁能做？谁负责？"，都触发了笔者对制度建设的思考，使笔者意识到必须就此提供详细的论证和具体的操作指南及建议。同时，一些研究者也分享了他们在向国外期刊投稿过程中遇到的困惑，如晋老师提到他的一篇文章因为伦理问题被拒稿："人家编辑问伦理问题，之前没有考虑到这个问题。"出版社郑社长提到在社科论文发表方面，该社尚未提出相关要求。于老师在国外搜集数据遇阻的遭遇以及司老师在与欧盟学者开展合作研究过程中在伦理意识上的触动，触发了笔者对中西学术数据采集不对等问题的思考。

　　同时，笔者在访谈中也发现这样的对话可以帮助双方提升研究伦理意识，引发彼此对此类问题的思考。黎老师没有接触过研究伦理审查，通过笔者对研究伦理审查制度的解释和分享笔者在英国做博士研究的经历，她从学术道德拓展到学术伦理，并结合自己的课堂教学研究对研究伦理问题进行了思考；笔者也对伦理意识教育在微观课堂教学研究中的作用有了新的认识。

　　但是，在这一阶段的访谈中，笔者也发现没有研究伦理审查经历的研究者对研究伦理审查制度缺乏感性认识，在制度建设方面不能提出较为深入的建议。本研究需要采访在研究伦理审查制度方面有过亲身经历的研究者，听到他们在实际研究中的困惑、看法和建议。

4.3.3　第三阶段：海外攻读博士学位研究者深入访谈

　　访谈的第三阶段，笔者对在美国、英国和新西兰攻读心理学、政治学和教育学博士学位的三位中国留学生（表 4-7）进行了访谈，以获得她们在不同国家、不同社会科学学科伦理审查方面的亲身经历。访谈内容以她们在博士课题研究中亲历伦理审查过程的感受、困惑和收获为主。

表 4-7　海外攻读博士学位研究者参试者信息

编号	化名	性别	年龄	研究方向	攻读博士学位国家	国外研究伦理审查经历
Y07	贾同学	女	26—30 岁	政治学	英国	博士课题
Y08	谢同学	女	26—30 岁	心理学	美国	博士课题
Y09	吴同学	女	36—40 岁	教育学	新西兰	博士课题

　　在这一阶段的访谈中，三位参试者分享了自己从对制度不理解到接受再到感觉有帮助的经历。尽管如此，笔者发现，虽然有鲜活的声音，但是她们因为尚未完成学业，缺乏对相关国内现状的了解。因此，访谈对象调整为已经在境外完成实证研究并且获得博士学位回到境内高校继续从事研究工作的留学人员，以便在获得伦理审查方面的亲身经历基础上，听取其任教后研究伦理审查制度缺失对其造成的问题和困惑。这些研究者可以对不同高校的研究伦理审查制度建设进行

比较，进而为我们的制度建设提出建设性意见。同时，吴同学建议笔者将有无境外研究经历作为一个维度来区分研究参试者。

> 我自己觉得你可以区分一个维度，国内和国外 researcher（研究者）。我确实是觉得这个差别还蛮大的，虽然我不知道有多少。经历过这个申请的过程，看待这个问题，和在国内压根就没有经历过的人，对很多事情会有完全不同的看法。我觉得这个跟人的前期的经历有很大的关系，不是简单的一个问卷就能获得的。（Y09_深入访谈）

吴同学的建议促使笔者暂缓问卷设计并进行大规模发放的计划，继续进行深入访谈。

4.3.4 第四阶段：境外获得博士学位研究者深入访谈

第四阶段，笔者从北部、中部和南部五所高校找到五位有研究伦理审查经历的研究者，进行了深入访谈，参试者信息详见表 4-8。他们分别在英国、美国、加拿大和中国香港获得博士学位后进入高校从事教学科研工作，专业涉及管理学、教育学和语言学。访谈问题聚焦他们在留学期间接受研究伦理审查时的经历、到高校任教后的困惑及对社会科学研究伦理审查制度建设的建议。

表 4-8　境外获得博士学位研究者参试者信息

编号	化名	性别	年龄	专业	职称	导师资格	攻读博士学位的国家或地区	境外研究伦理审查经历
Y01	李老师	男	31—35 岁	管理学	讲师	无	英国	硕士、博士、博士后课题
Y02	陈老师	女	51—55 岁	教育学	教授	博导	加拿大	硕士、博士课题
Y03	燕老师	女	46—50 岁	教育学	副教授	硕导	英国	博士课题
Y04	姚老师	女	31—35 岁	语言学	讲师	硕导	美国	硕士、博士课题
Y05	张老师	女	41—45 岁	教育学	副教授	硕导	中国香港	博士课题

在这一阶段，笔者倾听了参试者的亲身经历，与他们共同分析在研究过程中碰到的道德两难境遇，求得伦理上的解释和辩护。同时笔

者也发现他们希望在一些困惑和问题上得到伦理审查委员或审查专家的回应。因此，需要对伦理审查委员会负责人和委员进行访谈，对以上访谈对象提出的建议进行可行性印证。

4.3.5　第五阶段：审查者深入访谈

笔者在访谈的最后阶段采访了三位审查者（表4-9）。其中两名为英国教授，在英国高校担任伦理审查委员会成员多年。另外一名为国内某高校伦理审查委员会负责人。对其中一名英国教授采用英文进行了访谈（访谈提纲详见表4-10）。访谈问题聚焦他们在伦理审查委员会中的责任、审查的关注点和审查案例，以及伦理审查委员会运行机制和对中国社会科学研究伦理审查制度建设的意见。

表 4-9　审查者参试者信息

编号	匿名	性别	年龄	学历	专业	国籍	研究伦理审查经历
S01	霍普教授	男	66—70 岁	博士	教育学	英国	英国大学伦理审查委员会成员
S02	萧教授	女	56—60 岁	博士	语言学	英国	英国大学伦理审查委员会成员
S03	米博士	女	41—45 岁	博士	生命伦理学	中国	中国高校附属医院医学伦理审查委员会负责人

表 4-10　审查者英文访谈提纲

1. Could you tell me something about your experience as a reviewer of the Research Ethics Committee?

2. What is necessary for the work of researchers to be viewed as ethical?

3. What are the key items in your review?

4. What might affect your decision to request that applicants revise their ethical review report?

5. Does the committee have a special procedure for the vulnerable groups?

6. As a researcher，have you experienced a situation that you felt was an ethical dilemma?

7. As a PhD supervisor，could you offer some suggestions concerning ethics to researchers who need to carry out fieldwork abroad?

8. As a reviewer for academic journals，do you take ethical issues into consideration?

9. Could you offer any suggestions regarding the promotion of the ethics review system in China?

4.4　访谈数据分析

经过以上五个阶段，笔者对 24 名参试者完成了 21 个单独访谈和 1 个小组访谈。访谈时间总计 960.57 分钟，访谈转写记录约 128.849 千字（表 4-11）。

表 4-11　访谈时长及记录字数汇总

分类	编号	访谈时长（分钟）	访谈记录（千字）
管理者	M01	32.18	4.980
	M02	46.56	5.778
	M03	36.50	1.452
	M04	约 50（未录音）	1.1（笔记）
	M05	约 50（未录音）	1.2（笔记）
	M06	约 50（未录音）	1.2（笔记）
审查者	S01	44.33	3.239（英文）
	S02	43.29	8.566
	S03	59.10	12.384
研究者	Y01	46.05	10.189
	Y02	20.08	5.373
	Y03	36.28	4.509
	Y04	36.56	5.335
	Y05	29.07	4.961
	Y06	40.02	6.234
	Y07	33.18	6.462
	Y08	79.51	9.493
	Y09	38.02	7.148
	Y10	61.02	8.645
	Y11	50.35	6.344
	Y12	49.25	7.660
	F01、F02、F03	29.22	6.597
总计		960.57	128.849

同时，笔者在研究过程中撰写研究日志，对相关信息及时进行记录和分析。本研究采用 Nvivo10 软件辅助质性数据分析。首先，在 Nvivo10 中"材料来源"项，按照访谈对象建立"管理者"、"审查者"和"研究者"三个文件夹，将转写的访谈文本导入相应的文件夹，并仔细通读访谈文本，进行开放式编码（图 4-2）。在编码过程中

及时撰写研究备忘录。

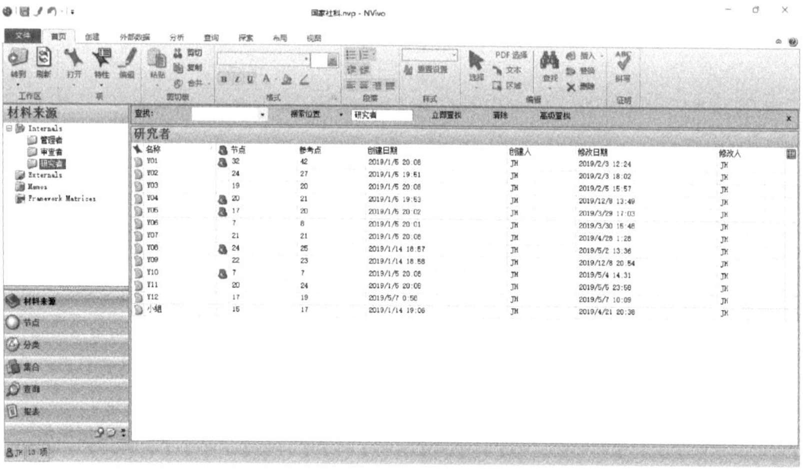

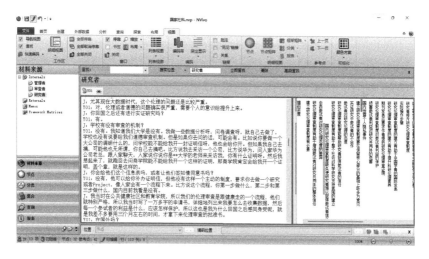

图 4-2　Nvivo10 分析文本导入

以研究者 Y01 为例，首先对其访谈文本进行一级编码，共获得 32 项节点、42 项材料来源，如图 4-3 所示。

图 4-3　开放式编码

然后，将开放式编码进行反复比较整合，归纳出研究者的伦理意识、对伦理审查制度的认识、态度、困惑、需要和建议等用于设计调查问卷的题目。

4.5 问卷调查

4.5.1 问卷设计

在对访谈进行分析的基础上，设计出中国社会科学研究伦理审查制度建设现状调查问卷。问卷分为参试者基本信息、参试者研究伦理意识、社会科学研究伦理审查制度建设三个部分，共 72 小题，需要 10—15 分钟完成。其中，问卷中的"问卷调查对象基本信息"题目和"问卷调查对象所在机构研究伦理审查制度建设现状"题目搜集参试者的基本信息以及所在机构信息；其他题目包括参试者研究伦理意识相关题目与社会科学研究伦理审查制度建设题目，采用利克特量表形式，将调查对象根据自己对每道题目的认同程度而选择的答案进行赋分（强烈不同意为 1 分，不同意为 2 分，中立为 3 分，同意为 4 分，强烈同意为 5 分）。

第一部分为被调查对象基本信息（表 4-12），包括被调查对象的年龄、性别、工作职责、最终学历、职称、最终学历所属学科、所在机构和是否有一年以上境外研究经历。

表 4-12 问卷调查对象基本信息

一、基本信息			
1. 年龄			
A. 30 岁以下	B. 31—40 岁	C. 41—50 岁	D. 51—60 岁
E. 61 岁以上			
2. 性别			
A. 男	B. 女		
3. 工作职责			
A. 管理者	B. 教师	C. 专职研究员	D. 学生
4. 最终学历			
A. 博士研究生	B. 硕士研究生	C. 本科	D. 其他 _____
5. 职称			
A. 正高级	B. 副高级	C. 中级	D. 其他
6. 最终学历所属学科			
A. 哲学	B. 经济学	C. 法学	D. 教育学
E. 文学	F. 历史学	G. 管理学	H. 艺术学
I. 其他_____			

续表

7. 所在机构	
A. 教育部直属高校　　B. 省属高校　　　　　C. 市属高校　　　　　D. 民办高校	
E. 国家级研究机构　　F. 省级研究机构　　　G. 其他_____	
8. 是否有一年以上境外研究经历	
A. 有　　　　　　　　B. 无	
若有，请列出最近一次研究所在国家或地区_____	

第二部分和第三部分分别针对被调查对象研究伦理意识和社会科学研究伦理审查制度建设进行了调查。除了第 29 题至 32 题（表4-13）采用选择题形式外，其他题目均采用利克特量表形式进行调查，邀请被调查对象根据自己对每道题目的认同程度选择相应选项（强烈不同意为 1 分，不同意为 2 分，中立为 3 分，同意为 4 分，强烈同意为 5 分）。

表 4-13　问卷调查对象所在机构研究伦理审查制度建设现状

第29题：您所在的机构是否已经建立了对社会科学研究项目进行伦理审查的制度？
A. 已建立　　　　　　B. 尚未建立
第30题：您的研究是否经历过研究伦理审查？
A. 是　　　　　　　　B. 否
第31题：您认为您所在的机构应由哪个部门组织研究伦理审查？
A. 行政机构　　　　　B. 学术委员会　　　　C. 专门的伦理审查委员会
D. 其他（请列出）_____
第32题：您认为研究伦理审查制度的建立应该包括_____？（可多选）
A. 全国统一　　　　　B. 单位自建　　　　　C. 学术共同体规约
D. 项目资助机构　　　E. 第三方独立机构　　F. 其他_____

问卷用 27 道题目分别对基本研究伦理意识和研究不同阶段（包括研究选题、研究设计、研究实施及数据保护和结果发表）涉及的研究伦理意识问题进行了调查（表4-14）。题目序号打乱分布在问卷中。问卷设计时采取正反向题交叉出现的方式以检验问卷数据的可靠性。每个维度下都对应基本的或各个研究阶段研究者需要面临的选择和判断，以反映被调查对象在研究伦理意识方面的情况，达到设计问卷的目的。

表 4-14　调查问卷中研究伦理意识相关题目

维度	题号	题目
基本研究伦理意识	12	研究者有义务对研究可能给参试者带来的风险进行评估
	18	在研究中求善大于求真
	23	我完全清楚研究过程中涉及的相关伦理问题
	25	所有以"人"为对象的研究都应在研究对象知情同意的前提下进行
研究选题	9	社会科学的研究对象可以包括人类社会的各个方面
	17	只要对于人类发展和进步有价值的选题都可以作为研究问题
	20	虽然选题本身有很重要的价值,但可能会对研究对象产生轻微伤害,就不应该实施
	22	研究受到资助方的影响是可以接受的
研究设计	14	在进行实验研究设计时,为了得到参试者真实自然的反应,可以隐瞒真实的实验目的
	15	因为用问卷开展调查不容易对参试者带来伤害,所以不需要进行过多伦理考量
	19	不能将隐蔽式观察法作为常规研究方法使用
	24	在开展观察时,为了避免参试者因得知被观察而改变行为,可以隐瞒自己的研究者身份
	26	为了改进教学,教师可以将自己的学生进行分组开展对照实验研究
	27	任何时候都不应该采用隐蔽式观察的方法开展研究
	28	设计问卷时,若有高风险题目需要在知情同意书中作出预警
研究实施	11	参加实验的参试者签署知情同意书后,有义务完成实验
	21	在研究中,为了获得数据,可以采用多种方式与参试者建立信任关系
	47	知情同意有助于研究者与参试者之间建立信任关系
	53	以儿童为研究对象的项目需要获得父母的知情同意
	54	我担心参试者可以凭知情同意书撤回数据
	62	以儿童为研究对象的研究不需要研究者提供无犯罪记录
	63	我担心知情同意书会给参试者造成心理压力
数据保护和结果发表	10	在任何情况下都不应该向第三方透露与受访者的谈话内容
	13	数据发表时,为了使研究结果更可信,可以透露参试者的相关信息
	16	为了避免研究数据的泄露,要对数据进行专门的加密保护
	35	学术成果发表不需要有伦理审查
	49	研究伦理审查制度有利于国际论文发表

同时,用 33 道题目分别从被调查对象对制度建设的认识与态度、困惑与担心、需求与认为目前存在的障碍、推进与建议四个维度进行调查(表 4-15)。每个维度下对应制度建设中需要考量的各方面情况,以反映出被调查对象在制度建设方面期望达到的目标,达到设计问卷的目的。

表 4-15 调查问卷中制度建设相关题目

维度	题号	题目
被调查对象对制度建设的认识与态度	34	建立研究伦理审查制度的最终目的是培养研究者伦理意识
	41	研究伦理审查制度的建立有助于提升中国的学术声誉
	44	在中国建立研究伦理审查制度是国家法治建设的需要
	52	外国研究者要来中国做科研,必须经过中国伦理审查委员会的审查才能进行数据采集工作
	55	研究伦理审查制度有助于建立平等的中西学术关系
	65	在中国建立研究伦理审查制度是规范社会科学研究的需要
	66	在中国建立研究伦理审查制度有助于提升学术共同体的伦理意识
	71	研究伦理审查制度可以帮助研究者完善研究设计
	33	每所科研机构都应该建立研究伦理审查制度
	38	研究伦理审查制度只是走形式而已
	48	没有必要专门针对社会科学研究建立研究伦理审查制度
	51	在中国对所有社会科学专业研究进行伦理审查没有可操作性
	56	如果我所在机构成立了研究伦理审查委员会,我愿意参与审查工作
	57	研究伦理审查制度程序过于复杂
被调查对象对制度建设的困惑与担心	37	我担心研究伦理审查机构会要求我调整研究内容
	39	我不清楚研究伦理审查委员会评审的流程
	64	研究伦理审查制度对我的研究造成了阻碍
	72	我担心由于研究伦理审查时间长,不能按时开展田野调查
被调查对象对制度建设的需求与认为目前存在的障碍	42	在国内做社会科学研究主要靠研究者个人自觉遵守研究伦理
	43	在我国建立研究伦理审查制度在价值观念上不存在抵制
	60	根据现阶段的国情需要制定详细的规范措施来提升研究伦理意识
	61	研究伦理审查制度是对研究者和被研究者的双向保护
	68	建立研究伦理审查制度的首要障碍是人们的伦理意识水平不够
被调查对象对制度建设的推进与建议	36	在社会科学领域建立研究伦理审查制度需要靠行政手段推进
	40	研究伦理审查制度需要政府来推动
	45	研究伦理审查制度不要与基金立项相关联
	46	建立研究伦理审查制度要在研究伦理的普适性和中国特殊情形之间寻找一个平衡点
	50	可以结合各个专业建立研究伦理审查制度
	58	研究伦理审查制度需要根据中国国情进行调整
	59	高校和学术共同体应该联合推动研究伦理审查制度建设
	67	在社会科学领域建立研究伦理审查制度需要基金立项部门进行监管
	69	与生物医学伦理审查相比,社会科学研究伦理审查可以简化程序
	70	高校可以根据部门架构自己决定研究伦理审查制度的管理部门

4.5.2 问卷的发放与回收

调查问卷采用问卷调查在线平台问卷星（https://www.wjx.cn/）发放。定向发给全国高校及科研机构，共收到 1093 份有效问卷。约 90% 的被调查对象年龄在 50 岁以下，40 岁及以下的超过六成（表 4-16），男女比例约为 0.58：1（表 4-17）。

表 4-16 问卷调查对象年龄分布

年龄段	30 岁及以下	31—40 岁	41—50 岁	51—60 岁	61 岁及以上
占总人数的百分比（%）	32.30	30.56	27.90	8.87	0.37

表 4-17 问卷调查对象性别分布

性别	男	女
占总人数的百分比（%）	36.69	63.31

被调查对象来自全国 21 个省、4 个自治区和 4 个直辖市，还包括部分海外研究者（表 4-18）。

表 4-18 问卷调查对象所在地分布

所在地	湖南	河南	新疆	北京	河北	广东	海外	内蒙古	江苏	上海
占总人数的百分比（%）	21.87	15.19	14.91	8.69	5.12	4.12	3.84	3.11	2.84	2.65
所在地	云南	山西	山东	黑龙江	青海	吉林	浙江	湖北	辽宁	江西
占总人数的百分比（%）	2.56	1.74	1.37	1.19	1.19	1.10	1.10	1.01	0.82	0.82
所在地	四川	重庆	安徽	陕西	天津	广西	贵州	福建	海南	宁夏
占总人数的百分比（%）	0.82	0.73	0.73	0.73	0.55	0.37	0.37	0.27	0.09	0.09

注：四舍五入后表中数据总和非 100%，下同。

从所在机构来看（表 4-19），32.75% 的被调查对象来自教育部直属高校，省属高校占 46.75%，市属和民办高校分别占 6.13% 和 1.92%，国家级研究机构和省级研究机构分别占 1.46% 和 0.64%。其他 10.34% 的机构包括国内的军队院校、警察学校以及海外高校。

表 4-19 问卷调查对象所在机构分布

所在机构	教育部直属高校	省属高校	市属高校	民办高校	国家级研究机构	省级研究机构	其他
占总人数的百分比（%）	32.75	46.75	6.13	1.92	1.46	0.64	10.34

被调查对象身份以教师（55.90%）和学生（29.00%）为主，管理者和专职研究员分别占 13.91% 和 1.19%（表 4-20）。

表 4-20　问卷调查对象工作职责分布

工作职责	管理者	教师	专职研究员	学生
占总人数的百分比（%）	13.91	55.90	1.19	29.00

被调查对象中，353 名拥有博士学位，444 名拥有硕士学位，共占 72.92%，本科及以下学历的占 27.09%（表 4-21）。拥有正高级职称的占 12.17%，副高级的占 23.33%，中级职称的占 30.01%（表 4-22）。

表 4-21　问卷调查对象最终学历分布

学历	博士研究生	硕士研究生	本科	其他
占总人数的百分比（%）	32.30	40.62	12.63	14.46

表 4-22　问卷调查对象职称分布

职称	正高级	副高级	中级	其他
占总人数的百分比（%）	12.17	23.33	30.01	34.49

以最终学历为自变量进行交叉分析发现，63.46% 的高级职称者拥有博士研究生学历，拥有硕士研究生学历的中级职称者占 45.05%（表 4-23）。

表 4-23　问卷调查对象最终学历与职称交叉分析结果

占总人数的百分比（%）	正高级	副高级	中级	其他
博士研究生	27.20	36.26	26.91	9.63
硕士研究生	5.41	24.55	45.05	25.00
本科	7.97	12.32	20.29	59.42
其他	1.27	0.63	3.16	94.94

被调查对象最终学历所属的社会科学学科比例由高到低分别是文学（28.55%）、管理学（20.13%）、教育学（8.69%）、法学（8.60%）、哲学（6.95%）、经济学（6.68%）、历史学（1.37%）和艺术学（1.19%）（表 4-24）。

表 4-24　问卷调查对象最终学历所属学科分布

学科	哲学	经济学	法学	教育学	文学	历史学	管理学	艺术学	其他
占总人数的百分比（%）	6.95	6.68	8.60	8.69	28.55	1.37	20.13	1.19	17.84

　　有过一年以上境外研究经历的被调查对象占 19.12%，共 209 人。有 124 人提供了具体国家或地区，其中美国 48 人次，英国 20 人次，澳大利亚 11 人次，日本 6 人次，德国、俄罗斯、加拿大和中国香港各为 5 人次，新西兰和荷兰各 3 人次，法国、韩国各 2 人次，中国澳门及其他国家或地区共 11 人次。有 2 位被调查对象去过两个地区或国家留学。

4.6　问卷数据分析

4.6.1　内容分析

　　问卷设计基于前期的访谈，并据此提出设计问卷的目的。设计问卷的目的，一是为了详细了解国内社会科学研究领域对于伦理问题的看法和态度以及目前伦理审查制度建设的相关情况；二是根据该情况调研伦理审查制度建设方面需要考量的问题，从而为制度建设者提供制度建设的思路。根据设计问卷的目的，将问卷分为三个部分，具体划分情况详见 4.5.1 问卷设计。

　　在调查国内社会科学研究领域对于伦理问题的看法和态度时，笔者先通过基本伦理意识相关题目来了解被调查对象的看法，而后将社会科学研究的选题、设计、实施、数据保护和结果发表阶段所涉及的伦理问题一一提出，以此来调研目前被调查对象对社会科学研究伦理问题的看法与态度；在调查国内社会科学研究伦理审查制度时，先通过被调查对象在制度建设现状方面的调查情况了解国内各机构伦理审查制度建设状况，而后了解被调查对象对于制度建设的认识与态度、困惑与担心、需求与认为目前存在的障碍、推进与建议，从而为制度建设者建设伦理审查制度提供相应的思路。在问卷设计过程中得到科技伦理领域相关专家的大力指导，在发放前取得了该领域专家及科技工作者的认可。

为了进一步说明本问卷的合理性以及样本的可靠性，对搜集到的 1093 份有效问卷的测量题项，进行各个维度上的效度分析和信度分析。

4.6.2 效度分析

效度用于测量题项（定量数据）设计是否合理，检验维度建构的适切性和真实性。

此次效度分析首先随机抽取 200 份样本资料，分别对研究各阶段伦理意识和伦理审查制度各个维度的题目做验证性因子分析（CFA）。在 Amos 中绘制出基本图形，分别如图 4-4 和图 4-5 所示，用多向箭头将变量进行联结，建立起因子模型，并将抽样测量的样本资料导入，结果详见表 4-25 和表 4-26。从随机抽取的 200 份样本资料的效度分析结果来看，各个维度的 CMIN/*df* 均小于 5，且 GFI、AGFI、CFI 均大于或等于 0.90，RMSEA 均小于或等于 0.10，故认为该问卷各个维度的测量题项设计较为合理及适切（Kline，2016）。

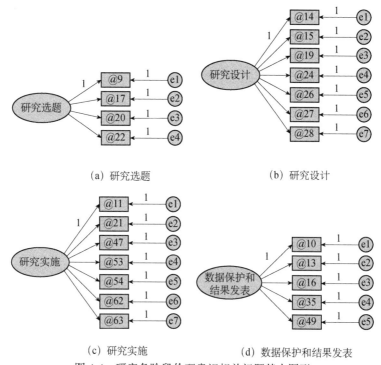

(a) 研究选题   (b) 研究设计

(c) 研究实施   (d) 数据保护和结果发表

图 4-4　研究各阶段伦理意识相关问题基本图形

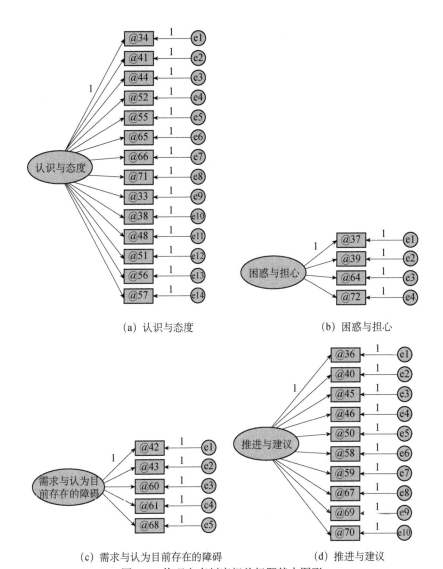

(a) 认识与态度　　　　　　　　　　　　　(b) 困惑与担心

(c) 需求与认为目前存在的障碍　　　　　　(d) 推进与建议

图 4-5　伦理审查制度相关问题基本图形

表 4-25　研究各阶段伦理意识相关问题的效度分析结果

指标	CMIN/*df*	*p*	GFI	AGFI	CFI	RMSEA
研究选题	1.41	0.24	1.00	0.99	1.00	0.00
研究设计	4.24	0.00	0.91	0.90	0.90	0.10
研究实施	3.81	0.00	0.92	0.91	0.90	0.10
数据保护和结果发表	2.86	0.01	0.98	0.92	0.90	0.09

表 4-26　伦理审查制度相关问题的效度分析结果

指标	CMIN/df	p	GFI	AGFI	CFI	RMSEA
认识与态度	2.33	0.00	0.90	0.90	0.92	0.09
困惑与担心	1.51	0.22	1.00	0.97	0.99	0.05
需求与认为目前存在的障碍	0.98	0.43	0.99	0.97	1.00	0.00
推进与建议	3.24	0.00	0.90	0.90	0.90	0.10

4.6.3　信度分析

信度分析用于研究定量数据回答的可信度，具体用 Cronbach'α 系数和 CITC 值进行衡量。在进行信度分析时需要三步。首先，分析 Cronbach'α 系数。若 Cronbach'α 系数大于等于 0.8，则说明信度高；如果 Cronbach'α 系数大于等于 0.7，小于 0.8，则说明信度较好；如果 Cronbach'α 系数大于等于 0.6，小于 0.7，则说明信度可接受；如果 Cronbach'α 系数低于 0.6，则说明信度不佳（许宏晨，2013）。其次，观察 CITC 值。如果 CITC 值低于 0.3，可考虑将该项删除；如果 CITC 值等于或高于 0.3，则不变。最后，如果项已删除的 Cronbach'α 系数值明显高于原来的 Cronbach'α 系数，此时可考虑对该项删除后重新分析。

对问卷中研究各阶段伦理意识相关问题进行信度分析，结果如表 4-27 所示：标准化 Cronbach'α 系数值为 0.82，大于 0.8，说明研究数据信度高。针对 CITC 值，分析项的 CITC 值均大于 0.4，说明分析项之间具有良好的相关关系，同时也说明信度水平良好。综上所述，研究数据信度系数值高于 0.8，综合说明数据信度高，可用于进一步分析。

针对问卷中制度建设相关问题进行信度分析，结果如表 4-28 所示：标准化 Cronbach'α 系数值为 0.90，大于 0.8，说明研究数据信度高。针对 CITC 值，分析项的 CITC 值均大于 0.4，说明分析项之间具有良好的相关关系，同时也说明信度水平良好。综上所述，研究数据信度系数值高于 0.8，综合说明数据信度高，可用于进一步分析。

表 4-27 研究各阶段伦理意识相关问题的信度分析

名称	校正项总计相关性（CITC）	项已删除的 Cronbach'α 系数	Cronbach'α 系数
研究选题	0.60	0.79	
研究设计	0.67	0.74	0.81
研究实施	0.65	0.75	
数据保护和结果发表	0.63	0.76	

标准化 Cronbach'α 系数：0.82

表 4-28 伦理审查制度建设相关问题的信度分析

名称	校正项总计相关性（CITC）	项已删除的 Cronbach'α 系数	Cronbach'α 系数
认识与态度	0.78	0.86	
困惑与担心	0.54	0.95	0.89
需求与认为目前存在的障碍	0.89	0.81	
推进与建议	0.89	0.81	

标准化 Cronbach'α 系数：0.90

以上数据分析说明本问卷搜集到的数据信度高，笔者可根据搜集到的问卷数据做进一步分析。

4.6.4 具体数据分析方法

在确定问卷设计的合理性和数据的可靠性后，对问卷数据进行进一步分析，从而达到问卷设计的最终目的。问卷具体数据分析主要采用频数分析和交叉（卡方）分析方法。

笔者用频数分析计算定类数据的选择频数和比例，以用于样本基本背景信息统计和样本特征及基本态度情况分析。在具体数据分析时，主要采用频数分析方法，通过该方法可以观察基本背景信息各选项的频数，从而得到本调查的人群基本信息；在对测量题项进行分析时，得出人群中在各个选项的认同量。

笔者在分析定类数据与定类数据之间的关系时采用交叉分析方法。首先判断 p 值是否呈现出显著性以说明两组数据具有显著性差异，继而根据百分比进行对比判断。研究过程中，为了考量不同群体伦理意识现状，为伦理审查制度的建设提出不同角度的建议，确保其适用性，将参试者根据调查问卷的基本信息（工作职责、最终学历、职称、最终学历所属学科、所在机构以及是否有过一年以上境外研究经历）分成六类。具体分析见第 5 章各小节的差异关系分析。

在结合访谈数据和问卷数据进行分析时，采用多方对照、参试者检查和研究者反思等方法来确保研究结果的有效性和可信度。在分析过程中与参试者保持联系，对含义模糊的内容和分析结果进行沟通。在撰写研究发现时，为最大限度反映受访者原意，笔者将访谈内容逐字逐句转写呈现，对英文词句在文内进行了标注。

4.7 研 究 伦 理

本研究遵守的基本伦理规范包括尊重参试者的知情同意权和自由退出权利，保护参试者的隐私，匿名编号处理数据，以及对数据进行严格保护等。研究结果仅用来撰写与课题相关的研究报告、会议论文、学术期刊文章和著作。

笔者所在高校尚未建立研究伦理审查机构，因此没有进行相关审查。笔者对照在英国攻读博士学位时高校的伦理审查指南进行逐项自查。研究伦理两难境地等信息属于敏感信息，在本书撰写时时刻保持对参试者匿名保护的敏感度。对相关案例隐去细节，最大限度保护参试者隐私。

4.8 小　　结

本章通过对整项研究采用的研究方法进行梳理，厘清了研究项目实证数据采集阶段的流程、工具选取及设计、对象选取及背景分析，以及伦理考量，有利于进行研究结果的分析及呈现。

第 5 章　中国社会科学研究伦理意识现状

5.1　导　　言

我国的研究伦理意识建设任重道远。在研究中，研究者应该树立参试者利益第一的信念，践行求善大于知识获取的行为准则，对自己在科学研究中的行为进行反思，处于道德两难境地时做出正确选择，共同构建公平、诚信、求真、向善的价值体系。因此，对我国社会科学研究中的伦理问题进行研究不仅可以促进中国社会科学研究的公正、诚信与法治化，而且可以为有效消除或减少跨国社会科学研究中的矛盾及冲突提供理论与制度依据，同时可以提升中国社会科学研究人员与管理机构在伦理意识与法律意识方面的自觉性。这有利于调节科学研究活动中的各类关系，培养科学研究道德素养，推动科学研究活动的良性发展。本章结合问卷调查和深入访谈结果，梳理目前开展中国社会科学研究伦理审查制度建设的前提——研究伦理意识现状。结合文献综述，笔者从五个阶段的访谈中梳理出相关伦理问题关注的要点，设计成 27 道题目。从基本研究伦理意识、研究选题、研究设计、研究实施、数据保护和结果发表六个方面调查被调查对象对相关伦理问题的态度。然后，结合被调查对象对研究过程不同阶段涉及的研究伦理问题的认识，归纳出制度建设需关注的重点。

5.2　基本研究伦理意识

5.2.1　基本研究伦理意识相关题目

社会科学实证研究经常以人为研究对象，在研究中会涉及不同的伦理问题。研究者与参试者之间权力的不平等，以及研究给双方带来的利益不对称，要求研究者在研究前、研究中和研究后都要关注其中的伦理问题。本研究用以下四个问卷问题（表 5-1）调查被调查对象的基本研究伦理意识。

表 5-1 基本研究伦理意识调查题目

题号	题目
12	研究者有义务对研究可能给参试者带来的风险进行评估
18	在研究中求善大于求真
23	我完全清楚研究过程中涉及的相关伦理问题
25	所有以"人"为对象的研究都应在研究对象知情同意的前提下进行

5.2.2 频数分析结果

频数分析结果如表 5-2 所示。

表 5-2 基本研究伦理意识相关题目调查结果   （单位：%）

题号	强烈不同意	不同意	中立	同意	强烈同意
12	0.64	1.28	10.43	29.09	58.55
18	8.78	21.32	42.09	17.29	10.52
23	1.74	12.81	38.79	33.30	13.36
25	1.10	6.40	29.64	36.05	26.81

如表 5-2 所示，87.64%的被调查对象（同意与强烈同意的比例之和，余同）认为研究者有义务对研究可能给参试者带来的风险进行评估。持中立态度的被调查对象占 10.43%，不支持这一观点的被调查对象（不同意与强烈不同意的比例之和，余同）占 1.92%。以年龄为自变量，对该题目调查结果进行交叉分析发现，已经进入研究阶段的 31—60 岁的人群中有 95%以上的被调查对象高度认同应该要进行风险评估的观点；而 30 岁及以下刚进入研究及还处于学习阶段的群体有相当一部分（28%）对此问题没有意识。这一方面提示我们要关注这一阶段研究伦理意识教育的不足，另一方面也说明研究伦理意识有可能在研究实践中得到培养与提升。

第二个基本伦理观点"在研究中求善大于求真"，是为了调查在研究中当求真与求善发生冲突时被调查对象的伦理选择倾向。如表 5-2 所示，42.09%的被调查对象选择了保持中立，选择求善的被调查对象占 27.81%，选择求真的被调查对象占 30.10%。研究的本质是求真，但前提是求善。研究者将求真放在首位，在研究过程中面对道德两难问题时，有可能会更多关注数据采集，而不一定会将参试者的利益放在首位。

在此次调查中，只有不到一半的被调查对象（46.66%）认为自己完全清楚研究过程中涉及的相关伦理问题，不完全清楚的被调查对象占 14.55%，另有 38.79%的被调查对象持中立态度。在目前的社会科学研究过程中，有相当一部分研究者对整个研究过程中有可能涉及的相关伦理问题还存在疑惑。

研究者不应该片面追求研究的中立客观，欺骗参试者，损害其知情同意权。在本研究中，62.86%的被调查对象赞同"所有以'人'为对象的研究都应在研究对象知情同意的前提下进行"这一观点，不同意该观点的被调查对象仅占 7.5%，持中立态度的被调查对象占 29.64%。对于知情同意的深入访谈结果详见本章 5.5.4 部分。

5.2.3　差异关系研究

为了分析不同"工作职责"、"职称"、"最终学历"、"最终学历所属学科"和"所在机构"对于基本伦理意识的差异性，本研究采用单因素方差分析（one-factor analysis of variance）方法（许宏晨，2013）对调查数据进行进一步分析，结果详见表 5-3—表 5-14。

由表 5-3、表 5-4 可知，不同工作职责的被调查对象的基本研究伦理意识有显著差异 $[F(3, 1089)=14.98, p<0.05]$。具体而言，专职研究员的得分显著高于管理者（$MD=0.19$，$p<0.05$）。同时，专职研究员、教师和管理者的得分显著高于学生（$MD=0.37$，$p<0.05$；$MD=0.25$，$p<0.05$；$MD=0.18$，$p<0.05$）；但是教师和专职研究员之间没有显著差异。

表 5-3 工作职责不同的被调查对象基本研究伦理意识得分情况

工作职责	个案数	平均值	标准差	标准误	均值的 95%置信区间		最小值	最大值
					下限	上限		
管理者	152	3.68	0.57	0.05	3.59	3.77	2.00	5.00
教师	611	3.75	0.55	0.02	3.71	3.79	1.25	5.00
专职研究员	13	3.87	0.49	0.13	3.57	4.16	2.75	4.75
学生	317	3.50	0.54	0.03	3.44	3.56	1.00	5.00
总计	1093	3.67	0.56	0.02	3.64	3.70	1.00	5.00

表 5-4 工作职责不同的被调查对象基本研究伦理意识单因素方差分析结果

项目	SS	df	MS	F	p
组间	13.49	3	4.50	14.98	0.00
组内	326.90	1089	0.30		
总计	340.39	1092			

由表 5-5、表 5-6 可知,最终学历不同,被调查对象的基本研究伦理意识有显著差异 [$F（3，1089）=23.81$,$p<0.05$]。具体而言,最终学历为博士研究生、硕士研究生和本科的被调查对象得分显著高于没有本科学历的被调查对象($MD=0.43$,$p<0.05$;$MD=0.36$,$p<0.05$;$MD=0.34$,$p<0.05$)。从平均值一栏可以看出随着最终学历的升高,平均值递增,说明受教育程度越高,基本研究伦理意识越强。

表 5-5 最终学历不同的被调查对象基本研究伦理意识得分情况

最终学历	个案数	平均值	标准差	标准误	均值的 95%置信区间		最小值	最大值
					下限	上限		
博士研究生	353	3.77	0.56	0.03	3.72	3.83	2.00	5.00
硕士研究生	444	3.70	0.52	0.02	3.65	3.75	1.25	5.00
本科	138	3.68	0.53	0.05	3.59	3.77	2.50	5.00
其他	158	3.34	0.58	0.05	3.25	3.44	1.00	5.00
总计	1093	3.67	0.56	0.02	3.64	3.70	1.00	5.00

表 5-6 最终学历不同的被调查对象基本研究伦理意识单因素方差分析结果

项目	SS	df	MS	F	p
组间	20.95	3	6.98	23.81	0.00
组内	319.44	1089	0.29		
总计	340.39	1092			

由表 5-7、表 5-8 可知，职称不同，被调查对象的基本研究伦理意识有显著差异 [$F(3,1089)=12.10$，$p<0.05$]。具体而言，拥有正高职称、副高职称和中级职称的被调查对象得分显著高于中级以下职称的参试者（$MD=0.19$，$p<0.05$；$MD=0.24$，$p<0.05$；$MD=0.20$，$p<0.05$）。比起后者，前三组被调查对象受教育程度往往更高，研究经历也较为丰富。

表 5-7　职称不同的被调查对象基本研究伦理意识得分情况

职称	个案数	平均值	标准差	标准误	均值的 95%置信区间		最小值	最大值
					下限	上限		
正高	133	3.72	0.60	0.05	3.62	3.83	2.00	5.00
副高	255	3.77	0.54	0.03	3.70	3.83	2.00	5.00
中级	328	3.73	0.55	0.03	3.67	3.79	1.25	5.00
其他	377	3.53	0.54	0.03	3.48	3.59	1.00	5.00
总计	1093	3.67	0.56	0.02	3.64	3.70	1.00	5.00

表 5-8　职称不同的被调查对象基本研究伦理意识单因素方差分析结果

项目	SS	df	MS	F	p
组间	10.98	3	3.66	12.10	0.00
组内	329.41	1089	0.30		
总计	340.39	1092			

由表 5-9、表 5-10 可知，最终学历所属学科不同，被调查对象的基本研究伦理意识有显著差异 [$F(8,1084)=4.99$，$p<0.05$]。具体而言，最终学历所属学科为哲学、教育学和文学的参试者得分显著高于最终学历所属学科为管理学的参试者（$MD=0.26$，$p<0.05$；$MD=0.28$，$p<0.05$；$MD=0.18$，$p<0.05$）。最终学历所属学科为历史学的参试者得分显著高于最终学历所属学科为经济学、法学、管理学的参试者（$MD=0.51$，$p<0.05$；$MD=0.51$，$p<0.05$；$MD=0.54$，$p<0.05$）。但是最终学历所属学科为经济学、法学、教育学、文学、艺术学和其他学科的参试者之间没有显著差异。

表 5-9　最终学历所属学科不同的被调查对象基本研究伦理意识得分情况

最终学历所属学科	个案数	平均值	标准差	标准误	均值的 95%置信区间		最小值	最大值
					下限	上限		
哲学	76	3.80	0.55	0.06	3.67	3.92	2.25	5.00
经济学	73	3.57	0.63	0.07	3.42	3.71	1.00	5.00
法学	94	3.57	0.58	0.06	3.46	3.69	2.00	5.00
教育学	95	3.82	0.55	0.06	3.71	3.93	2.50	5.00
文学	312	3.72	0.52	0.03	3.66	3.78	1.25	5.00
历史学	15	4.08	0.57	0.15	3.77	4.40	2.75	5.00
管理学	220	3.54	0.55	0.04	3.47	3.61	2.00	5.00
艺术学	13	3.56	0.60	0.17	3.20	3.92	2.75	5.00
其他	195	3.67	0.54	0.04	3.60	3.75	2.00	5.00
总计	1093	3.67	0.56	0.02	3.64	3.70	1.00	5.00

表 5-10　最终学历所属学科不同的被调查对象基本研究伦理意识单因素方差分析结果

项目	SS	df	MS	F	p
组间	12.10	8	1.51	4.99	0.00
组内	328.29	1084	0.30		
总计	340.39	1092			

由表 5-11、表 5-12 可知，所在机构不同，被调查对象的基本研究伦理意识无显著差异 [$F(6, 1086) = 1.58$，$p > 0.05$]。

表 5-11　所在机构不同的被调查对象基本研究伦理意识得分情况

所在机构	个案数	平均值	标准差	标准误	均值的 95%置信区间		最小值	最大值
					下限	上限		
教育部直属高校	358	3.72	0.57	0.03	3.66	3.78	2.00	5.00
省属高校	511	3.66	0.54	0.02	3.61	3.71	1.00	5.00
市属高校	67	3.68	0.59	0.07	3.53	3.82	2.00	5.00
民办高校	21	3.67	0.46	0.10	3.46	3.88	3.00	5.00
国家级研究机构	16	3.55	0.49	0.12	3.28	3.81	2.75	4.50
省级研究机构	7	3.79	0.70	0.26	3.14	4.43	2.75	4.75
其他	113	3.55	0.59	0.06	3.44	3.66	2.00	5.00
总计	1093	3.67	0.56	0.02	3.64	3.70	1.00	5.00

表 5-12　所在机构不同的被调查对象基本研究伦理意识单因素方差分析结果

项目	SS	df	MS	F	p
组间	2.95	6	0.49	1.58	0.15
组内	337.44	1086	0.31		
总计	340.39	1092			

由表 5-13、表 5-14 可知，是否有一年以上境外研究经历，被调查对象的基本研究伦理意识有显著差异 [$F(1, 1091) = 11.53$, $p < 0.05$]。具体而言，有一年以上境外研究经历的被调查对象得分显著高于没有一年以上境外研究经历的被调查对象（$MD=0.15$，$p<0.05$）。

表 5-13　是否有一年以上境外研究经历的被调查对象基本研究伦理意识得分情况

有无一年以上境外研究经历	个案数	平均值	标准差	标准误	均值的95%置信区间		最小值	最大值
					下限	上限		
有	209	3.79	0.57	0.04	4	3.86	2.00	5.00
无	884	3.64	0.55	0.02	4	3.68	1.00	5.00
总计	1093	3.67	0.56	0.02	4	3.70	1.00	5.00

表 5-14　是否有一年以上境外研究经历的被调查对象基本研究伦理意识
单因素方差分析结果

项目	SS	df	MS	F	p
组间	3.56	1	3.56	11.53	0.00
组内	336.83	1091	0.31		
总计	340.39	1092			

以上差异分析在学历、职称和境外研究经历等方面具有一致性，拥有较高学历、较高职称和较长境外研究经历的被调查对象，在各基本研究伦理意识测试分项中获得较高得分。上述问题的调查结果表明，我国社会科学研究伦理意识还有提升的空间，我们通过访谈结果做进一步分析。

5.2.4　访谈分析结果

在社会科学研究中，各利益相关方应树立参试者利益第一的意识，践行求善大于知识获取的行为准则，对自己在科学研究中的行为

进行评价，做出正确选择，共同构建公平、诚信、求真、求善的价值
体系（侯俊霞和赵春清，2018）。目前，我国在本科和研究生阶段的研
究伦理教育和培训不够，研究者的伦理意识主要通过在研究过程中解
决实际问题来提升。这一点在访谈过程中得到了证实。

谢同学接受采访时正在美国某大学攻读心理学博士学位，她回忆
了在国内读本科时接受伦理培训的相关情况。

> 据我所知，这方面的培训比较少。我们每年有道德培
> 训，但是那是另外一个方面，就是大家不能接受贿赂，不能
> 滥用学校资源这方面的道德要求。很少培训在研究设计和研
> 究执行方面如何保护被试。这个更多是各个单位自己有责任
> 依据自己专业的需要进行 training（培训①）的一部分。比如
> 我们心理或者临床咨询，有自己的一套设计研究和培训的道
> 德标准，每个领域可能总的原则一样，但是会有一些差异。
> 就是每个领域或者系自己来弄，但是都会有，不能缺失这一
> 块儿。都会去开课或包含到我们的课程里。（Y08_深入访
> 谈）

目前研究伦理方面的培训主要结合一些专业课程进行，在学校层
面尚未对全校学生开设专门的课程。陈老师在加拿大获得教育学博士
学位后回到北京某高校任教，开始指导博士研究生和硕士研究生。提
到针对研究伦理对学生进行相关培训时，陈老师说：

> 我没有培训，但我说这些要求必须要有。我说你要写
> consent form（知情同意书），不能伤害研究对象，他们可以
> 随时退出。就是整个这个要求是给他讲了。不能传话呀，类
> 似这些，我会告诉他们，按照我读博时的要求来告诉他们。
> （Y02_深入访谈）

研究伦理意识较强的导师会在研究生指导过程中对研究伦理进行

---

① 本书访谈内容中中文翻译有的是根据访谈者想表达的意思意译过来的，与英文单词非严格
一一对应。

着重指导。姚老师在美国获得语言学博士学位后到北京某高校任教，获得硕士研究生指导教师资格。访谈时，她所在的高校还没有关于研究伦理方面的系统培训。

> 其实我没有给他们一个很系统的培训。而且我们所有研究生上一个研究方法的课，是 S 老师在上，她会讲一些这方面的内容。所以，我就 by default（默认）他们是知道这件事情的。我不会作更多的 extra instruction（额外指导），但是我会跟他们说，在做研究之前要写这个，他们的论文里都会附上他们的知情同意书的。（Y04_深入访谈）

与陈老师的做法相似，姚老师会在指导学生时有意识地强调知情同意和其他研究伦理要求。在谈到研究伦理培训时，在北部某高校工作的司老师说：

> 在我们这样一个工科为主的学校，我想学校考虑更多的是工科专业上，比如专利呀，创新发明呀，成果的突破呀，对人文社科这块不太好界定。但是所有的论文，包括本科生的论文，都会有声明，要说明自己所有的（成果）符合学术规范，保证他没有抄袭。对研究伦理问题的理解，可能我们的老师、学生在这方面没有专门的培训，意识也不是很强。（Y12_深入访谈）

司老师之前主持的研究项目没有经历过研究伦理审查。她对研究伦理的理解侧重于学术道德。目前国内高校在学风建设中，强调原创性和防止学术不端，对研究伦理培训关注较少。虽然没有接受过系统的研究伦理培训，司老师在研究中通过阅读英文文献来学习相关知识。

> 关键是在自己学习的过程当中，看到国外学者发表的这些科研成果，都会有一个共性的特点。我们虽然是一个研究者，但也是一个学习者，在阅读这样的文献的时候，自己就

能够悟出来。相关的问题该如何表达，在什么时候你要加上一个 in text citation（文内参考文献引用）。对于你做的研究，如果涉及研究对象，这些信息应该如何去表述。我觉得就是看这些文献，它就是一个 model（模板），大家都这样写，自己也就跟着这样写。但我自己也发现，很多老师没有这个意识，我不记得自己是否用过真实的，比如具体某大学某个年级或者某个班级怎么样，我没有印象。至少近些年我没有去展示这些数据，但是在别的老师和学生的论文写作的时候，还是挺普遍的。我想这就是伦理意识的缺乏导致的。（Y12_深入访谈）

虽然司老师没有接受研究伦理方面的系统培训，但是通过看国外文献中作者数据汇报的方法，"悟出来"这样做是对参试者隐私的保护，继而在自己的实践中采用符合伦理的做法，在结果发表时，避免暴露研究场域等真实信息。

研究伦理审查制度为社会科学研究的开展提供了指南，但是在实际开展过程中，不同阶段会出现不同的研究伦理问题。若使用不当，在诚实公开、公正平等、知情同意、隐私保密和自主选择方面容易损害参试者利益，影响社会科学学术共同体的声誉，破坏公平诚信的学术研究生态，阻碍社会科学研究的良性发展（侯俊霞和赵春清，2018）。笔者用 23 道题目对实证研究不同阶段的相关伦理意识开展调研，结合访谈结果在 5.3 至 5.6 节对研究发现进行介绍。

5.3　研究选题阶段涉及的相关伦理问题

5.3.1　研究选题阶段相关题目

调查问卷中用以下四道题目了解被调查对象在研究选题阶段对相关伦理问题的态度（表 5-15）。

表 5-15　研究选题阶段涉及的相关伦理问题调查题目

题号	题目
9	社会科学的研究对象可以包括人类社会的各个方面
17	只要对于人类发展和进步有价值的选题都可以作为研究问题
20	虽然选题本身有很重要的价值，但可能会对研究对象产生轻微伤害，就不应该实施
22	研究受到资助方的影响是可以接受的

5.3.2　频数分析结果

频数分析结果如表 5-16 所示。

表 5-16　研究选题阶段伦理意识相关题目调查结果（单位：%）

题号	强烈不同意	不同意	中立	同意	强烈同意
9	1.65	4.67	17.38	35.59	40.71
17	6.04	12.08	29.64	31.47	20.77
20	1.19	9.88	38.61	30.56	19.76
22	18.94	26.81	32.48	18.39	3.39

如表 5-16 所示，76.30%的被调查对象认为社会科学的研究对象可以包括人类社会的各个方面，52.24%的被调查对象认为只要对于人类发展和进步有价值的选题都可以作为研究问题。这两个结果表明，被调查对象受"学术研究无禁区"这一理念的影响较深。在选题阶段一般采用价值正向原则，社会科学的研究可以包括人类社会的各个方面，但需要进行伦理的审视和思考，而在方法选择时则要认真考虑对受试对象的影响及对结果的应用。

根据价值正向原则（侯俊霞等，2013），不论研究出于什么样的目的，都要以有益于人类社会发展、有益于所研究领域知识的创新、有益于指导实践及改善人民生活状况为宗旨。该原则的另一个重要方面是强调研究者有责任和义务平等公正地对待所有参试者。在实验设计之初，研究者应该预判其研究会给参试者带来哪些潜在的伤害，采取应对措施。然而，在问卷调查中，针对"虽然选题本身有很重要的价值，但可能会对研究对象产生轻微伤害，就不应该实施"，有 50.32%的被调查对象同意该观点，持反对意见的被调查对象占 11.07%，另有

38.61%的被调查对象持中立态度。

如表 5-17 所示，将被调查对象最终学历作为自变量进行交叉分析发现，随学历由高到低，对该观点的认同感逐渐降低（博士研究生58.35%，硕士研究生 54.28%，本科 48.55%，其他 22.79%）。其他组中有 43.34% 的参试者年龄集中在 30 岁以下，而 30 岁以下的参试者中学生占 87.54%，所以我们可以将该组被调查对象作为尚未正式从事科学研究的人群或者潜在的参试者来了解其对相关伦理问题的态度。

表 5-17　第 20 题以最终学历作为自变量的交叉分析结果（单位：%）

最终学历	强烈不同意	不同意	中立	同意	强烈同意
博士研究生	1.42	10.48	29.75	33.99	24.36
硕士研究生	0.68	8.33	36.71	33.56	20.72
本科生	0.72	10.87	39.86	27.54	21.01
其他	2.53	12.03	62.66	17.09	5.70

交叉分析结果显示，随着学历的递增、研究经验的积累，认同保护研究对象免受伤害大于选题意义的被调查对象数量逐渐增多，研究者的伦理意识逐渐增强。这也再次突显了目前对在校学生进行研究伦理教育的必要性。

在学术研究中，保持学术独立的重要途径是不受资助方显性或隐性的影响，保证学术研究的公信力。不能因为接受资助而影响研究过程和结果。ESRC 强调研究的独立性，因而规定在伦理审查报告中必须详细注明任何可能影响研究独立性的利益冲突和偏差（ESRC，2012：3）。在本研究的问卷调查中，第 22 题"研究受到资助方的影响是可以接受的"是一道反向题。如表 5-16 所示，45.75% 的被调查对象不认同这一观点，说明只有不到一半的被调查对象意识到研究不应受资助方影响，比例偏低。

我们进一步将被调查对象的工作职责作为自变量进行交叉分析发现，59.21% 的管理者、51.06% 的教师、30.29% 的学生和 15.38% 的专职研究员不同意这一观点（表 5-18）。

表 5-18　第 22 题以工作职责作为自变量的交叉分析结果（单位：%）

工作职责	强烈不同意	不同意	中立	同意	强烈同意
管理者	25.00	34.21	22.37	13.16	5.26
教师	22.09	28.97	27.20	17.51	3.93
专职研究员	0.00	15.38	30.77	46.15	7.69
学生	10.73	19.56	47.00	21.45	1.26

分析结果表明不同职责的被调查对象都有一定的学术独立意识。管理者站在监管的角度，代表了研究机构的利益，对资助的研究受到资助方影响更为敏感。相对而言，专职研究员更倾向与资助方合作，一定程度上可以接受资助方的影响，这是值得警惕的现象。学生中对于这个问题持中立态度的比例最大，对于资助方影响的认识还不充分。

如表 5-19 所示，以最终学历作为自变量进行交叉分析发现，对该观点持不同意见的比例由多至少依次为博士研究生（53.83%）、硕士研究生（52.03%）、本科（34.05%）和其他（20.25%）。学历越高，对学术独立性的原则越敏感，也越能理解题目设置的目的。

表 5-19　第 22 题以最终学历作为自变量的交叉分析结果（单位：%）

最终学历	强烈不同意	不同意	中立	同意	强烈同意
博士研究生	26.35	27.48	27.48	16.43	2.27
硕士研究生	19.82	32.21	24.10	20.05	3.83
本科	11.59	22.46	40.58	19.57	5.80
其他	6.33	13.92	60.13	17.09	2.53

5.3.3　差异关系研究

根据表 5-20、表 5-21 可知，工作职责不同，被调查对象在研究选题阶段的伦理意识有显著差异 $[F_{(3, 1089)} = 49.75, p < 0.05]$。具体而言，管理者的得分显著高于学生（$MD = 0.39$，$p < 0.05$）；教师的得分显著高于专职研究员（$MD = 0.45$，$p < 0.05$）和学生（$MD = 0.44$，$p < 0.05$）。

表 5-20　工作职责不同的被调查对象在研究选题阶段伦理意识得分情况

工作职责	个案数	平均值	标准差	标准误	均值的95%置信区间		最小值	最大值
					下限	上限		
管理者	152	3.73	0.59	0.05	3.63	3.82	2.25	5.00
教师	611	3.78	0.55	0.02	3.74	3.82	2.00	5.00
专职研究员	13	3.33	0.48	0.13	3.04	3.62	2.50	4.00
学生	317	3.34	0.50	0.03	3.28	3.39	2.00	5.00
总计	1093	3.64	0.57	0.02	3.60	3.67	2.00	5.00

表 5-21　工作职责不同的被调查对象在研究选题阶段伦理意识单因素方差分析结果

项目	SS	df	MS	F	p
组间	43.36	3	14.45	49.75	0.00
组内	316.40	1089	0.29		
总计	359.76	1092			

由表 5-22、表 5-23 可知，最终学历不同，被调查对象在研究选题阶段的伦理意识有显著差异〔$F_{(3，1089)}=48.07$，$p<0.05$〕。具体而言，拥有博士研究生学历的被调查对象得分显著高于本科和本科以下学历的被调查对象（$MD=0.15$，$p<0.05$；$MD=0.56$，$p<0.05$）；拥有本科学历的被调查对象得分显著高于本科以下学历的被调查对象（$MD=0.41$，$p<0.05$）。

表 5-22　最终学历不同的被调查对象在研究选题阶段伦理意识得分情况

最终学历	个案数	平均值	标准差	标准误	均值的95%置信区间		最小值	最大值
					下限	上限		
博士研究生	353	3.74	0.58	0.03	3.68	3.80	2.00	5.00
硕士研究生	444	3.74	0.53	0.03	3.69	3.79	2.00	5.00
本科	138	3.59	0.55	0.05	3.50	3.68	2.50	5.00
其他	158	3.18	0.44	0.04	3.11	3.25	2.00	4.50
总计	1093	3.64	0.57	0.02	3.60	3.67	2.00	5.00

表 5-23　最终学历不同的被调查对象在研究选题阶段伦理意识单因素方差分析结果

项目	SS	df	MS	F	p
组间	42.07	3	14.02	48.07	0.00
组内	317.69	1089	0.29		
总计	359.76	1092			

由表 5-24、表 5-25 可知，职称不同，被调查对象在研究选题阶段的伦理意识有显著差异 [F（3，1089）=39.78，$p<0.05$]。具体而言，职称为正高、副高和中级的被调查对象得分显著高于中级以下职称的被调查对象（$MD=0.37$，$p<0.05$；$MD=0.41$，$p<0.05$；$MD=0.36$，$p<0.05$）。

表 5-24　职称不同的被调查对象在研究选题阶段伦理意识得分情况

职称	个案数	平均值	标准差	标准误	均值的95%置信区间		最小值	最大值
					下限	上限		
正高	133	3.76	0.58	0.05	3.66	3.86	2.25	5.00
副高	255	3.80	0.59	0.04	3.73	3.87	2.00	5.00
中级	328	3.75	0.53	0.03	3.69	3.80	2.00	5.00
其他	377	3.39	0.51	0.03	3.34	3.44	2.00	5.00
总计	1093	3.64	0.57	0.02	3.60	3.67	2.00	5.00

表 5-25　职称不同的被调查对象在研究选题阶段伦理意识单因素方差分析结果

项目	SS	df	MS	F	p
组间	35.53	3	11.84	39.78	0.00
组内	324.23	1089	0.30		
总计	359.76	1092			

由表 5-26、表 5-27 可知，最终学历所属学科不同，被调查对象在研究选题阶段的伦理意识有显著差异 [F（8，1084）=10.75，$p<0.05$]。具体而言，最终学历所属学科为哲学或教育学的被调查对象得分显著高于最终学历所属学科为管理学的被调查对象（$MD=0.23$，$p<0.05$；$MD=0.34$，$p<0.05$）；最终学历所属学科为文学的被调查对象得分显著高于最终学历所属学科为经济学、法学或管理学的被调查对象（$MD=0.31$，$p<0.05$；$MD=0.21$，$p<0.05$；$MD=0.42$，$p<0.05$）。

表 5-26　最终学历所属学科不同的被调查对象在研究选题阶段伦理意识得分情况

最终学历所属学科	个案数	平均值	标准差	标准误	均值的95%置信区间		最小值	最大值
					下限	上限		
哲学	76	3.62	0.48	0.05	3.51	3.72	2.50	4.75
经济学	73	3.50	0.71	0.08	3.33	3.67	2.00	5.00
法学	94	3.60	0.57	0.06	3.48	3.71	2.25	5.00
教育学	95	3.73	0.56	0.06	3.62	3.85	2.00	5.00
文学	312	3.81	0.52	0.03	3.75	3.87	2.25	5.00
历史学	15	3.88	0.67	0.17	3.51	4.26	2.50	5.00
管理学	220	3.39	0.53	0.04	3.32	3.46	2.25	5.00
艺术学	13	3.54	0.54	0.15	3.21	3.86	2.50	4.50
其他	195	3.67	0.57	0.04	3.58	3.75	2.25	5.00
总计	1093	3.64	0.57	0.02	3.60	3.67	2.00	5.00

表 5-27　最终学历所属学科不同的被调查对象在研究选题阶段伦理意识单因素方差分析结果

项目	SS	df	MS	F	p
组间	26.45	8	3.31	10.75	0.00
组内	333.31	1084	0.31		
总计	359.76	1092			

由表 5-28、表 5-29 可知，所在机构不同，被调查对象在研究选题阶段的伦理意识无显著差异 $[F(6, 1086)=1.12, p>0.05]$。

表 5-28　所在机构不同的被调查对象在研究选题阶段伦理意识得分情况

所在机构	个案数	平均值	标准差	标准误	均值的95%置信区间		最小值	最大值
					下限	上限		
教育部直属高校	358	3.67	0.57	0.03	3.61	3.73	2.00	5.00
省属高校	511	3.65	0.56	0.02	3.60	3.70	2.00	5.00
市属高校	67	3.60	0.53	0.07	3.47	3.73	2.50	5.00
民办高校	21	3.65	0.65	0.14	3.36	3.95	2.25	5.00
国家级研究机构	16	3.45	0.64	0.16	3.11	3.79	2.50	5.00
省级研究机构	7	3.57	0.80	0.30	2.83	4.31	2.50	5.00
其他	113	3.54	0.62	0.06	3.42	3.65	2.25	5.00
总计	1093	3.64	0.57	0.02	3.60	3.67	2.00	5.00

表 5-29　所在机构不同的被调查对象在研究选题阶段伦理意识单因素方差
分析结果

项目	SS	df	MS	F	p
组间	2.21	6	0.37	1.12	0.35
组内	357.55	1086	0.33		
总计	359.76	1092			

由表 5-30、表 5-31 可知，是否有一年以上境外研究经历，被调查对象在研究选题阶段的伦理意识有显著差异 [F（1，1091）] = 13.87，$p<0.05$）。具体而言，有一年以上境外研究经历的被调查对象得分显著高于无此经历的被调查对象（$MD=0.16$，$p<0.05$）。

表 5-30　是否有一年以上境外研究经历的被调查对象在研究选题阶段伦理意识
得分情况

有无一年以上境外研究经历	个案数	平均值	标准差	标准误	均值的95%置信区间		最小值	最大值
					下限	上限		
有	209	3.77	0.59	0.04	3.69	3.85	2.00	5.00
无	884	3.61	0.57	0.02	3.57	3.64	2.00	5.00
总计	1093	3.64	0.57	0.02	3.60	3.67	2.00	5.00

表 5-31　是否有一年以上境外研究经历的被调查对象在研究选题阶段伦理意识
单因素方差分析结果

项目	SS	df	MS	F	p
组间	4.52	1	4.52	13.87	0.00
组内	355.25	1091	0.33		
总计	359.76	1092			

5.3.4　访谈分析结果

艾校长在北京某高校分管科研工作四年，他认为社会科学研究伦理审查制度建立的必要性，首先在于应对人文社会科学研究选题的广泛性和复杂性。在现代法律制度以及现代道德文明的价值体系下，研究对象个人的隐私、意愿和利益都应当受到恰当的保护。齐校长在中部某高校分管科研工作已有十八年。他认为相对于自然科学研究，社会科学研究较为复杂，更需要研究者在选题时对相关伦理问题进行考量。

在开展重大调研性课题，或者重大的有前瞻性的研究时，我们在设计实验方案和研究过程中要从伦理学角度进行考虑。但在实际过程中，对一些界限，大家还没有一个完全的判断。比如，研究的内容反映的是对弱势群体的现状，代表了他们的呼声。在这个方面，研究者往往是从一个代言人或者是从一种责任的角度，也就是从出发点和研究认识上来讲，是对研究对象的支持和关注。但是往往忽略一个侧面，就是这种关注一旦形成研究成果，公布之后引起公众的关注，给被研究者带来的负面影响。原因主要是对于中国目前真正的伦理学来讲，其本身就是一个新课题。这些年，我们从企业伦理学、社会伦理学，到生命伦理学和整个大的伦理道德上开展了许多工作，但是在教育阶段，对研究伦理意识培养不够。（M02_深入访谈）

在社会科学领域，从研究伦理的角度对选题进行审核还没有形成机制。

这种立题审查，我们觉得社会科学研究实际上是非常自由和开放的。刚才我们说意识上的缺失，管理者和研究者都没有把它作为规矩和规章列入一个研究程序的环节。在实证研究中，凡是涉及被研究者的隐私、权利的，包括名誉权、肖像权，甚至他的隐私权，研究就可能对他带来负面影响和伤害。通过彰显一个具体的事实，会进一步加深对被研究者心理的伤害，构成对环境社会负面的影响，这一点的确在现在的研究中很少顾及到。因为伦理学是一个新的课题。对社会科学研究，我们采取了较为宽容的态度，多数社会科学研究者本身也没有这方面的需求，所以导致管理的缺失。（M02_深入访谈）

选题时要关注对弱势群体权利的保护，反思研究者与参试者之间是否有利益冲突，研究是否能够保持学术独立性，免受资助方的影响。教师对自己的课堂开展研究时更需谨慎。姚老师在美国攻读博士学位时，在选题阶段曾经想对自己的课堂进行录像。在进行伦理审查申请时被提醒要全面考虑自己作为一名教师以学生作为研究对象涉及的利益冲突。她经过慎重考虑，没有开展相关研究。

> 如果在别人的课堂，可能是比较容易的，是可以的。但是他们就认为如果录我自己的学生，就会有一个所谓的conflict of interest（利益冲突），因为你要给你学生成绩，你要他们成为你的participants（参试者），有点强迫他们做这个事情的意思。如果要study（研究）自己的学生，是一个更复杂的过程。后来我就没有研究我自己的课堂，太麻烦了，要写摄像机放在什么位置，能看到谁谁谁，还要学生所有的permission（许可），这个我觉得时间会更久。所以我就没有做我的这部分。（Y04_深入访谈）

可见，伦理上的冲突是许多研究者在选题阶段要考虑的内容，会直接影响到研究方案的设计。再如，于老师在新西兰工作时曾经想采用质性研究方法了解移民的跨文化适应问题，但是因访谈问题有可能对参试者造成心理不适而修改了研究设计。

> 比如我当时的研究方法叫伴随性访谈、参与式访谈，就是他去做活动的时候，我会跟着去做活动，去问。在这种情况下，不仅要保护被访谈者，研究者也要思考如何保证自己是安全的。审查表前面有些特别基础的问题，就会问到被访谈者会不会受到心理的、生理的等各方面的影响。其中一个我觉得程度非常低，叫discomfort（不舒服）。你想不舒服的话，我很容易就造成他的discomfort。我访谈他们的跨文化移民经历，他们要回忆到自己的过去的时候，谁还能心里没有一点波动呢？所以我觉得门槛很低，你轻易就会触碰到它，因为这个是基本问题。只要有一个打钩的，就必须提交

full ethics application（全过程伦理审查申请），如果这方面没有一个打钩的，就能很简单地通过了。（Y06_深入访谈）

在选题阶段，研究者就应对研究项目有可能给参试者带来的风险进行评估。例如，贾同学在开展政策评估调研时，在风险评估阶段考虑到将公务员作为参试者选取人群会在心理上对其造成压力，因而避免将其作为研究对象。

> 在我的 consent form（知情同意书）里面，有一部分讲得很明白，只是对政策做一个评估，并不是批判什么。所以我跟他们说，如果你是一个公务员，可能会受到一点点影响，但对于其他人的话，我觉得其实是不会受到任何影响的。就是说实际上是不会受到任何影响的，我把风险最大化，你可能会受到一点点的影响，但是这个影响我觉得对于你的工作或者生活是不会产生阻碍的。我觉得主要还是对他们心理上会造成一定压力。他们提供了信息，他们说的话代表了他们的态度，我也会尽量规避采访这种人。（Y07_深入访谈）

在美国攻读心理学博士学位的谢同学在设计心理压力量表时，也因为存在高风险题目而对问卷进行了修改。

> 我们当时用的 psychological stress（心理压力）量表，里面有一道题目问到了被试的自杀倾向，很明显会引起审查者的注意，而且对被试来讲是一个高风险的题目。最后，我们的做法就是把这个题目给删掉了。因为首先对于整体的量表来说，从统计和研究的角度，我们通过讨论认为删掉一个问题不会影响我们整个研究的结果；第二，觉得它是一个没有必要的 item（题项），也不影响我们整个研究的目的。或者说，再考虑一下我们研究的目的，是没有那么相关的，所以权衡之后就把那个题目删掉了。（Y08_深入访谈）

在新西兰攻读博士学位的吴同学，发现研究者在选题阶段的伦理意识决定研究设计以及实施阶段对参试者利益的考量。

> 因为有很多东西，包括咱们国内做研究，那就是熟人，或者我了解的人，有一些老师可能拿自己的学生做研究，但是不会考虑到其中会有 conflict of interest（利益冲突），涉及一些伦理、具体保护等具体问题。在具体实施的时候，可能遇到很多障碍时也许就把这个抛弃掉了，就从便利的角度，可能会那样做。（Y09_深入访谈）

涉及易受伤害人群的选题需要研究者具有较强的伦理意识，稍有不慎会导致项目无法通过伦理审查。例如，马老师在英国的博士同学因项目研究伦理问题被校方要求更换选题。

> 我的研究是跟英语语言相关，又是成年人，没有特别多的 potential harms（潜在伤害）。但是学校还是给我们仔细审核。不过我听说，我有几个同学，他们的研究与 ethical（伦理）方面关涉很大。当时有一个人研究的是艾滋病。好像出现问题了，打回来以后老师和他一起改，改完之后交上去，还不行还改。后来整个 research（研究）就改变方向了，因为 ethical（伦理）那些，它好像可能会对患者心理造成一定的压力。（F03_深入访谈）

选题阶段重视研究伦理考量，会避免后期研究中出现数据无法使用问题。例如，马老师的另一位朋友就遇到过这样棘手的问题。

> 我的一个朋友，她把研究全部做完以后，就回去了。后来随机抽查，发现她的伦理审查有问题。她之前搜集的许多数据都 pass（去）掉了，就要重新再去做。所以他们审查还是蛮严格的。（F03_深入访谈）

研究者认为需要有专门人员对研究伦理审查的重要性和必要性进行论证，增加学术界对其价值和意义的认同。

　　我觉得推进要依托大学、研究机构来进行。首先，在从业人员当中，他们真正有这个意识。然后，让大家认识到这个东西的意义之所在，明白这不是一个形式主义的东西。我觉得有的时候，我们会看不到它的意义，不像克隆这样的事情，大家觉得这件事情我是要关心的。这东西属于一个什么性质的东西，以前人们的确没思考过，这东西太哲学了，太复杂了，一定要有人来替这些人思考。我总觉得给我们的选择应该还是最有道理的。这种论证、这种讨论还是有必要的。（Y03_深入访谈）

尤其是在大数据时代，信息安全在保证人们正常生活中的作用日益增强。然而，一些信息泄露的案例令人震惊，给参试者利益保护带来挑战。

　　我觉得也不是过度反应，也不是偏见吧，但是我有时候也很吃惊，这些东西是怎么流传到微博上面的。我觉得不要相信那些渠道不可靠的公司，而且保护被试要有一些保险措施，这都是不过分的。我有时候看微博上面的八卦新闻，电梯里面的监控录像都能够被"人肉"，然后能被放到网上，我非常不能理解。（Y08_深入访谈）

这些问题的出现，对许多通过在线调查完成数据采集的选题在伦理考量上提出新的要求。例如，谢同学就提醒研究者注意，一些在线调查平台存在的漏洞。

　　谁给钱，我觉得这是非常正常的事情，之前看到美国一个专门做 survey（调查）的网站，叫 Survey Monkey，它是一个公司，跟国内的问卷星差不多。它要发布你的调查研究，别人点击链接会被导入到问卷网页，它把数据收集起来，再返还给研究者。研究者要注册花钱才能采集到数据。它本身是公司，也帮其他公司企业做研究。我会收到其他问卷，它做广告就发到我邮箱里了。我看了个人觉得社会上的机构没有经过伦理审查，比高校的研究松很多，做得不太好。如果是正规营利的网站，我以前在交钱使用它们的服务之前读过它们的规则，有非常严格详细的 statement（声明），你可以看到它们是如何保存和处理数据的，都还是挺专业的。它们的系统做得很好，不会被黑客黑到。如果是做得很好的企业，这方面我觉得还是能够保障的。（Y08_深入访谈）

国内的在线调研平台针对一些问卷要求调研单位出具数据使用承诺书，保证问卷发布者身份信息真实，问卷内容不包含中国法律、法规、规章、条例以及任何具有法律效力之规范所限制或禁止的内容。规定问卷调查结果仅可以在国内拥有相关资质的正规媒体上发布。这些都需要研究者在选题阶段进行仔细调查，严格考量。

5.4　研究设计阶段涉及的相关伦理问题

5.4.1　研究设计阶段相关题目

在研究设计阶段，应保证从生理、心理以及个人以后发展等方面对参试者不造成伤害。决不允许在明知会对参试者造成伤害的情况下，继续进行研究。尊重权利原则首先是恪守不伤害原则，还包括坚守不欺骗原则。在观察中隐瞒身份，存在极大的违背伦理的隐患，要在伦理审查报告中详细阐述其原因及必要性，需要全方位慎重考虑。调查问卷用以下七道题目（表 5-32）调查被调查对象对研究设计阶段涉及的伦理问题的态度。

表 5-32　研究设计阶段涉及的相关伦理问题调查题目

题号	题目
14	在进行实验研究设计时，为了得到参试者真实自然的反应，可以隐瞒真实的实验目的
15	因为用问卷开展调查不容易对参试者带来伤害，所以不需要进行过多伦理考量
19	不能将隐蔽式观察法作为常规研究方法使用
24	在开展观察时，为了避免参试者因得知被观察而改变行为，可以隐瞒自己的研究者身份

续表

题号	题目
26	为了改进教学，教师可以将自己的学生进行分组开展对照实验研究
27	任何时候都不应该采用隐蔽式观察的方法开展研究
28	设计问卷时，若有高风险题目需要在知情同意书中作出预警

5.4.2　频数分析结果

频数分析结果如表 5-33 所示。

表 5-33　研究设计阶段伦理意识相关题目调查结果（单位：%）

题号	强烈不同意	不同意	中立	同意	强烈同意
14	27.72	18.76	28.09	18.66	6.77
15	37.51	34.68	17.75	7.96	2.10
19	2.10	12.08	44.10	30.56	11.16
24	10.06	18.48	35.13	30.56	5.76
26	2.65	7.78	27.17	49.59	12.81
27	5.03	26.72	45.29	15.65	7.32
28	0.46	1.10	13.91	44.01	40.53

如表 5-33 所示，在问卷调查中有 22.97% 的被调查对象认为任何时候都不应该采用隐蔽式观察的方法开展研究（第 27 题），31.75% 的被调查对象反对该观点，持中立态度的被调查对象占 45.29%。46.48% 的被调查对象反对在进行实验研究设计时，为了得到参试者真实自然的反应，可以隐瞒真实的实验目的这一观点（第 14 题）。支持该观点的被调查对象占 25.43%，持中立态度的被调查对象占 28.09%。

观察法相比其他方法来说更容易侵犯参试者的隐私权和匿名权。观察法分为参与式观察法和非参与式观察法，前者是民族志跟踪研究搜集数据的主要方法之一（Stutchbury & Fox，2009）。研究者进入参试者生活或工作的领域，系统搜集数据，避免将意义从外部强加到参试者身上（Cohen et al.，2011）。在参与式观察法中，根据研究者身份是否公开可以分为隐蔽型参与式观察法和公开型参与式观察法。由于担心参试者有可能因为知道在被观察而改变行为发生"霍桑效应"，或者因为研究涉及敏感内容和特殊人群，经常有研究者采用隐蔽型参与式观察法，这也是最有争议的观察方法。

第 14 题"在进行实验研究设计时，为了得到参试者真实自然的反应，可以隐瞒真实的实验目的"是一道反向题。为了区分研究者和潜在参试者的态度，用工作职责做自变量进行交叉分析发现，支持该观点的学生占 17.98%，低于专职研究员（23.07%）、管理者（25.66%）和教师（29.30%），如表 5-34 所示。这在一定程度上说明，潜在参试者希望研究目的透明公开。

表 5-34　第 14 题以工作职责作为自变量的交叉分析结果（单位：%）

工作职责	强烈不同意	不同意	中立	同意	强烈同意
管理者	28.29	17.76	28.29	19.08	6.58
教师	30.61	18.49	21.60	20.46	8.84
专职研究员	38.46	15.38	23.08	15.38	7.69
学生	21.45	19.87	40.69	15.14	2.84

国际社会学协会（International Sociological Association）的伦理规范（code of ethics）指出，不能将隐蔽式研究作为一种常规手段。在本研究中，有 41.72% 的被调查对象赞同不能将隐蔽式观察法作为常规研究方法使用（第 19 题）的观点，14.18% 的被调查对象认为可以将隐蔽式观察法作为常规研究方法使用，持中立态度的被调查对象占 44.1%。同时，有 28.54% 的被调查对象反对在开展观察时，为了避免参试者因得知被观察而改变行为，可以隐瞒自己的研究者身份的观点。支持这种观点的被调查对象占 36.32%，持中立态度的占 35.13%。

这一结果显示我国社会科学领域管理者、研究者和潜在参试者对隐蔽型参与式观察法可能存在风险的认识不足，认识不充分，亟须提升相关伦理意识。如第 2 章 2.5 节中所言，国外伦理审查委员会对这类研究要求研究者必须清晰地作出解释，理由要极其充分，进行不二选择之论证。

在此次问卷调查中，62.40% 的被调查对象认为为了改进教学，教师可以将自己的学生进行分组开展对照实验研究（第 26 题）。10.43% 的被调查对象反对这一观点，持中立态度的占 27.17%。为了区分研究者和学生作为潜在参试者的态度，用工作职责做自变量进行交叉分析发现，支持该观点的学生仅占 46.69%，显著低于教师（70.05%）、管理者（64.48%）和专职研究员（61.54%）（表 5-35）。

表 5-35　第 26 题以工作职责作为自变量的交叉分析结果（单位：%）

工作职责	强烈不同意	不同意	中立	同意	强烈同意
管理者	0.66	7.24	27.63	50.66	13.82
教师	3.11	7.20	19.64	54.01	16.04
专职研究员	0.00	0.00	38.46	53.85	7.69
学生	2.84	9.46	41.01	40.38	6.31

我们需要进一步剖析作为潜在参试者的学生对于这一观点的支持率较低的原因。对学生进行分组进行对照实验在伦理审查中属于较为敏感的问题，需要研究者提供详细的研究方案，保证对两组参试者做到公平对待。在教育研究中，当研究者明知一种教学方法对学生学习行为会有促进作用时，就不应该设计对照实验，而应该在自然情境下，对自然班级进行行动研究或历时跟踪研究。同时，在对照实验进行中，如果研究者发现该干预特别有效，也应该停止干预，或者在实验结束后，对控制组学生进行同样的干预，否则对于另一组学生来说，则违背了教师为学生提供最佳教学方法的职业道德，损害参试者的最大利益，破坏了公平公正的社会准则（详见第 2 章 2.5 节）。

在现实教学中，有时对于可以明显改进教学效果的方法，由于资源不足只对部分学生进行投入，或者以因材施教的名义，只对所谓的优秀学生投入而忽视了其他学生。这种现象显然是不符合公平原则的。所以学校和教师在采用这一方法时一定要遵守公平原则。

在问卷调查中，第 15 题为反向题："因为用问卷开展调查不容易对参试者带来伤害，所以不需要进行过多伦理考量"。72.19% 的被调查对象反对此观点，赞同的占 10.06%，17.75% 的被调查对象持中立态度。84.54% 的被调查对象认为设计问卷时，若有高风险题目需要在知情同意书中做出预警（第 28 题），仅有 1.56% 的被调查对象反对此观点，持中立态度的占 13.91%。

5.4.3　差异关系研究

由表 5-36、表 5-37 可知，工作职责不同，被调查对象在研究设计阶段的伦理意识有显著差异 [F（3，1089）=13.48，$p<0.05$]。具体而言，管理者、教师、专职研究员的得分显著高于学生（MD=0.13，$p<0.05$；MD=0.15，$p<0.05$；MD=0.20，$p<0.05$）。

表 5-36　工作职责不同的参试者在研究设计阶段伦理意识得分情况

工作职责	个案数	平均值	标准差	标准误	均值的95%置信区间		最小值	最大值
					下限	上限		
管理者	152	3.41	0.35	0.03	3.36	3.47	2.43	4.43
教师	611	3.43	0.37	0.01	3.40	3.46	1.57	4.71
专职研究员	13	3.48	0.17	0.05	3.38	3.59	3.29	3.71
学生	317	3.28	0.32	0.02	3.24	3.31	2.14	4.29
总计	1093	3.38	0.36	0.01	3.36	3.40	1.57	4.71

表 5-37　工作职责不同的参试者在研究设计阶段伦理意识单因素方差分析结果

项目	SS	df	MS	F	p
组间	5.01	3	1.67	13.48	0.00
组内	135.00	1089	0.12		
总计	140.01	1092			

由表 5-38、表 5-39 可知，最终学历不同，人们在研究设计阶段的伦理意识有显著差异 [F（3，1089）=26.73，$p<0.05$]。具体而言，学历为博士研究生、硕士研究生和本科的被调查对象得分显著高于本科以下学历的被调查对象（MD=0.23，$p<0.05$；MD=0.29，$p<0.05$；MD=0.24，$p<0.05$）。

表 5-38　最终学历不同的参试者在研究设计阶段伦理意识得分情况

最终学历	个案数	平均值	标准差	标准误	均值的95%置信区间		最小值	最大值
					下限	上限		
博士研究生	353	3.39	0.37	0.02	3.35	3.43	2.43	4.71
硕士研究生	444	3.45	0.35	0.02	3.42	3.48	1.57	4.71
本科	138	3.40	0.31	0.03	3.35	3.45	2.86	4.43
其他	158	3.16	0.31	0.02	3.11	3.21	2.14	4.29
总计	1093	3.38	0.36	0.01	3.36	3.40	1.57	4.71

表 5-39 最终学历不同的参试者在研究设计阶段伦理意识单因素方差分析结果

项目	SS	df	MS	F	p
组间	9.60	3	3.20	26.73	0.00
组内	130.41	1089	0.12		
总计	140.01	1092			

由表 5-40、表 5-41 可知，职称不同，人们在研究设计阶段的伦理意识有显著差异 [F（3，1089）=10.41，$p<0.05$]。具体而言，职称为正高、副高或中级职称的被调查对象的得分显著高于中级以下职称被调查对象（$MD=0.11$，$p<0.05$；$MD=0.12$，$p<0.05$；$MD=0.14$，$p<0.05$）。

表 5-40 职称不同的参试者在研究设计阶段伦理意识得分情况

职称	个案数	平均值	标准差	标准误	均值的95%置信区间		最小值	最大值
					下限	上限		
正高	133	3.41	0.37	0.03	3.35	3.48	2.43	4.71
副高	255	3.42	0.34	0.02	3.37	3.46	2.43	4.71
中级	328	3.44	0.37	0.02	3.40	3.48	1.57	4.71
其他	377	3.30	0.34	0.02	3.27	3.33	2.14	4.57
总计	1093	3.38	0.36	0.01	3.36	3.40	1.57	4.71

表 5-41 职称不同的参试者在研究设计阶段伦理意识单因素方差分析结果

项目	SS	df	MS	F	p
组间	3.90	3	1.30	10.41	0.00
组内	136.10	1089	0.12		
总计	140.01	1092			

由表 5-42、表 5-43 可知，最终学历所属学科不同，人们在研究设计阶段的伦理意识有显著差异 [F（8，1084）=5.39，$p<0.05$]。具体而言，最终学历所属学科为文学的参试者得分显著高于最终学历所属学科为经济学的参试者（$MD=0.21$，$p<0.05$）和管理学的参试者（$MD=0.17$，$p<0.05$）。最终学历所属学科为哲学、法学、教育学、历史学、艺术学以及其他学科的参试者之间没有显著差异。

表 5-42　最终学历所属学科不同的参试者在研究设计阶段伦理意识得分情况

最终学历所属学科	个案数	平均值	标准差	标准误	均值的95%置信区间		最小值	最大值
					下限	上限		
哲学	76	3.40	0.32	0.04	3.33	3.47	2.71	4.14
经济学	73	3.25	0.41	0.05	3.15	3.34	1.57	4.14
法学	94	3.36	0.34	0.04	3.29	3.43	2.71	4.71
教育学	95	3.39	0.34	0.04	3.32	3.46	2.43	4.14
文学	312	3.46	0.35	0.02	3.42	3.50	2.43	4.71
历史学	15	3.50	0.35	0.09	3.31	3.70	3.00	4.29
管理学	220	3.29	0.33	0.02	3.25	3.34	2.29	4.29
艺术学	13	3.35	0.45	0.12	3.08	3.62	2.57	4.43
其他	195	3.41	0.36	0.03	3.36	3.46	2.71	4.71
总计	1093	3.38	0.36	0.01	3.36	3.40	1.57	4.71

表 5-43　最终学历所属学科不同的参试者在研究设计阶段伦理意识单因素方差分析结果

项目	SS	df	MS	F	p
组间	5.36	8	0.67	5.39	0.00
组内	134.65	1084	0.12		
总计	140.01	1092			

由表 5-44、表 5-45 可知，所在机构不同，人们在研究设计阶段的伦理意识无显著差异 $[F_{(6, 1086)}=2.76，p>0.05]$。

表 5-44　所在机构不同的参试者在研究设计阶段伦理意识得分情况

所在机构	个案数	平均值	标准差	标准误	均值的95%置信区间		最小值	最大值
					下限	上限		
教育部直属高校	358	3.39	0.37	0.02	3.35	3.43	1.57	4.71
省属高校	511	3.38	0.35	0.02	3.35	3.41	2.14	4.71
市属高校	67	3.45	0.40	0.05	3.36	3.55	2.43	4.43
民办高校	21	3.58	0.42	0.09	3.39	3.77	3.00	4.71
国家级研究机构	16	3.36	0.32	0.08	3.19	3.53	2.86	4.14
省级研究机构	7	3.43	0.18	0.07	3.26	3.60	3.14	3.71
其他	113	3.29	0.32	0.03	3.23	3.35	2.29	3.86
总计	1093	3.38	0.36	0.01	3.36	3.40	1.57	4.71

表 5-45　所在机构不同的参试者在研究设计阶段伦理意识单因素方差分析结果

项目	SS	df	MS	F	p
组间	2.11	6	0.35	2.76	0.11
组内	137.90	1086	0.13		
总计	140.01	1092			

由表 5-46、表 5-47 可知，是否有一年以上境外研究经历，人们在研究设计阶段的伦理意识无显著差异 [F（1，1091）=1.76，$p > 0.05$]（表 5-46）。

表 5-46　是否有一年以上境外研究经历的参试者在研究设计阶段伦理意识
得分情况

有无一年以上境外研究经历	个案数	平均值	标准差	标准误	均值的95%置信区间		最小值	最大值
					下限	上限		
有	209	3.41	0.37	0.03	3.00	3.46	1.57	4.71
无	884	3.37	0.35	0.01	3.00	3.40	2.14	4.71
总计	1093	3.38	0.36	0.01	3.00	3.40	1.57	4.71

表 5-47　是否有一年以上境外研究经历的参试者在研究设计阶段伦理意识单因素
方差分析结果

项目	SS	df	MS	F	p
组间	0.23	1	0.23	1.76	0.18
组内	139.78	1091	0.13		
总计	140.01	1092			

5.4.4　访谈分析结果

研究设计阶段因研究方法不同而涉及不同的伦理问题，需要研究者在该阶段有较强的伦理意识。我们以在香港某大学获得博士学位的张老师的研究经历为例。她的博士研究课题需要用技术手段来营造学习环境，让学生在计算机平台上不断去探究，采用了对照实验开展研究。

　　我们以前的研究就是一个是有，一个是没有。但后来想想这样对另外一组可能会不公平，所以我们就会提供一些比较 public（公开）的可以 access（使用）的一些平台，比如当时的 Wiki，让他们在那个平台上写。这些平台是没有 design（设计）的，没有那种很强的学习科学或者教育心理学的那种设计在。但是我们因为不知道这种设计在实际情况下给他们带来的效果是不是很 positive（积极），所以我们就一组用了这样的设计，另外一组用了跟它 competing（相当）的通过社会上的一些公共资源可以获取到的一些电子平台，让学生在这个平台上尽情地去 explore（探究）。所以就是两个平台都有，只是说一个是有设计的，另一个 structure（结构）比较 loose（松散），就是这样的一个设计。实验效果比较复杂，不是说用了的就一定 positive（有效），过程中我们也看到了很多 complexity（复杂性）；另外一组也不是不给他用就一定不好，也是很复杂，但是在过程中我们有一些比较有意思的发现。为了避免教师作为研究者对研究结果的影响，另外一个老师也加入，多了一个 variable（变量），teacher variable（教师变量），两个老师，两种方法，四个班。就是每个老师都有实验班和对照班。（Y05_深入访谈）

张老师在这种社会科学研究对照实验中采用临床科研方法中的"均势原则"对实验设计进行伦理审视（侯俊霞和赵春清，2018）。她对于实验干预的效果处于一种不确定状态，即不清楚两种方法孰优孰劣，因此开展随机对照试验在道德上是可以接受的。在英国大学任教多年的萧教授，是学校研究伦理审查委员会成员。她在评审中特别关注此类问题。

我最近在一个情况下还质问过这个问题。我说对照组怎么办，他们回答得还不错。他说："我们对照组是这样子的，当时我们做对照组，采用传统方式。用新方式看得到非常进步，完了以后我们给他们补课了。"他是这么回答的，他们补课，重新用新的方法给他们（对照组）把这个拉上去了。（S02_深入访谈）

　　研究者在完成实验后，采用同样的方法为对照组进行教学干预，提升教学效果。然而，在实际研究工作中，这种"补课"的方案很难实现。可以采用张老师使用的"替代"方案进行研究设计。

　　萧教授同时提到对参试者采用包括金钱回馈等方式在内的利益诱惑，不仅会破坏研究共同体的良性发展，也会面临难以获得真实数据的危险，久而久之，只有获得充足资金支持的研究才能得以开展。她对个别研究者以参加研究作为患者获得治疗的前提感到愤慨。

> 　　我听到一个医院里，他就跟患者说，我们给你做的这种心理咨询要录像。他有知情同意书呀，他们也填了，打个比方说，如果这人不填，不同意被录像，那我就不治你。所以这个没办法，只能同意。（S02_深入访谈）

　　这一做法与美国1956—1972年进行的威洛布鲁克肝炎研究中的恶劣做法如出一辙（详见2.3.3节）。那项研究对家长不仅没有给予知情同意，还以不参加研究就不能入校等手段施压。在21世纪的今天，依然出现此类有违伦理的案例，暴露出我们在伦理审查监管方面的弱点，也暴露出研究者急于求真而将患者利益置之度外的思想。

　　值得高兴的是，随着中国对生命伦理学审查的要求逐渐增加，在中国开展的国际合作药物研究的状况正在逐步发生变化，中西合作中不平等的关系也正在扭转。在中部某高校任教的晋老师分享了他的经历。

> 　　美国的审查要求是比较严格的，他的患者或者志愿者会相对不太好找。中国是一个很大的市场，特别是药物的前期研究啊，就放在中国。但是中国现在已经意识到这些。（Y11_深入访谈）

　　像晋老师这样的研究者也开始在研究中意识到知情同意的重要性，经历了一些伦理选择两难问题：

> 　　比如，我们之前在医院里采集血样的时候，患者出于对

自己的保护，就会问："抽这个血是干什么的？"如果说搞研究的，他不认可，不让你抽。"我要检查你什么样的指标，给你提供什么样的信息"，这个他能够接受。你要是纯粹搞研究，他是拒绝的。我觉得以后的话，还是要给人家解释清楚。他要是真的拒绝也就算了。我们一直也想像你这样，给人家讲清楚，有一个知情同意书，也经过伦理委员会通过。所以现在医院也控制说不能随便去采样，得经过它的一个伦理学的批准，再一个就是对患者来说的知情同意。有时候你要采集的样品量比较少的话可能会好一点儿。你要采集的样品量比较大的话，他有意见。因为我们有时候要研究的不是一种物质，多种物质的话就想多采一些，他是有抵触情绪的。这些都是会有一些矛盾。（Y11_深入访谈）

晋老师与美国的一些大学开展了合作研究，在此过程中增加了对研究伦理审查制度的认识。

美国的 D 教授需要我们提供一些肺癌患者的血清来筛选肿瘤标志物。他就说，你一定得有知情同意书，一定要有伦理委员会的审查，他一再给我们说。但是以前我们确实是没有做这一点。我是说实话，比如说早上大概六七点起来，护士做血常规的时候，顺便多抽了两到三毫升，我们就研究，是这样。确实没有经过严格的审查。但是现在已经意识到了，现在医院科研处专门成立了伦理学委员会，以后必须严格按照这个要求做。我觉得这个有必要和国际接轨。让患者知道你在做什么，人家有知情同意权。这个，我完全同意和赞成。（Y11_深入访谈）

与医学生命科学相比，社会科学研究中的伦理问题容易受到忽略。例如，调查问卷在使用中容易忽略对弱势群体的保护。调查问卷常用于针对大规模人群采用问题的形式搜集数据。研究者往往在问卷前的邀请信中就已告诉参试者研究目的、研究方法、参与时间和题目要求等信息。这种量性研究比访谈法匿名性强，不涉及人为实验产生的刺激，同时可以避免像观察法那样对参试者生活造成影响，因此看似不会对参试者带来伤害。然而，这一研究方法从被调查对象选取到问卷设计与实施都有特别的伦理考量，需要研究者注意每一个细节。

首先，参试者自愿参与权是社会科学研究伦理准则之一（侯俊霞等，2013）。在招募参试者环节，需要考虑参试者的自愿参与。对机构进行问卷调查时，注意单位负责人对参试者接受调查的自愿权利的影响，这些人被视作数据搜集的"守门人"（gatekeeper），一方面可以帮助研究者找到参试者，另一方面也有可能导致参试者由于惧怕负责人的权力，在威慑之下填写问卷，这不仅对研究伦理准则有损害，对研究结果的可信度也有损害。

其次，在设计问卷环节要避免直接提敏感问题，我们以在美国攻读心理学博士学位的谢同学的经历为例进行说明。在向学校研究伦理审查委员会提交申请之前，谢同学认为自己的研究"具有普适性，涉及的内容不敏感，参与者可能受到的伤害非常非常小，研究方法中没有实验，主要做量性研究，以收集问卷和量表数据为主，在这个过程中，不涉及人为实验制造的刺激"，所以遇到的困难应该比较少。在实际审查过程中，研究伦理审查委员会首先要求她提供了完整的量表。其中，有关抑郁和焦虑的研究问卷的某些题目可能涉及参试者的自杀倾向，对参试者来说属于高风险题目，容易引起参试者对已往经历的痛苦回忆，还有可能使有潜在想法的参试者看到这个问题之后，会进行进一步思考，对参试者造成潜在的伤害。

> 因此如果有问题，你可以回答，也可以不回答。大部分研究中都是允许的，允许被试跳过一些自己不愿意回答的问题。一方面出于隐私的考虑，另一方面也是考虑到被试的身心健康。（Y08_深入访谈）

对于此类研究，研究伦理审查委员会要求研究者在审查过程中提供完整的量表，并对可能会给参试者带来潜在伤害的题目进行必要性说明。如果与研究目的相关度低，并且从统计和研究的角度不会影响整个研究结果的话，建议删除此类题目；如果与研究目的紧密相关，必须涉及此类题目，需要采取相应的措施，以应对有可能出现的紧急情况和意外结果。例如，研究者可以在知情同意书里做出预警，并给参试者提供一份相关信息清单，列出心理咨询服务联系方式、自杀干预热线，以及必要的心理知识常识等。

　　由此可以看出，社会科学研究领域建立伦理审查制度是十分有必要的。研究者需在提交伦理审查申请时根据伦理审查指南仔细思考自己的研究设计，以满足研究伦理准则中的各项要求。同时，审查委员会的专家对伦理审查申请进行审核并提出疑问和建议，保证研究最大限度地保护参试者利益，维护社会科学研究的声誉。

5.5　研究实施阶段涉及的相关伦理问题

5.5.1　研究实施阶段相关题目

　　在研究实施阶段需要关注知情同意、保护弱者以及与参试者建立正常信任关系等伦理问题。问卷用以下七道题目（表 5-48）对被调查对象对相关伦理问题的态度进行调查。

表 5-48　研究实施阶段涉及的相关伦理问题调查题目

题号	题目
11	参加实验的参试者签署知情同意书后，有义务完成实验
21	在研究中，为了获得数据，可以采用多种方式与参试者建立信任关系
47	知情同意有助于研究者与参试者之间建立信任关系
53	以儿童为研究对象的项目需要获得父母的知情同意
54	我担心参试者可以凭知情同意书撤回数据
62	以儿童为研究对象的研究不需要研究者提供无犯罪记录
63	我担心知情同意书会给参试者造成心理压力

5.5.2　频数分析结果

　　频数分析结果如表 5-49 所示。

表 5-49　研究实施阶段伦理意识相关题目调查结果（单位：%）

题号	强烈不同意	不同意	中立	同意	强烈同意
11	2.65	4.30	20.49	40.53	32.02
21	1.83	6.77	25.98	47.3	18.12
47	0.18	1.74	20.86	53.43	23.79
53	0.91	0.82	13.45	29.92	54.89
54	2.93	7.87	44.74	34.22	10.25
62	32.48	27.08	23.97	12.53	3.93
63	2.47	11.71	38.79	37.88	9.15

在本研究中，有 65.42%的被调查对象支持"在研究中，为了获得数据，可以采用多种方式与参试者建立信任关系"（第 21 题）的观点，不支持者占 8.6%，持中立态度的被调查对象占 25.98%。这一结果显示被调查对象认为与参试者建立信任关系是必要的，但对于建立信任关系应该遵循的基本伦理原则了解不够充分，对涉及的伦理问题警惕性不高，在未来的伦理教育和审查中应该对相关现象给予关注。

如表 5-49 所示，77.22%的被调查对象认为知情同意有助于研究者与参试者之间建立信任关系（第 47 题）。但是在实际操作过程中有47.03%的被调查对象担心知情同意书会给参试者造成心理压力（第 63题），44.47%的被调查对象担心参试者可以凭知情同意书撤回数据（第 54 题）。72.55%的被调查对象认为签署知情同意书后，参试者有义务完成实验（第 11 题），这一点显然与参试者享有自愿参与和自由退出的权利相违背，需要进一步提高研究者保护参试者权利的意识。

这种矛盾心理是社会科学研究者在开展实证调查时经常会遇到的伦理两难问题。一方面，研究者要尽量采取有效的方法减轻参试者的心理压力，并要能接受撤回数据可能带来的后果，提前对造成的影响作出评估；另一方面，整个社会要通过国家研究伦理治理体系建设，推动全民对科学研究的信任和积极参与的责任感。

本研究中，84.81%的被调查对象同意"以儿童为研究对象的项目需要获得父母的知情同意"（第 53 题）的观点，反对者仅占 1.73%，持中立态度的占 13.45%。第 62 题是反向题，认同该观点的只占16.46%，反对者占 59.56%，23.97%的被调查对象持中立态度。显然还有相当比例的被调查对象，对于将儿童作为研究对象时所需要遵循的伦理原则不清楚或有不正确的认识。

在研究中需要注意知情同意是一个动态的过程，在每个研究节点都应反复确认参试者的合作意愿。然而，如表 5-49 所示，72.55% 的被调查对象认为参加实验的参试者签署知情同意书后，有义务完成实验（第 11 题），反对者仅占 6.95%，持中立态度的被调查对象占 20.49%。以年龄为自变量进行交叉分析发现，随着年龄的增长，支持率逐渐上升，分别为 30 岁及以下（66.29%），31—40 岁（73.95%），41—50 岁（77.05%），51—60 岁（77.32%）。因 61 岁及以上仅有 4 人参加，不具统计意义（表 5-50）。

表 5-50　第 11 题以年龄为自变量的交叉分析结果（单位：%）

年龄	强烈不同意	不同意	中立	同意	强烈同意
30 岁及以下	1.70	3.12	28.90	41.93	24.36
31—40 岁	3.59	6.29	16.17	40.12	33.83
41—50 岁	2.95	3.93	16.07	42.30	34.75
51—60 岁	2.06	2.06	18.56	30.93	46.39
61 岁及以上	0.00	25.00	25.00	50.00	0.00

5.5.3　差异关系研究

由表 5-51、表 5-52 可知，工作职责不同，被调查对象在研究实施阶段的伦理意识有显著差异 [$F(3, 1089)=25.94$, $p<0.05$]。具体而言，管理者、教师、专职研究员的得分显著高于学生（$MD=0.18$, $p<0.05$；$MD=0.28$, $p<0.05$；$MD=0.14$, $p<0.05$）。

表 5-51　工作职责不同的被调查对象在研究实施阶段伦理意识得分情况

工作职责	个案数	平均值	标准差	标准误	均值的95%置信区间		最小值	最大值
					下限	上限		
管理者	152	3.79	0.44	0.04	3.72	3.86	2.57	4.71
教师	611	3.89	0.45	0.02	3.86	3.93	2.43	5.00
专职研究员	13	3.75	0.44	0.12	3.48	4.02	3.29	4.57
学生	317	3.61	0.50	0.03	3.56	3.67	1.57	5.00
总计	1093	3.79	0.48	0.01	3.77	3.82	1.57	5.00

表 5-52　工作职责不同的被调查对象在研究实施阶段伦理意识单因素方差
分析结果

项目	SS	df	MS	F	p
组间	16.53	3	5.51	25.94	0.00
组内	231.33	1089	0.21		
总计	247.86	1092			

由表 5-53、表 5-54 可知，最终学历不同，被调查对象在研究实施
阶段的伦理意识有显著差异 [F（3，1089）=50.22，$p<0.05$]。具体而
言，最终学历为博士研究生、硕士研究生和本科的被调查对象得分显
著高于本科以下学历的被调查对象（$MD=0.43$，$p<0.05$；$MD=0.50$，
$p<0.05$；$MD=0.40$，$p<0.05$）。

表 5-53　最终学历不同的被调查对象在研究实施阶段伦理意识得分情况

最终学历	个案数	平均值	标准差	标准误	均值的95%置信区间		最小值	最大值
					下限	上限		
博士研究生	353	3.83	0.43	0.02	3.78	3.87	2.71	5.00
硕士研究生	444	3.90	0.44	0.02	3.86	3.95	2.43	5.00
本科	138	3.80	0.44	0.04	3.73	3.88	2.86	5.00
其他	158	3.40	0.50	0.04	3.32	3.48	1.57	4.86
总计	1093	3.79	0.48	0.01	3.77	3.82	1.57	5.00

表 5-54　最终学历不同的被调查对象在研究实施阶段伦理意识单因素方差分析结果

项目	SS	df	MS	F	p
组间	30.13	3	10.04	50.22	0.00
组内	217.73	1089	0.20		
总计	247.86	1092			

由表 5-55、表 5-56 可知，职称不同，被调查对象在研究实施阶段
的伦理意识有显著差异 [F（3，1089）=20.48，$p<0.05$]。具体而言，
拥有正高职称、副高职称或中级职称的参试者的得分显著高于中级以
下职称的参试者（$MD=0.16$，$p<0.05$；$MD=0.22$，$p<0.05$；$MD=0.25$，
$p<0.05$）。

表 5-55　职称不同的被调查对象在研究实施阶段伦理意识得分情况

职称	个案数	平均值	标准差	标准误	均值的95%置信区间		最小值	最大值
					下限	上限		
正高	133	3.81	0.44	0.04	3.74	3.89	2.71	4.86
副高	255	3.87	0.41	0.03	3.82	3.92	2.71	5.00
中级	328	3.90	0.46	0.03	3.85	3.95	2.43	5.00
其他	377	3.65	0.50	0.03	3.60	3.70	1.57	5.00
总计	1093	3.79	0.48	0.01	3.77	3.82	1.57	5.00

表 5-56　职称不同的被调查对象在研究实施阶段伦理意识单因素方差分析结果

项目	SS	df	MS	F	p
组间	13.23	3	4.41	20.48	0.00
组内	234.62	1089	0.22		
总计	247.86	1092			

由表 5-57、表 5-58 可知，最终学历所属学科不同，被调查对象在研究实施阶段的伦理意识有显著差异 [$F(8,1084)=12.79$，$p<0.05$]。具体而言，最终学历所属学科为教育学的参试者得分显著高于最终学历所属学科为经济学和管理学的参试者（$MD=0.25$，$p<0.05$；$MD=0.21$，$p<0.05$）；最终学历所属学科为文学的参试者得分显著高于最终学历所属学科为哲学、经济学和法学的参试者（$MD=0.27$，$p<0.05$；$MD=0.39$，$p<0.05$；$MD=0.18$，$p<0.05$）。

表 5-57　最终学历所属学科不同的被调查对象在研究实施阶段伦理意识得分情况

最终学历所属学科	个案数	平均值	标准差	标准误	均值的95%置信区间		最小值	最大值
					下限	上限		
哲学	76	3.69	0.45	0.05	3.59	3.79	2.71	4.43
经济学	73	3.57	0.55	0.06	3.44	3.70	1.57	4.71
法学	94	3.78	0.48	0.05	3.68	3.88	2.86	5.00
教育学	95	3.82	0.40	0.04	3.73	3.90	3.00	4.71
文学	312	3.96	0.42	0.02	3.92	4.01	2.43	5.00
历史学	15	3.94	0.37	0.10	3.74	4.15	3.43	4.57
管理学	220	3.61	0.51	0.03	3.55	3.68	1.86	5.00
艺术学	13	3.91	0.43	0.12	3.65	4.17	3.29	4.71
其他	195	3.83	0.43	0.03	3.77	3.89	2.86	5.00
总计	1093	3.79	0.48	0.01	3.77	3.82	1.57	5.00

表 5-58　最终学历所属学科不同的被调查对象在研究实施阶段伦理意识单因素
方差分析结果

项目	SS	df	MS	F	p
组间	21.37	8	2.67	12.79	0.00
组内	226.49	1084	0.21		
总计	247.86	1092			

由表 5-59、表 5-60 可知，所在机构不同，被调查对象在研究实施阶段的伦理意识有显著差异 $[F(6, 1086)=5.15, p<0.05]$。具体而言，所在机构为教育部直属高校、省属高校、民办高校的参试者得分显著高于其他机构的参试者（$MD=0.24, p<0.05$；$MD=0.25, p<0.05$；$MD=0.36, p<0.05$）。

表 5-59　所在机构不同的被调查对象在研究实施阶段伦理意识得分情况

所在机构	个案数	平均值	标准差	标准误	均值的95%置信区间		最小值	最大值
					下限	上限		
教育部直属高校	358	3.82	0.47	0.03	3.77	3.87	2.71	5.00
省属高校	511	3.83	0.45	0.02	3.79	3.86	1.57	5.00
市属高校	67	3.77	0.53	0.06	3.64	3.90	2.57	5.00
民办高校	21	3.94	0.33	0.07	3.79	4.09	3.29	4.57
国家级研究机构	16	3.63	0.49	0.12	3.37	3.90	3.00	4.57
省级研究机构	7	3.90	0.43	0.16	3.50	4.29	3.29	4.43
其他	113	3.58	0.52	0.05	3.48	3.68	1.86	4.43
总计	1093	3.79	0.48	0.01	3.77	3.82	1.57	5.00

表 5-60　所在机构不同的被调查对象在研究实施阶段伦理意识单因素方差分析结果

项目	SS	df	MS	F	p
组间	6.86	6	1.14	5.15	0.00
组内	241.00	1086	0.22		
总计	247.86	1092			

由表 5-61、表 5-62 可知，是否有一年以上境外研究经历，被调查对象在研究实施阶段的伦理意识无显著差异 $[F(1, 1091)=0.13, p>0.05]$。

表 5-61　是否有一年以上境外研究经历的被调查对象在研究实施阶段伦理意识
得分情况

是否有一年以上境外研究经历	个案数	平均值	标准差	标准误	均值的 95%置信区间		最小值	最大值
					下限	上限		
有	209	3.81	0.44	0.03	3.75	3.87	2.43	4.86
无	884	3.79	0.49	0.02	3.76	3.82	1.57	5.00
总计	1093	3.79	0.48	0.01	3.77	3.82	1.57	5.00

表 5-62　是否有一年以上境外研究经历的被调查对象在研究实施阶段伦理意识
单因素方差分析结果

	SS	df	MS	F	p
组间	0.03	1	0.03	0.13	0.72
组内	247.83	1091	0.23		
总计	247.86	1092			

5.5.4　访谈分析结果

社会科学研究实施阶段因研究方法不同而涉及不同的伦理问题。例如，采用质性研究方法开展研究的研究者，对知情同意有许多困惑。"知情同意"是科学研究伦理道德的基石，是尊重参试者权利的最好体现，也是显示参试者与研究者地位对等的重要环节。它集中体现了研究者与参试者在研究中是合作者，而非单纯的研究与被研究的关系（侯俊霞等，2013）。同时，只有给予了具有完全理解能力的参试者全部的信息，其在权衡利弊后做出的决定才能称为"知情同意"。对儿童、老人、妇女、犯人、精神病患者，以及那些由于能力有限而无法做自我决定的易受伤害人群，要遵循约翰·罗尔斯（John Rawls）的"差别原则"，在研究中要给予特殊照顾，以保证研究的公正和平等（侯俊霞等，2013）。在研究中需要注意知情同意是一个动态的过程，在每个研究节点都应反复确认参试者的合作意愿。参试者享有自愿参与和自由退出的权利，其工作和生活不会因此受到影响。

燕老师采用民族志研究方法在英国完成博士论文研究。在研究实施阶段，她发现知情同意书容易让参试者产生戒心，不利于数据的搜集。她还发现有些中国参试者对知情同意书并不在意。

我让学生去找其他学生，和他们讲的时候往往是口头的，也和我的研究设计有关系——没有一个明确的研究问题。我往往通过跟他们聊天，了解他们在学习上的问题，捕捉他们学习理念上的东西。不会开诚布公，说我要做个研究，你把那个先签了。当时都是口头跟他们讲，我说我要做这样一个研究，问他们愿不愿意参加，他们都是愿意参加的，没有这么正式。这也是因为他们都是中国学生，也不care（关心）。（Y03_深入访谈）

燕老师发现中国参试者对签署知情同意书有顾虑，同时先签署知情同意书，容易打乱访谈节奏，改变氛围。

中国参试者你让他说什么都没什么，但是一旦让他put on signature（签字）的时候，可能在讲的时候反倒会有一些顾虑。我后来为啥没用这些东西，也是因为我开始找的是一个台湾地区学生，我也想做得 properly（符合规范），我就给他，他就看了好长时间。就这样一张纸，有一段话，研究的内容，是不是同意，anonymous（匿名的）什么的，他就看了好久。它就反倒会影响自然的交谈，他们就拘谨了。本来见着就是说"开始了，你最近在干什么，学习的方式啊，过程什么的"。你要是用这样一个东西，他就反倒特别拘谨了。我心里面知道事先应该和学生交代得非常清楚，要把他们的权利告诉他们。后来尝试过一次之后，我就觉得这个节奏或者说这个氛围就改变了。后来也因为非常熟，就口头说，我要干什么，我就希望你们能谈一下你们的学习经历，就这样 start（开始了）。学生就说他这样那样。在录音当中，都说了我的研究目的。（Y03_深入访谈）

燕老师认为研究要尊重参试者的知情同意权，但是否应该签署知情同意书以及何时签署，应该尊重被研究者的意愿。

这个东西吧，什么东西我喜欢有选择。让他们有选择。

这个东西我们有，但是不一定用。想签就签，不签也是你个人的权利。不能说为了满足我这个研究，你必须得签。（Y03_深入访谈）

在国内某高校任教的司老师在开展国际合作研究中，对不同国家参试者对知情同意的态度和认识有着亲身经历。

一个例子是我自己经历过的，是和一个英国老师、一个日本老师，还有一个俄罗斯老师，合作过一个项目。当时我们设计问卷，我们去问俄罗斯学生、中国学生、日本学生同样的问题，然后看大家对这个概念的理解有什么不一样。我自己觉得他们会不一样。当时设想还包括英国，后来没有做英国的。我们设计这个问卷，当时英国的老师就问我们有没有签 consent form（知情同意书），我说没有，但是我做问卷的时候，跟学生口头会说，这个是用于科研，然后问卷的introduction（开头）部分也会说明一下。（Y12_深入访谈）

司老师原本想在英国开展国际合作研究，但是因为项目没有经过伦理审查而被拒绝。同时，她认为签署知情同意书的做法，在国内不太可能实现。

我觉得我们就没有这样一个习惯，或者这样一个做法，让他来签字，签 consent form（知情同意书）。当时是几年前吧，应该不太合适，就是对学生这样，学生会觉得怪怪的，反而会觉得很正式，要签字就是要有责任。我们是签字有责任的，一般在中国日常生活当中，应该体现了一种责任。在国外我理解，之前我没想过这个问题。如果让我说，我觉得对他们来说是一种权利的保护。不一样，责任等于是一个附加的责任，关键是没有这样做。而且学生，包括一些老师，他知道你做什么，好像对他也没有任何影响，他也不是很介意这些事。他知道你是用来做什么的，签不签这个 consent form 也没关系，因为本身它也是匿名的。（Y12_深入访谈）

司老师认为在中国"要签字就是要有责任"的认知会让参试者在签署知情同意书时产生迟疑，这与国外知情同意书是对参试者权利的一种保护的认识不同。体现在研究实践中，会遇到许多参试者对知情同意书的"不介意"。这种"不介意"不仅仅体现出个人权益保护意识的不足，也是对社会科学研究伦理规范的一种忽视，说明目前对社会科学研究伦理意识提升的重要性认识不足。司老师认为目前在中国开展社会科学研究还不需要请参试者签署知情同意书。

> 实际上我觉得没有必要签署这个 consent form（知情同意书），对于被调查人来说，在中国，多数情况下，至少到现在为止，应该不会有太大的问题。这个你也可以去问一下老师和学生，让你来填一个调查问卷，如果没有这个 consent form 会怎么样，如果让你签了又怎么样。我觉得也许他们会说不用吧。在中国，我觉得这种形式，从没有到有，或者要不要有，好像值得去考虑一下。（Y12_深入访谈）

司老师认为没有知情同意书，并不意味着我们可以去泄露被调查人的个人信息。有些研究者在发表时，没有对研究场域或者参试者进行匿名保护，也是因为缺乏伦理意识，而非故意而为。

> 有的老师在写这个研究成果的时候，直接写了真实的，比如说学校的名称呀，甚至是学生真实的姓名，这样做应该是出于对这种问题，或者叫伦理意识的缺乏，而不是说有意暴露相关人的信息，或者是有其他什么样的想法。这应该都不是故意的，也没有任何企图呀，不好的打算呀，目的呀，都没有。我不是说它（知情同意书）不重要，而是因为被调查的人本身并没有这种期待，甚至他自己都不知道还需要考虑这种事情，对他的权利会有什么样的威胁，最多就是考虑不要让他担什么责任。但是总觉得还是要有一定的规矩，作为研究人员要有这样的意识，不去泄露人家的个人信息，因为这个没有意义，而且还对人家造成一种潜在的威胁，从这

个角度来说，如果做了就是不道德的，但是这种不道德和有意为之还是两种性质。（Y12_深入访谈）

司老师认为保护参试者隐私等伦理问题主要应当靠研究者自觉，签署知情同意书等流程的作用不大。然而，对于较为敏感的研究主题，获得参试者的知情同意有利于项目的顺利展开。贾同学接受访谈时正在英国攻读政治学博士学位。她刚刚拿到学校的伦理审查批准书，准备回国搜集数据。

> 我觉得最重要的问题，因为我这个东西其实是比较敏感的，research ethics（研究伦理）方面最重要的就是我的参试者愿不愿意参与，他们能不能够完全了解我要做什么东西。我觉得主要还是一个彼此坦诚的沟通吧，让他了解到我要做什么，我的目的是什么，从而消除他们的一些疑虑。一方面是担心他们能否自愿参与，同时担心参与之后他们会不会后悔，要求我撤出我的数据。（Y07_深入访谈）

由于数据比较敏感，贾同学对她的研究可能会对参试者造成的伤害做了评估，对于回中国采访参试者，她与司老师和燕老师对知情同意书问题有同样的担心。

> 我比较担心的是：真正开始做的时候，会不会因为你弄这么一个表格，他有压力，因为有些人是很容易想多的，如果我直接去了，informal（非正式）地聊一聊，我也把我的问题该问的都问了，他也没有什么心理压力。反而是我弄一张纸过去，然后让你签个字，他会不会想多？我现在就是比较担心这个问题。因为我自己从我的角度出发，如果有个人说，我想采访你，跟你聊一聊，我肯定觉得没问题。但是如果说，我想采访你，我们聊一聊，你来签一个这个同意书，如果我跟采访人互相认识，知根知底，我可能觉得没关系，但是如果我作为被采访人，这个采访人是通过我的同事、朋友介绍给我的，他突然拿出这么一张纸来，我就觉得很可怕。

（Y07_深入访谈）

贾同学从参试者的角度出发，分析签署知情同意书有可能产生的心理负担，并因此影响数据采集的效果。此处，访谈作为研究中的一项数据采集方法与普通采访的区别需要引起研究者的高度重视。双方签署知情同意书，以保障在参试者完全清楚研究目的及个人权益之下开展数据采集工作。因为担心知情同意书给参试者带来心理负担而省略这一关键步骤的做法不可取。

> 就这个问题，我也问过我们审查委员会的老师。他没有正面地回答我，但是他反问了我一个问题。他说："你就算把这张表拿回来，上面是这个人签的名，等你到了 VIVA（论文答辩）的时候，还是会有所谓的'杠精'，说我怎么会知道是你签的还是他们签的。"所以你怎么样都会受到质疑，我觉得只要做到心里无愧就好。（Y07_深入访谈）

"做到心里无愧"是研究者遵守研究伦理的最终保障。知情同意书的签署建立在研究共同体各利益相关方彼此信任的基础之上，是对研究者和参试者的双向保护。萧教授以一个典型案例进行说明。

> 我说的是 70 年代很典型的例子，做 critical theory（批判理论），做语言习得方面的。他们当时发现了一个美国女孩，从小被父母关在屋子里，当时被救出来以后，他们马上派人过去交流，不知道能不能在 puberty（青春期）期间恢复说话能力，后来专门把她拉到研究所。她成年以后就这个事情告了，因为里面没有 ethical（伦理），谁来做她的担保人，谁来帮她签的同意书，她的父母有虐待倾向不能做。你无法得到她同意的情况下，是不应该对她进行研究的。这是个很大的案例。如果不遵守研究伦理，研究对象是可以反过来起诉研究者的。如果按照当时的伦理审查要求，拿到了伦理批准，对研究者也是一种保护。（S02_深入访谈）

萧教授对一些学者认为建立研究伦理审查制度会限制学术自由的想法，以自己的亲身经历进行了回应。

> 我可能在起初，很多年以前也有同样的想法。我当时是这么想的：我们在做学术的过程当中，又要过一个关，这是在耗我们的时间，有没有意义？但是我现在的理解是：我们不能看眼前，我们要看未来。有了这个思考以后，我们在做研究设计的时候，不得不想到如何保护受访者，他的隐私。我们如何客观地反映人家的东西？因为这些东西都会回来的，从受访者角度来看，这些东西一旦没有按照我原来说的展示出来，我是有权去拿到原始 data（数据）去质问他的。这是一个保护。第二点就是，长远观点。作为研究者，也许我们现在的思维、想法是在这个层面上，至少对我是个保护，对受访者是个保护。我伦理审查都经过了，对方都签字了以后，我有一个保护。我做了这一步，是按照当时对我的伦理的要求，我是做了的。若干年以后，如果又改变了，我至少有一个纸质证明，我是按当时的要求做的，你也不可以起诉我。而且我一直会这么做下去。这对研究者是个保护，你不做，若干年以后，当受试者意识到被利用了，他再告你，那个时候你连一个保护的机制都没有。所以我觉得从研究者来说，这是一件应该做的事情，值得去花时间做的事情。所以两点：一点对他自己的研究有正面的促进，因为你事事为受试者着想，第二点是从长远看保护研究者。（S02_深入访谈）

最初，萧教授也觉得研究伦理审查制度是自己在做学术的过程当中又要过的一个关，是在"耗我们的时间"，对其意义也产生过怀疑。然而，随着自己研究经历的增加，对研究伦理相关规定有了新的认识：它既可以保护参试者利益促进研究，从长远来看也是对研究者的保护。

研究人员在研究开始之前，应向参试者提供"信息表"（information sheet）（主要内容详见表 5-63）。参试者有权根据自己的情况，权衡研究的利弊，做出参与或者拒绝的决定（侯俊霞等，2013）。这样的决定取决于四个主要因素：能力、自愿、全部信息和完全理解（Cohen et al.，2011：78）。只有给予了具有完全理解能力的参试者全部的信息，其在平衡利弊后做出的决定才能称为"知情同意"。随着试验的开展，如果研究者需要进一步访谈或者录像，同样也需要征得参试者的知情同意。采访中参试者可以拒绝回答一些问题，或要求停止录音。

表 5-63　信息表内容

序号	内容	序号	内容
1	研究人员和研究机构信息及联系方式	6	研究风险及对参试者可能造成的伤害
2	研究项目所获资助情况	7	参试者随时退出的权利及工作学习生活不会因此受到影响的承诺
3	研究目的、内容及方法	8	数据的使用范围、保存方式和时效及销毁方式
4	研究的意义	9	如何保护参试者的个人隐私
5	参试者参与研究的方式及相关权利	10	参试者对研究不满，或权利受到伤害后的投诉方式

即使签署知情同意书后，参试者仍然有随时退出的权利，可以要求访谈不被录音，或者拒绝回答某些问题。陈老师在加拿大做研究时在知情同意方面也遇到了一些困惑。陈老师所在大学伦理审查的时间是3—6个月，她获得伦理审查批准书后才可以开始搜集数据。

这一般是三个月到六个月的过程，我记得我的两个研究基本都是三个月左右拿到 approval（伦理审查批准书），然后才可以开始搜集数据。另外就是如果研究对象不同，你也不可以用这个数据。我记得印象当中，我想访谈一个商学院的教授，我说可不可以去听你的课？他没让我去，但我自己还是偷偷去了。因为是大课，是一年级的课，就是几个人一起来上这个课，一个老师大概讲两三次那种。因为我想我要了解那些学生合作作业的话，如果我不听他的课，我没法分析学生的作业，所以我就偷偷去听了。但这个数据我是没法写的，因为他不同意，我去听是为了帮我自己去理解，但我没法写进去。因为是大课，好几百人，上千人，楼上楼下那么

大的课，他也不会去查学生。（Y02_深入访谈）

陈老师之前给这位教授发了邀请信，但是教授不同意参加她的研究。她只能以学习者而不是研究者的身份进入教室旁听。

> 他不同意。但是我觉得需要，我就自己去了，按说是不应该的。我是以一个学习者身份。确实，我就是想去听听内容。如果不听的话，我就不知道他们 commercial（商科的）学生在做什么。可以换成这个角度，我是去学习 content knowledge（内容知识）的，来帮我理解。但是这个地方的数据是不可以用的，只是有助于帮我理解学生做些什么。（Y02_深入访谈）

在访谈以上商学院教授时，这位参试者不同意录音。陈老师只能用笔记录。

> 访谈商学院教授，他不同意录音，那就不能录音。要征求他的意见，他说不能录音，他说"你能做笔记"，我就赶紧做笔记。我访谈那个老师，请他评价。因为我跟了几个中国学生，把学生作业拿给他让他来点评。他让我听他的课了，但访谈不能录音。那么我就做笔记，回来凭着我自己的记忆赶紧把核心内容整理出来。这些都是很尊重学生的，包括研究对象也是。学校同意之后（获得伦理审查批准），像你刚才做的 consent form（知情同意书），我也是要人家去签字的。还有包括我后来做博士论文的时候，是小组合作，是我找三个认识的学生，由他们介绍他们的组员，那我是一个个给他们看。还有一个我印象特别深刻的是，我去××大学听课，那个老师允许我来听课，但是在课堂上介绍了一下我，就是说有这么一个学生，她来做研究，她想听我的课，大家有没有意见？如果那些学生说有意见，我也不能听他的课。这一点大家非常尊重其他同学，我觉得还挺好的。我去听课也是为了观察这些中国学生在课堂上的表现，就是他们在伦理上

的要求体现得是特别特别具体的。(Y02_深入访谈)

陈老师回到国内任教后,发现一些老师在课堂上没有签署知情同意书就随意收取学生的数据用于研究。由于前几年陈老师所在的大学还没有建立起研究伦理审查机构,所以她在指导博士研究生时会就知情同意进行强调。

> 不像咱们国内,你是我的学生,我就收你数据了,就用了,好像不是很尊重。那么我跟我的学生讲的时候,我都是说,虽然我们没有经过 ethic review(伦理审查)这种 process(过程),但你们一定要有承诺,要准备这种 consent form(知情同意书)。而且研究对象给你讲的话是不能外传的,虽然我们没有这个体系,但希望学生去遵守伦理的规则。否则的话,你作为研究者,你要成了一个 gossiper(讲闲话的人)就不行了。所以我觉得是有道理的,我觉得其实国家应该有一个这样的政策。因为有些人可能未必这么自觉,确实要保护研究对象,尤其是老师不能在学生没有同意的情况下,就强行让他参加。(Y02_深入访谈)

陈老师告诫学生不能将访谈内容透露出去,同时反对目前一些教师利用自己身份的权力强行让学生参与研究的做法。陈老师在加拿大听课时意识到对儿童等弱势群体进行保护的重要性。

> 去年去一个小学听课,要告诉家长,有些老师来听课可能会录像。当时有个孩子在袖子上贴了一个标签,就是人家家长不同意录像,你就要避开。你可以来听、观察,但是不能给这个孩子录像。这点也是特别尊重小孩子隐私,人家不同意录,你就不要录了。虽然有时候感觉,怎么这么麻烦,但它确实约束一些不自觉的人。包括咱们有时候拍人家的东西,我们没有 copy right(版权)的概念,拍了人家东西就直接拿去用了,那是不可以随便用的。它就反映在这种点点滴滴的过程当中。听课学生允许你照吗?不允许你就不能照,

虽然不是做研究。包括加拿大老师到姊妹校去，他都先问我可以拍这些学生吗？先问一下老师，问一下学生，因为你拍人家有脸啊，对不对？学生同意你拍才能拍。我们基本上就没有这个概念。（Y02_深入访谈）

在英国，霍普教授从 20 世纪 80 年代开始做社会科学研究。最初的研究项目和儿童有关，虽然他已记不起具体细节，但是那个时候研究项目已经需要申请伦理审查批准。

> 我的确记得我们需要给所有孩子的父母写信征求他们的同意。我们希望很多人合作，但是也料到没有很多人愿意回复。所以我们就用了这样的语句：如果您不回复，我们就认为您已经同意孩子参与这个项目。我们同时也获得校长的同意，孩子父母认为校长同意了，也就行了。但是按照要求，我们仍然需要征得家长的同意。（S01_深入访谈）

霍普教授在研究开始前，征得学生家长的同意和校长的支持。他认为以儿童为研究对象的研究需要特别注意。到了 20 世纪 90 年代，在英国与儿童打交道的研究者，必须先做无犯罪记录审查。

> 我们做儿童研究需要特别小心是有原因的。今天不仅需要通过学校的伦理审查，同时还需要通过国家的无犯罪记录审查才能对儿童开展此类研究。这与像教师等其他接触孩子的职业从业要求是一样的。无犯罪记录审查可以证明你没有与儿童相关的不当行为。现在这些都是自动要求的，我们那会儿还不是。这是 20 世纪 90 年代开始实行的。（S01_深入访谈）

在美国，邓老师在攻读博士学位时，向所在高校申请伦理批准，需要提交知情同意书样本，对青少年进行研究要征得其父母同意。

> 你要写一个 consent form（知情同意书）。consent form 有两个：医学和社会学。医学的话可能就区别对待。我对医学

不了解，我给你说社会学的情况。社会学的话，如果你测试的人群是在多少岁以下，比如说是在 14 岁以下，那么你需要把 consent form 和他的父母详细地交流。然后经过他父母同意，同时你要给小孩儿说，让小孩儿同意，你才能着手去做这个事情。他中途可以退出，他不想做就不做了。（F01_深入访谈）

知情同意书的内容和措辞，需要依据研究对象的年龄和认知水平进行必要的调整。萧教授在中英两国开展了一些以儿童为研究对象的干预研究，经历过非常严格的伦理审查。

非常严，像我现在做的，有两套知情书，一套是给孩子的，一套是给大人的。大人的我们可以用文字来表达，小孩的我们用图表，用儿童的语言来跟他解释你要干什么，为什么要做这个，所以要做成两套。我从英国过来给中国幼儿园的、小学的儿童做，每一套都必须要家长同意。我自己联系的学校，学校的老师和校长有知情权。我们做的所有的事情，他们不用签字，但是应该全部告诉他们，这是我们做的程序。做的内容，我们可能不能告诉家长，因为会影响答案。但是我要给老师和校长说明，这是一个保证。第二个保证，一定要让家长明白，这个研究是什么。给家长开会，你有任何问题顾虑都可以提出来。比如我要做一岁小孩的，你不要以为小孩不知道，小孩知不知道是靠大人有没有能力让小孩知道。（S02_深入访谈）

可见，如果参试者是易受伤害人群，可能无法完全理解研究项目的内容，难以理智地签署知情同意书（Robson，2002）。因此，有这样的人群参与研究时，知情同意书的签署人不仅要包括参试者，还应包括参试者所在组织或团体的负责人以及未成年人的监护人。到学校去做采访，要获得学校相关负责人的允许；到教室去做观察，也要征得教师的同意；对儿童进行采访时要征得当事人及其父母或其他监护人的同意。

开展问卷调查前，不一定需要让参试者签署知情同意书，但是研究者要对研究目的等相关信息进行说明。李老师在英国攻读博士学位时，需要回国开展问卷调查。他采用了一系列措施来赢得参试者的信任。

> 是 questionnaire（问卷）那样的，我没有让他签（知情同意书）。但是，当时我们是这样做的。首先我们做问卷调查之前，会打印出来信息表给他，说我们这个一定是专门做研究的。因为当时国内很多人都担心自己的信息被泄露，自己会被骚扰。不会问你的电话号码，不会问你的有效信息，不会把你的私人信息给传播出去，做一个这样的保证表。同时我们有学校给开的证明信：这是我们大学的博士学生来做调研的，这是证明信。证明信是由大学出面给你盖章的，说你的这个东西是合法的，是用来做研究的。我们有的是中英文两份，中文一份，英文一份。我们还把自己的学生卡、身份证等有效证件给带上，便于人家进一步验证。你看我确实是海外的学生，我确实来做这个调研。所有的证明文件我们都一并带着。但是，有什么说什么，有些人他不会去看这个，也有一些人会去看，但不是所有人都会去看这些证明文件。有一小部分人会看，出于好奇也好，出于不信任也好，各种目的吧，都会去看一下，看一下他们也就信了。（Y01_深入访谈）

研究者采用访谈法让参试者对研究现象阐述自己的不同理解，发出自己的声音，是改变研究中权力不平等现象的有效途径之一。同时，这个过程使研究者与参试者成为合作者。吴同学在自己的研究中体会到了这一点。她接受访谈时，正在新西兰攻读博士学位。

> 其实，我自己在做这个研究的过程中，非常非常感激我的 participants（参试者）。非常不容易，因为从三月份开始访

谈。我的研究大概要三次访谈，三月份一次，六至八月会有一次，等到九月或十月还会有一次。这中间从三月份开始，这些老师连着五个月，每个月给我写一个科研日志，去记录这一个月他自己的 research reflexivity（研究反思），让我非常感动。当然有些老师会稍微敷衍一点，他就说他什么也没有做。有一些老师一个月的 journal（日志）可能给我写到三千到四千字，我觉得非常非常感动。随着研究做得越来越深入，反复地去听他们的故事的时候，你越发地感受到你不能只是说从他们那儿得到这些信息，你更应该是尊重他们，把他们真正地作为你的 co-author（合作作者）也好，co-researcher（合作研究者）也好，因为事实上他们就是 co-author，就是 co-researcher。特别是对于我现在这个研究来说，因为我觉得故事就是他们的，我只是作为一个旁观者来进行阐述。我觉得他们完全有权利去 acknowledge（承认）这个事情，他们的 authorship（作者身份）。从这个角度讲，我也是想，我做的这个研究，怎么能够既完成我的学业，同时对他们也是真正有帮助。（Y09_深入访谈）

正是基于对参试者的感激和尊重，吴同学准备和她的参试者一起在国内会议发表论文。

我想明年回国可能会参会，参会的时候，我已经跟我的一个 participant（参试者）说了，可能会邀请他跟我一起做一个 presentation（展示），因为我讲述的是他的故事。我不知道，这可能像你说的，别人一下子 identify（辨认）出来他，但是可能我选的这个故事不会太涉及一些利益上的问题，只是他个人的一种感受。（Y09_深入访谈）

吴同学的研究本身就是关于教师发展的，能够帮到这位参试者，这个意义要远远大于研究本身。

访谈法在应用中与伦理相关的突出问题，是研究者多重身份冲突带来的伦理选择问题。例如，在访谈中得知违法犯罪信息或如学生作弊等不道德行为时要不要告知第三方；当参试者陷入困境，要不要主动进行帮助；甚至包括与参试者能否保持联系等问题。因为，一旦告知第三方会破坏研究者与参试者之间的信任关系；帮助参试者会对研究结果带来影响；而保持联系也会因透露参试者个人信息而使伦理问题更加突出。姚老师在美国做博士研究时在呈现真实数据和保护参试者之间产生内心冲突。

> 考虑到里面非常复杂的政治关系，这个关系有点奇怪。我的三个参试者有两个是中国人，有一个是我的师妹。在所有的老师里面，我们的关系还是挺近的。即使这个研究结束了，在我写他们的故事的时候，我随时都会想到我有没有在 report（报告）他们真实的事情，还是说我这里面有一些是我自己的理解。他们其实不这么看。一直都有一个这种很挣扎的状态。也有一点，比较怕我写出来的东西并不是他们真正感受到的，但我又想赶紧毕业，我不可能将所有的都和他们核实："你说的是不是这个意思？"这个可能是另外一个冲突。我跟我这几个朋友的关系有点尴尬，又不能走太近，又不是太远，毕竟我知道他们很多事情。（Y04_深入访谈）

邀请熟人参与研究，有利于快速搭建研究场域。然而，随着研究的展开，研究者需要对自己与参试者之间的关系保持一定的警觉性。作为局内人，研究者需要获取与研究相关的参试者信息，但同时也需要保持局外人身份以便对研究的结果持审慎态度。陈老师在加拿大做博士研究时发现遇到的挑战集中在是否为参试者提供研究之外的帮助。

> 比如他写的那个作文，作业发过来，你说我不给他改吗？我还是要给他改的。我说我只能帮你看看有没有语法错误，content（内容）我不能管。因为他让你参加（小组合作），他觉得你是博士生，你的英文比他好，他们是本科生，

他期望你给他帮助。如果你连这个帮助都不给他，你这个 trustworthiness（信任度）……就是这个我一直在想，我们作为研究者，我们要不要帮研究对象？有的人要求你 be objective（保持客观），但是我有时候觉得都是人，凭什么我就来收数据，我就来观察你，却什么帮助都不给你？好像从主观上我做不到。所以他要是问我的话，比如说他的 writing（写作），我就会帮他看一看。他不问我，我不会主动去帮助他。但他要问我，我就会去帮他，就是尽量在不太影响他的表现的情况下。我想这也应该算一个伦理吧，就是研究者遇到的一种困惑。（Y02_深入访谈）

科学研究通常要求研究者在研究中尽可能保持客观中立。但是在质性研究中，研究者要经常在不同身份之间进行转换。陈老师一方面担心与参试者之间过度接触，会影响研究结果，导致一种歪曲的视角；另一方面，又很难摆脱自己作为一个学长的责任，回避给学弟学妹学习上的帮助。燕老师在英国攻读博士学位时，也发现与参试者的距离很难把握。

这些学生有的时候把你当知心大姐，会让你提一些建议。在这种情况下，会有两难：是不是一种干预？要不要干预？我一般会给他一定的建议，因为我觉得我不给他建议，别人也会给他类似的建议。这个也是他 adaptation（适应）的一个过程。只是说这个我可能要分清，就是这个建议是来自他的一个 network（人际网络）里面的，很难剥离。他是寻求帮助的，这种帮助也是 available（可以得到的），从他的 conational network（同胞关系网）。他还是觉得和同胞近，有一些想法会问你。或者在所有导师当中，他会觉得你是中国人，就会来问你，不会去问英国人，这是一个很自然的倾向。（Y03_深入访谈）

一些在英国开展民族志研究的学者也遇到了这样的伦理两难境地

（Hou & Feng，2019）。当研究者与参试者在共同生活和学习中建立了越来越紧密的关系时，研究者会因为拒绝参试者的一些请求而内疚，经历内心的挣扎。

> 所以我就在想，研究者在访谈他的时候，你已经成为他生活中的一部分了，其实我觉得也没有必要回避。后来我想想，就是作为一个人，从这个角度，可能还是要帮的。这是遇到这个伦理这块，我的挑战和思考。包括现在我跟老师打交道也是这样的。你去听别人的课，你觉得他的课有问题你不给他讲吗？你明明看到了，你不告诉他吗？我觉得好像也不太对。人家需要你帮助的时候，你敢于去做，你不能拒人于千里之外。他的 benefit（获益）就是他能从你这个研究当中如何受益，这可能是需要我们思考的。（Y02_深入访谈）

此时，陈老师可以跳出她的研究者的角色，作为一个专家或者同伴给参试者提建议。但是，这些做法需要写在研究报告的反思部分，把对参试者的影响充分考虑进去，汇报出来。研究者在研究中积极与参试者建立关系，寻找共鸣，但不应诱导参试者说出自己原本不想说的感受。因为这样做虽然可以得到更多的信息，但是超出了研究范围，而且过多的暴露也会给参试者留下难以愈合的伤痛（Duncombe & Jessop，2002）。

谢同学在美国攻读博士学位期间，作为心理咨询师和研究者双重身份叠加时，遇到了与研究伦理相关的两难问题。

> 我自己的博士论文研究，当时面向全校中国国际学生的大一本科新生。我向他们所有人招收被试，大概有 800 人左右。我向他们发出邀请，大概收到 200 份数据。同时，我们被要求在学校的心理咨询中心和其他机构实习两年。所以当时我是一边在做研究一边在实习，这个涉及一层更复杂的伦理，就是实习也是要受实习单位的伦理约束的。但是很不幸的是我当时在实习的过程中遇到一个来访者，又是我的研究

的参与者。他不是我的个案，但是他是我的 group counseling therapy（团体咨询）的 member（成员）之一。我当时不是咨询师，只是见习的咨询师。所以，我当时跟主要的咨询师讨论过之后，他就非常重视这个事情。他首先说这里面涉及的伦理就是，你会知道他更多的隐私，以及他向你提供的研究的数据虽然是匿名的，但是并不能保证你完全不能 identify（辨识出）他。还有就是，最重要的是我的研究虽然整个过程是匿名的，做到保护隐私，收到数据后，马上就把所有的被试进行编号，把他们的姓名和数据分离开了，存到不同的地方，在另外一台电脑上，我之后所有的分析数据、汇报数据的过程，都再也不会出现跟他们的姓名对应或者 match（匹配）的行为，收到数据的当下，我把他们的数据和信息、姓名之类的都分离了，但我还有可能会把他们的数据和名字联系起来。一个状况就是，我每收完一个时间点的数据以后，邀请他们参加一个抽奖的活动。因为这个不是每一个被试完成数据就发相应的酬劳，而是我在这 200 份数据里抽取一定数量的被试，然后给他们提供奖金。他们自愿 involve（加入）到这个抽奖中，这时就要提供姓名和联系方式，所以其实我是有可能再次在我的研究中 identify（辨识出）这个被试，我会通过给他奖金这样的 interaction（互动）跟他产生关系的。当时就遇到一个这样的问题，虽然抽到他的概率其实是很小的，但一旦抽到会非常麻烦。在我的督导，实习的 supervisor（导师）看来，这是一个很麻烦的事情。他的反应就是要求我立刻把这个人的数据删除，就是删除联系方式，以后不再跟这个人联系。我觉得非常合理，因为这个也涉及一些法律方面的问题，虽然我不太懂，应该不会有很严重的后果，临床工作在这方面有非常非常严格的规定。（Y08_深入访谈）

谢同学当时是在学校的心理咨询中心实习，遇到了一个自己的被试。谢同学作为咨询师的角色和她的研究者角色之间发生了冲突。因为不能保证参试者的匿名权和隐私权,她只能把所有相关数据从自己的研究中删除了。

> 还是要告知他,经过他的同意。其实无论他同不同意我以后都不会再跟他联系了。我觉得背后的逻辑是非常普遍的一个问题,因为在大部分研究中,研究者跟被试处于不平等的地位。被试没有很多的权力,作为实验者需要尽力保护被试的权利。在研究中他们的 power(权力)跟实验者比较是很低的,因为实验者拿到了数据,怎么处理、分析、解读、发表这些数据,被试都没有话语权。再者,实验者从头至尾设计这个研究过程中,被试也都是被动接受的,所以在这个过程中,其实是有一个 power difference(权力差别)。这个 power difference 如果再掺杂一些其他的双重或多重的关系,就会更加复杂难以处理。比如说像我这个情况,他就更加 vulnerable(脆弱)了。因为我既是研究者,又是咨询师,咨询机构的一部分。这样就非常不好,很容易出现他被 exploited(剥削)。因为他可能会觉得我有权力决定给不给他酬劳,给不给他奖金。另一方面会觉得我有权力决定泄不泄露他的隐私。虽然我们有职业的 ethic code(伦理规范),是绝对不会做的,但是给被试造成的心理压力,或者说给那个来访者造成的压力会非常大,所以绝对要避免双重关系的出现。我承认,这个非常非常难避免。我必须说这方面社会科学做的相对来说是最好的了,因为毕竟研究对象本身是人,我们在设计这个研究或者执行这个研究的过程当中,会更多地考虑人的感受。做医学临床试验的时候,因为研究者更多 focus(聚焦)在微观的东西,很难过多去考虑研究对象的感受这一层面的东西。(Y08_深入访谈)

在研究过程中谢同学的专业身份与学术身份多次重合,使她不可避免地成为一个"戴着两顶帽子的人"(Bell & Nutt,2002:75)。她作为博士生接受的研究伦理培训，以及作为见习咨询师从督导处获得的伦理建议都帮助她在面对道德两难时做出了选择。

5.6 数据保护和结果发表阶段涉及的相关伦理问题

5.6.1 数据保护和结果发表阶段相关题目

研究者完成数据采集工作后，在数据保护和结果发表阶段要注意对参试者隐私权和匿名权的保护。本研究用五道题目（表 5-64）对相关伦理问题意识进行了调查。

表 5-64　数据保护和结果发表阶段涉及的相关伦理问题调查题目

题号	题目
10	在任何情况下都不应该向第三方透露与受访者的谈话内容
13	数据发表时，为了使研究结果更可信，可以透露参试者的相关信息
16	为了避免研究数据的泄露，要对数据进行专门的加密保护
35	学术成果发表不需要有伦理审查
49	研究伦理审查制度有利于国际论文发表

5.6.2 频数分析结果

频数分析结果如表 5-65 所示。

表 5-65　数据保护和结果发表阶段伦理意识相关题目调查结果

（单位：%）

题号	强烈不同意	不同意	中立	同意	强烈同意
10	2.01	7.23	24.70	27.17	38.88
13	34.31	24.98	25.34	11.80	3.57
16	1.10	1.46	12.44	37.33	47.67
35	28.36	39.98	23.15	6.50	2.01
49	1.65	5.58	34.86	41.17	16.74

如表 5-65 所示，66.05%的被调查对象认为在任何情况下都不应该向第三方透露与受访者的谈话内容（第 10 题），不同意该观点的被调查对象占 9.24%，另有 24.7%的被调查对象持中立态度。

第 13 题是一道反向题，59.29%的被调查对象反对这一观点，但赞成者仍占 15.37%，保持中立的被调查对象占 25.34%。85%的被调查对象同意第 16 题的观点，反对者仅占 2.56%，持中立态度的被调查对象占 12.44%。

第 35 题也是一道反向题，68.34%的被调查对象反对这一观点，赞成者占 8.51%，持中立态度的被调查对象占 23.15%。对于研究伦理审查制度有利于国际论文发表（第 49 题）这一观点，赞成者占 57.91%，反对者占 7.23%，持中立态度的占 34.86%，说明相当一部分被调查对象对于国际论文发表中的伦理审查要求了解不足。

5.6.3　差异关系研究

由表 5-66、表 5-67 可知，工作职责不同，被调查对象在数据保护和结果发表阶段的伦理意识有显著差异 $[F（3，1089）=18.80，p<0.05]$。具体而言，管理者和教师的得分显著高于学生（$MD=0.25$，$p<0.05$；$MD=0.28$，$p<0.05$）和专职研究员（$MD=0.27$，$p<0.05$；$MD=0.30$，$p<0.05$）。

表 5-66　工作职责不同的被调查对象在数据保护和结果发表阶段伦理意识得分情况

工作职责	个案数	平均值	标准差	标准误	均值的95%置信区间		最小值	最大值
					下限	上限		
管理者	152	3.96	0.55	0.04	3.88	4.05	2.60	5.00
教师	611	3.99	0.54	0.02	3.94	4.03	2.40	5.00
专职研究员	13	3.69	0.68	0.19	3.28	4.10	2.20	4.60
学生	317	3.71	0.57	0.03	3.65	3.77	2.20	5.00
总计	1093	3.90	0.57	0.02	3.87	3.93	2.20	5.00

表 5-67　工作职责不同的被调查对象在数据保护和结果发表阶段伦理意识单因素方差分析结果

项目	SS	df	MS	F	p
组间	17.26	3	5.75	18.80	0.00
组内	333.27	1089	0.31		
总计	350.53	1092			

由表 5-68、表 5-69 可知，最终学历不同，被调查对象在数据保护和结果发表阶段的伦理意识有显著差异 [F（3，1089）=40.64，$p<0.05$]。具体而言，拥有博士研究生、硕士研究生和本科学历的被调查对象得分显著高于本科以下学历的参试者（$MD=0.52$，$p<0.05$；$MD=0.52$，$p<0.05$；$MD=0.39$，$p<0.05$）。

表 5-68　最终学历不同的被调查对象在数据保护和结果发表阶段伦理意识得分情况

最终学历	个案数	平均值	标准差	标准误	均值的 95%置信区间		最小值	最大值
					下限	上限		
博士研究生	353	3.99	0.54	0.03	3.93	4.04	2.40	5.00
硕士研究生	444	3.99	0.51	0.02	3.94	4.04	2.60	5.00
本科	138	3.86	0.58	0.05	3.76	3.95	2.20	5.00
其他	158	3.47	0.56	0.04	3.39	3.56	2.20	5.00
总计	1093	3.90	0.57	0.02	3.87	3.93	2.20	5.00

表 5-69　最终学历不同的被调查对象在数据保护和结果发表阶段伦理意识单因素方差分析结果

项目	SS	df	MS	F	p
组间	35.29	3	11.76	40.64	0.00
组内	315.23	1089	0.29		
总计	350.53	1092			

由表 5-70、表 5-71 可知，职称不同，被调查对象在数据保护和结果发表阶段的伦理意识有显著差异 [F（3，1089）=16.78，$p<0.05$]。具体而言，职称为正高、副高和中级的被调查对象得分显著高于中级以下职称的被调查对象（$MD=0.18$，$p<0.05$；$MD=0.27$，$p<0.05$；$MD=0.25$，$p<0.05$）。

表 5-70　职称不同的被调查对象在数据保护和结果发表阶段伦理意识得分情况

职称	个案数	平均值	标准差	标准误	均值的 95%置信区间		最小值	最大值
					下限	上限		
正高	133	3.92	0.57	0.05	3.82	4.01	2.40	5.00
副高	255	4.01	0.50	0.03	3.95	4.07	2.60	5.00
中级	328	3.99	0.57	0.03	3.93	4.05	2.20	5.00
其他	377	3.74	0.58	0.03	3.68	3.80	2.20	5.00
总计	1093	3.90	0.57	0.02	3.87	3.93	2.20	5.00

表 5-71　职称不同的被调查对象在数据保护和结果发表阶段伦理意识单因素方差分析结果

项目	SS	df	MS	F	p
组间	15.48	3	5.16	16.78	0.00
组内	335.04	1089	0.31		
总计	350.53	1092			

　　由表 5-72、表 5-73 可知，最终学历所属学科不同，被调查对象在数据保护和结果发表阶段的伦理意识有显著差异 $[F(8, 1084)=7.21, p<0.05]$。具体而言，最终学历所属学科为教育学和文学的参试者得分显著高于最终学历所属学科为经济学（$MD=0.33$，$p<0.05$；$MD=0.23$，$p<0.05$）和管理学的参试者（$MD=0.40$，$p<0.05$；$MD=0.30$，$p<0.05$）。

表 5-72　最终学历所属学科不同的被调查对象在数据保护和结果发表阶段伦理意识得分情况

最终学历所属学科	个案数	平均值	标准差	标准误	均值的 95%置信区间		最小值	最大值
					下限	上限		
哲学	76	3.92	0.51	0.06	3.81	4.04	2.80	4.80
经济学	73	3.77	0.63	0.07	3.62	3.91	2.60	5.00
法学	94	3.85	0.51	0.05	3.75	3.95	2.40	5.00
教育学	95	4.10	0.52	0.05	3.99	4.21	2.80	5.00
文学	312	4.00	0.53	0.03	3.94	4.06	2.60	5.00
历史学	15	3.75	0.68	0.18	3.37	4.12	2.40	4.80
管理学	220	3.70	0.60	0.04	3.62	3.78	2.20	5.00
艺术学	13	3.85	0.52	0.14	3.53	4.16	3.00	4.60
其他	195	3.93	0.56	0.04	3.86	4.01	2.20	5.00
总计	1093	3.90	0.57	0.02	3.87	3.93	2.20	5.00

表 5-73　最终学历所属学科不同的被调查对象在数据保护和结果发表阶段伦理意识单因素方差分析结果

项目	SS	df	MS	F	p
组间	17.71	8	2.21	7.21	0.00
组内	332.82	1084	0.31		
总计	350.53	1092			

　　由表 5-74、表 5-75 可知，所在机构不同，被调查对象在数据保护和结果发表阶段的伦理意识有显著差异 [F（6，1086）= 3.20，$p<$ 0.05]。具体而言，所在机构为教育部直属高校、省属高校的参试者得分显著高于其他机构的参试者（$MD=0.23$，$p<0.05$；$MD=0.19$，$p<0.05$）。

表 5-74　所在机构不同的被调查对象在数据保护和结果发表阶段伦理意识得分情况

所在机构	个案数	平均值	标准差	标准误	均值的95%置信区间		最小值	最大值
					下限	上限		
教育部直属高校	358	3.94	0.54	0.03	3.88	3.99	2.20	5.00
省属高校	511	3.90	0.56	0.02	3.85	3.95	2.20	5.00
市属高校	67	3.94	0.58	0.07	3.80	4.08	2.80	5.00
民办高校	21	4.11	0.50	0.11	3.88	4.34	2.80	5.00
国家级研究机构	16	3.99	0.60	0.15	3.67	4.30	3.20	5.00
省级研究机构	7	3.66	0.65	0.25	3.06	4.26	2.80	4.60
其他	113	3.71	0.63	0.06	3.59	3.83	2.20	5.00
总计	1093	3.90	0.57	0.02	3.87	3.93	2.20	5.00

表 5-75　所在机构不同的被调查对象在数据保护和结果发表阶段伦理意识单因素方差分析结果

项目	SS	df	MS	F	p
组间	6.09	6	1.02	3.20	0.00
组内	344.44	1086	0.32		
总计	350.53	1092			

　　由表 5-76、表 5-77 可知，是否有一年以上境外研究经历，被调查对象在数据保护和结果发表阶段的伦理意识有显著差异 [F（1，1091）=16.14，$p<0.05$]。具体而言，有一年以上境外研究经历的参试者得分显著高于没有一年以上境外研究经历的参试者（$MD=0.17$，$p<0.05$）。

表 5-76　是否有一年以上境外研究经历的被调查对象在数据保护和结果发表阶段伦理意识得分情况

是否有一年以上境外研究经历	个案数	平均值	标准差	标准误	均值的95%置信区间		最小值	最大值
					下限	上限		
有	209	4.04	0.56	0.04	3.96	4.12	2.20	5.00

续表

是否有一年以上境外研究经历	个案数	平均值	标准差	标准误	均值的95%置信区间		最小值	最大值
					下限	上限		
无	884	3.87	0.56	0.02	3.83	3.90	2.20	5.00
总计	1093	3.90	0.57	0.02	3.87	3.93	2.20	5.00

表 5-77　是否有一年以上境外研究经历的被调查对象在数据保护和结果发表阶段伦理意识单因素方差分析结果

项目	SS	df	MS	F	p
组间	5.11	1	5.11	16.14	0.00
组内	345.42	1091	0.32		
总计	350.53	1092			

5.6.4　访谈分析结果

从以上问卷调查结果可以看出大多数被调查对象认为在任何情况下都不应该向第三方透露与受访者的谈话内容。质性研究者作为数据采集者，需要注意自己在研究过程中的身份，以及在数据保护中所起的作用。研究者与公民两重身份发生冲突，甚至还存在研究者、专业从业者和公民三重身份发生冲突的情况，使研究者陷入道德两难境地。在这种情况下，研究者要对可能出现的伦理问题保持高度警惕，时刻以参试者的利益为上，遇到即时重大危害问题可以改变一般原则。在研究中发现违法行为，如性侵或虐待儿童时要向警察局或其他权威机构报告，所以需要在知情同意书签署前告知参试者此类信息（Robson & McCarton，2016）。当发现其他有可能危及参试者健康的情况时，需要研究者根据具体情况具体分析。需要提醒的是，遇到自己看不惯的情况时，要注意不要将自己的价值观等强加给正在研究的人和场域，而应试着去理解和呈现正在发生的事情，作为研究者的伦理责任并不意味着他对其他人的伦理行为有评判的特权（Robson & McCarton，2016）。

数据收集之后的保存以及写作和发表过程中同样涉及多种研究伦理问题。研究者将收集来的数据匿名编号处理，不能暴露其个人身份及研究场域的有关信息；所有问卷、录音和电子及纸质数据应安全储存；处理数据的电脑设密码保护，只有课题的研究人员才能看到；收集来的信息仅用于撰写与课题相关的研究报告、会议论文、学术期刊文章和专著，严禁挪为他用。例如，陈老师在加拿大高校开展博士研究时意识到研究者要严格为参试者保密，否则容易引起矛盾。

> 你不能传话，因为小组合作嘛。当有人给我讲"他好烦"，对小组另一研究对象 complain（抱怨）的时候，你肯定不能去传。这是我需要做到的一点。他们都会给我讲，比如这人怎么怎么样，不好好合作，他没有做他应该做的事情等。你作为研究者应该怎么办？你肯定不能跟他说"谁谁这样说你了"。那我就会问他："比如这块，你在写这部分的时候，你是怎么想的？你打算把这块写成什么样？"我只能这样去问他。只有在写作里面，我才能展现出可能另外一方对他完成的那部分不满意，但是我一定不能说他是这样说你的，你是这样说他的。我觉得这可能是我需要把握的伦理方面非常重要的一点。尤其是小组合作，不能因为你引起矛盾。（Y02_深入访谈）

大多数被调查对象认为为了避免研究数据的泄露，要对数据进行专门的加密保护。研究者需要在研究设计时就要考虑这些伦理问题。吴同学在新西兰做博士研究时，按照伦理审查要求对相关问题进行了深入思考。

> 需要跟这些 participants（参试者）说明你的这个研究，你需要先向他解释，征得他的同意。另外你需要告诉他你的这个研究是匿名的，不会有任何的信息出现在你的论文中，能够让别人 identify（辨认出）的。另外就是你的文件的保存。你是怎么保存你这些文件的，如果在你的 computer（电脑）里面，或者 disk（软盘）里面，别人有没有 access（获得的途径）？别人会不会看到？另外，你的 data（数据）收完以

后，谁会看到？是你自己作 transcription（转写），还是第三
方。如果做 translation（翻译）的话，是谁来做？这是数据收
集及保存。另外就是将来多长时间以后，你可能会对这个数
据怎样进行销毁，然后还有就是你的数据将来用于什么，比
如是用于发表呀还是会议？你要把用途给他说明白。你的
transcription 做完以后，你需要提供给你的 participants，让他
进行确认。这个确认完了，哪些内容如果他不同意的话，是
完全可以从里面删除的？总之 participants 完全是在一种自愿
的情况下来参与你的研究，在你的研究数据收集完成之前，
他可以随时选择退出。这时会把他的权利都说明白。（Y09_
深入访谈）

　　如何避免参试者身份被暴露，成为吴同学在做数据保护时的重要
考量。进行伦理审查时，她被告知不能通过领导来发放问卷，必须通
过同事找到参试者。

　　　　我当时的研究是希望找他全系的老师做一个匿名的问
卷。这个如果通过 leader（领导）发是最简单的，但是学校
就要求我不能通过 leader 去发，只能通过他的一个 colleague
（同事），因为他们的关系是平等的。你不能找其他有可能有
利益相关的人，结果让人家知道谁发了，谁没发，等等。包
括我这个研究，我会遇到这样的问题。（Y09_深入访谈）

　　"同事"与参试者之间关系对等，而领导是参试者的利益相关人。
出于保护参试者利益的考虑，吴同学采用了匿名问卷的形式。

　　　　我先发的匿名问卷，如果他们同意，他们就把联系方式
给我留在问卷上了。我后来就是通过这个问卷追踪到这些老
师，联系上的。从这个角度说，leader（领导）是不知道我找
了哪些人的。（Y09_深入访谈）

　　然而这种做法在研究之初导致问卷回收率低、研究对象难招募等

问题，使得吴同学陷入道德两难困境。

> 因为我的研究的初步设计是做一个 narrative frame（叙事框架），相当于一个 open-ended questionnaire（开放式问卷）。这个其实回收率很低，填写的不是我理想的状态。当时我想找的 participants（参试者）不是特别理想，并没有收集到我理想的 number（份数）。这种情况下如果我去找 leader（领导）是最直接的、最方便的，但是我不能那么做。后来就是通过联系同事，我就跟他讲：'你看你们系里还有哪些老师有相关的一些情况呀？'他可能会给我推荐三到四个，我就问他要了一些联系方式。我联系了其中的一个，可能我也不能让这个老师知道我具体找的是哪一个人，所以其实在具体实施的时候确实有这样的困惑。（Y09_深入访谈）

吴同学没有为了提升问卷回收率去求助领导，而是通过联系同事获得一些联系方式，逐步找到参试者。在接受访谈时，吴同学的研究正处于数据分析阶段，她对未来汇报时如何保护参试者隐私又产生了困惑。

> 我现在开始分析数据，觉得有个地方很难避免。比如我到学校了，这些老师是知道我去做研究的，也知道我访谈了一些人。将来我的 research paper（研究论文）出来以后，即便我是匿名，即便我尽力会去回避一些能够让大家 identify（辨识）出他们的 information（信息）。但是，我觉得很难避免，其他老师就有可能 identify 出他，至少这个学校的老师是可以看出来的。所以，其实从我这个角度我想去尽力，特别是讲到一些 negative（负面）的东西的时候，我想尽力去保护他，但它也是一种存在。将来在我的 report（报告）里面我应该怎样？既然大家看到了 dilemma（困境）也好，paradox（矛盾）也好，汇报的同时又如何保护到我的 participants（参试者），这个是我特别顾虑和困惑的地方。

（Y09_深入访谈）

每个质性研究者在具体实施操作方面都会遇到类似的问题。研究者对避免参试者被辨认出来的思考和做法需要在研究论文中进行说明。

> 特别是别人知道你去这个学校做研究，这个学校的老师都知道，所以就很明显。比如我采访 leader（领导），我当时在 report（报告）里面写 leader，别人一看就是这个 leader。所以我就很困惑我该怎么去保护我的参试者。我可能会有意识地隐去一些信息，但是这其实也就意味着我的研究，从我这个 researcher（研究者）的角度，已经筛去了一部分信息。就是说我的这个 reality（现实）是 one of realities（其中之一），所以我将来肯定要在我的论文中呈现这些，至少要 acknowledge（说明）一下。（Y09_深入访谈）

本研究中，问卷调查显示少部分被调查对象认为数据发表时，为了使研究结果更可信，可以透露参试者的相关信息。司老师在国内某高校任教，曾主持国家社科基金项目。在开展国家社科基金项目研究过程中，尽管其所在高校在研究伦理方面没有明确规定，但是由于司老师有较强的伦理意识，所以她非常注意对参试者的隐私保护。

> 我做的一个全国规模的调查问卷，请了我们一个社会统计方法的专家，来指导我们抽样什么的，问卷是我们自己设计。我所了解的中国高校的学术环境，没有要求进行伦理审查的。我们学校也没有这方面的规定。我自己做，包括我们社科项目做这种大的调查，还有之前做过的小范围的调查，这些调查都会在问卷设计的时候有一个说明，会说明这个调查研究的目的、有什么要求，也会以文字的形式告知被调查对象我们的目的，将会匿名，不会公开他的个人任何信息，而且我们做的所有问卷基本都是匿名的，对老师本身也是一个保护，让他没有任何顾虑。（Y12_深入访谈）

同时，学术共同体的规约作用也促使司老师通过阅读同行文献等方式，理解共同体的通行规则。

> 我想在学术圈里面，大家应该有一定的这种规矩，大家都这样表达，我们自然就感觉有这样的一些规定，自觉地就会去遵守。就像你去学人家的语言表达一样，这是一样的。这也是一个行为规范，这是言语的行为规范，如何去写文章，如何 present（发表）这个 data（数据）、findings（研究发现），应该是一样的。后来我想为什么我们的学生、老师对这个没有感觉，但是人家却要很麻烦，让别人签一个 formal consent（正式的同意书），而且特别强调。我想这可能和他们的知识产权、个人的 privacy（隐私）、对别人的尊重这些有关。（Y12_深入访谈）

在成果发表过程中，研究者也会遇到相关伦理问题。在本研究的调查中，对于学术成果发表是否需要伦理审查这一观点，被调查对象分歧较大。赞成者占 68.34%，反对者占 8.51%，持中立态度的被调查对象占 23.15%。在中部某高校任教的晋老师从事药学研究，经常做动物实验，他在访谈中分享了向国外期刊投稿的经历。

> 国外对动物保护要求非常高。比如说我们做动物实验，我是做肺癌的。有一只老鼠，我们通过致癌物，通过环境的一些污染物刺激它以后，慢慢恶性转化。期刊就问你做这个实验需要多长时间。比如说我们做小鼠实验，我们一个正常的细胞在环境污染物的作用下恶性转化以后，最后要验证，还要移植到小鼠，看它这个瘤子长的体积大小。按照一般发表文献来说，都是三四天。给国外期刊投稿的时候，他就问到这样一个问题：你为什么要做三四天？你怎么保证这个老鼠可以承受得了？这就是一个伦理学问题。因为我们是看到别人文献上是做三四天。确实随着时间增加，瘤体也越来越大了，我们是想验证确实是恶性转化了。但是国外动物保护

组织，出于对动物保护就会问这个时间是怎么确定的，也许这个动物确实是难以忍受了，你还在做。但是我们是参考人家做三四天。现在我们和国内的同行也进行交流，我也问过他们类似的问题。但是确定三四天没有依据。看人家这样做三四天，我们也做三四天。对动物来说，没有国外那么严格。还有宰杀，他就问我你怎么来宰杀的，你怎么来处死的。既然动物为你做出了贡献，你怎么来保护，就是你在最后怎么来处死的。我们也是看文献，我们也是麻醉地宰杀。但是麻醉的剂量也有很多问题，也是非常非常多的问题。没有想到他会问得这么细。我们国内对于这个动物没有任何的要经过什么审查。最后这个期刊文章没有发表，就这一点，确实非常遗憾。但是就是因为这个。（Y11_深入访谈）

晋老师的论文最后因为无法解释研究过程中的伦理问题被拒稿了。社会科学研究论文发表也涉及研究伦理的问题，在研究方法部分要详细陈述整个研究中涉及的伦理考量。例如，泰勒-弗朗西斯出版集团（Taylor & Francis Group）期刊投稿要求以人为研究对象的研究需要获得正式的伦理审查批准，并需在论文中注明审查委员会所在机构和批准号。

在问卷调查中，相当一部分被调查对象对于国际论文发表中的伦理审查要求了解不足。在英国获得博士学位后，李老师回到南部某高校任教。他建议期刊发表都要考虑伦理问题。

在论文发表上，发表 SSCI，发表 CSSCI 呀，你的reference（参考文献）后面都要写上这个东西。你要有这个规定，期刊也要有这个规定，你的数据是怎么来的。为什么现在中国学术界存在一个问题：越来越多的期刊比较重视定性的研究，却忽视定量的研究？我觉得这是危险的信号，说明他们对咱们的数据收集存在疑问，真假性存在疑问。这就联系到咱们所说的伦理问题，他们觉得数据可能存疑，首先反映在你的定量上，其次如果这种情况再恶化下去，定性也会存疑，影响到整个中国学术圈的问题。再退一万步，影响到中国人往国际期刊投稿的问题，这个问题是很严重的。所以我觉得有必要从根本上来解决，如果在初期的话，有必要把这个问题消灭在萌芽状态，要采取一定有力的措施，去处理这种问题。（Y01_深入访谈）

我国的学术期刊出版界已经关注这一问题，很多与生命科学、医学相关的杂志根据国际医学期刊编辑委员会（ICMJE）的有关要求，要求作者的每篇文章都应该严格遵守在医学研究过程中应该遵守的所有伦理原则。2019 年 9 月，中国科学技术协会发布《科技期刊出版伦理规范》，进一步规范相关科技期刊出版伦理规范。

李老师在英国完成博士和博士后研究项目，经历了多次伦理审查，逐渐提升了在保护参试者隐私方面的伦理意识。同时，他通过多次中英实地调查对比，发现中外参试者对待知情同意的态度不同。

可能外国人认为，我做了这东西，比方你让外国人看，我不会给第三方看，我不会外传，外国人就信了我，这是我认为的。但反过来讲，在我的调研中，我说我不会把你的话外传，我不知道国人是不是相信我。他们会说我相信你，可能不是发自内心地相信我，或者他们是无所谓的。你说让我相信你，我就相信你，就是呈现出一种无所谓的态度，就是你传出去也无所谓。就是我信你也好，不信你也好，我觉得国人会持怀疑态度，或者觉得无所谓。你就是泄露了，对他来说影响也不大，他也不在乎这些东西，他也会帮你填。也有一部分人认为很重要，但是很少，一百个人里面可能也就十几个人。（Y01_深入访谈）

与司老师的发现一样，李老师感觉英国参试者对于知情同意书中的信息保护承诺表示信任，但是中国参试者"也可能信，也可能不信，也可能不在乎"。其原因在于日常生活中，有违伦理的信息泄露事情频频出现。

就是你写的那个前言，他信的比较少，不信的居多，无所谓的就居中了。我们现在这个信息随时都被人所掌握，经常接到各种各样的电话。举个例子吧，有一次我发现学院把我们所有老师的身份证号、出生年月、性别、婚姻状况，都给我们放到一个表格上。200 多个老师的信息，全都发到交流群里，这个东西我当时是不能忍受的。我觉得这个东西不能呀。这个群是商学院内部的群，但是很可能一些老师会把这个信息给传出去，他知道你的手机号，知道你的身份证号，知道你离婚没有，这些个人信息很容易散发出去。我觉得这一点是我不可忍受的，当时我想说点什么，但是后来也没说什么，当然被曝光的不是我一个人，所有人都是这样，但我不喜欢这样。对我来说我也相信广大老师是好的，但是万一有些人无意的或者什么的，把信息给泄露出去。所以我觉得整个咱们这个意识，包括大学的意识，我个人觉得到目前还没有提升上来，或者只提升了那么一丁点，完全提升上来还没有。（Y01_深入访谈）

发表过程中，因忽视参试者信息而带来二次伤害的事情屡屡发生。在中部某高校分管科研管理工作的齐校长对此进行了分析。

比如，某个妇女受到不公正的待遇，甚至是受到伤害的时候，我们为了伸张正义，有时候把细节甚至把周围的环境，包括她当时的心理都写得非常细致。这样做看起来出发点是为了伸张正义，保护她，但是一旦研究结果公布于世，往往对被研究者带来非常大的伤害，会给她带来非常恶劣的生存环境。因为，毕竟我们现在整个的社会意识和社会道德，以及社会道德的评判标准是多样化的。（M02_深入访谈）

经过 40 多年的改革开放，我国公众对许多事件的认识、价值的评判、道德的审判和道德的标准发生巨大变化。公众道德的水准和公众对事件进行评价的价值观呈现多样化趋势。

大数据时代，与数据保护相关的伦理问题比较严重，需要社会整体意识的提升。社会的发展和科技的发展，客观上也存在很多模糊的地方。在大数据时代，对隐私的保护越来越困难，每个人透明度越来越高。

实际上，我们现在的社会是一个高度透明的社会。自媒体已经成为一个非常大的信息传播源。在这个过程中，我们正规的科研，主媒体的科研的结果的公布往往比自媒体慢得多。一些自媒体最大的特征就在于没有规范，没有规矩，讲究吸引眼球的效果，不考虑完善的制度、完善的社会机制和社会体制和社会道德的系统构建。这种情况下，我们主媒体的研究往往也会被动地被自媒体所牵引。而自媒体经常断章取义，从主媒体或正规研究渠道的只言片语进行一种放大。这种时代和这种情况下，你这个研究显得更加重要，但是做起来也更加困难。从技术手段和研究管理制度来讲，真正实施起来非常困难。这个问题必须认识它，但是真正去把它全部做出来和做好，需要构建一个完善的、以正能量为主导的研究体系、心理体系、价值评判体系，以及咱们的社会舆论导向体系。这样才能完善。（M02_深入访谈）

从第 2 章对国外研究伦理审查制度发展进程的梳理可以看出，国外早年数据保护意识也是缺失的，只是出现了很多问题之后健全了相关制度。在网络和信息技术高速发展的今天，其制度体系也不是完全没有缺陷的，如 2018 年 3 月美国 Facebook 数据泄露事件。在用户不知情的情况下，8700 万用户的信息被政治数据分析公司"剑桥分析"获取并利用。同年 5 月，欧盟出台《通用数据保护条例》，在欧盟全体成员国正式生效。个人数据涵盖了姓名、地址、证件号码、网络 IP 地址、指纹和虹膜等生物识别数据、医疗记录、种族、宗教信仰甚至性取向等个人信息（王子辰，2018）。我国在 2021 年 6 月 10 日正式通过了《中华人民共和国数据安全法》，对数据的安全和研究应用提出了明确的法律保障。

在西部某高校担任院长的德院长认为整个社会伦理意识的提升和相关制度建设不能仅仅由高校来承担。

　　我觉得不仅仅在高校这个层面，它还涉及出版。出版部门也要考虑这个问题，因为将来研究结果以论文、报告、著作的形式出现。（M03_深入访谈）

大数据时代，与数据保护相关的伦理问题更加突出。从研究成果发表的角度来讲，研究者作为研究的直接受益者，应该对参试者心怀感激，充分意识到对其匿名权和隐私权的保护是自己义不容辞的责任。

对参试者隐私的保护，需要研究者在获得知识、改良社会与遵守研究伦理保护参试者利益之间寻求平衡点，当发生冲突时应该以参试者利益为上。研究者应该对自己生产的知识的可能用途保持警觉，不应该仅仅作为研究者为资助方工作，否则就会成为卡尔·罗杰（Carl Roger）所说的装满弹药的马车，不问开枪者的善恶只顾为其运送武器（Robson & McCarton，2016）。研究者在研究设计和实施过程中，应该注意对参试者利益的保护，可以借鉴均势原则，避免隐蔽式研究，保护弱势群体，做出正确的道德抉择。保护参试者隐私除了采用技术手段进行匿名处理外，还需要研究者的社会责任担当，同时，更需要全社会的伦理意识提升。在对相关研究进行报道、转述、开展学术争鸣时应共同保护研究场域，为参试者保密，不应为了增加事件的新闻效应而对参试者进行二次伤害。

5.7　主　要　结　论

1. 主要结论一：我国社会科学研究伦理意识整体状况表明已有条件建立研究伦理审查制度

通过调查问卷和访谈方法，对社会科学研究专职研究员、管理者、教师以及学生进行调查发现，现阶段我国社会科学研究伦理意识整体状况良好，说明在该领域进行研究伦理审查制度建设具备一定的基础。通过单因素方差分析发现，拥有较高学历、较高职称和较长境外研究经历的被调查对象，在基本研究伦理意识，以及研究选题、研究设计、研究实施、数据保护和结果发表等阶段的伦理意识测试分项中获得较高得分。所在机构不同，人们在基本研究伦理意识、研究选题阶段和研究设计阶段伦理意识无显著差异，但在研究实施阶段、数据保护和结果发表阶段伦理意识存在显著性差异。有的学科之间在伦理意识现状方面存在显著差异。研究发现，在我国研究伦理审查制度缺失阶段学术共同体的规约作用和研究者自身伦理意识对于维护学术研究公平公正起到了重要作用。研究者通过阅读同行文献等方式，理解共同体的通行规则；由于具有较强的伦理意识，在研究实施阶段和成果发表时已注意对参试者的隐私保护。

2. 主要结论二：我国社会科学研究伦理意识还有提升的空间

首先，体现在对参试者的利益保护意识不足。在目前的社会科学研究过程中，有相当一部分研究者对整个研究过程中有可能涉及的相关伦理问题还存在疑惑。在选题阶段有的研究者受"学术研究无禁区"这一理念的影响较深，对研究选题缺乏细致的伦理审视和思考，在选择方法时对于对受试对象的影响及结果的应用考虑不足。部分研究者在研究过程中面对道德两难问题时，更多关注数据采集，如有的教师在将学生进行分组开展对照实验研究时，对于对两组参试者做到公平对待考虑不够充分。有的研究者对于与参试者建立信任关系应该遵循的基本伦理原则了解不够充分，对涉及的伦理问题警惕性不高，较为突出的一点是对易受伤害人群的保护重视不够，比如相当比例的被调查对象对于将儿童作为研究对象时所需要遵循的伦理原则不清楚或有不正确的认识。在研究中需要注意知情同意是一个动态的过程，在每个研究节点都应反复确认参试者的合作意愿，多数被调查对象认为参加实验的参试者签署知情同意书后，有义务完成实验。

其次，体现在对于研究伦理在学术独立精神和学术研究公信力保持中的作用认识不充分。在学术研究中，保持学术独立的重要途径是不受资助方显性或隐性的影响，保证学术研究的公信力。不能因为接受资助而影响研究过程和结果。不到一半的被调查对象意识到研究不应受资助方影响，比例偏低。分析结果表明不同职责的被调查对象都有一定的学术独立意识。管理者站在监管的角度，代表了研究机构的利益，对资助的研究受到资助方影响更为敏感。相对而言，专职研究员更倾向与资助方合作，一定程度上可以接受资助方的影响，这是值得警惕的现象。学生中对于这个问题持中立态度的比例最大，对于资助方影响的认识还不充分。与此同时，相当一部分被调查对象对于国际论文发表中的伦理审查要求了解不足。有的被调查对象对研究方法部分要详细陈述整个研究中涉及的伦理考量关注不够，存在因无法解释研究过程中的伦理问题被拒稿现象。可见，学术研究的公信力受到了影响。

3. 主要结论三：我国社会科学研究中实施知情同意有一定顾虑

访谈作为研究中的一项数据采集方法与普通采访的区别需要引起研究者的高度重视。双方签署知情同意书以保障参试者在完全清楚研究目的及个人权益之下开展数据采集工作。研究发现我国社会科学领域的研究者对知情同意有许多困惑。一些研究者认为签署知情同意书的做法，在国内不太可能实现。认为在中国"要签字就是要有责任"会让参试者在签署知情同意书时产生迟疑，这与国外知情同意书是对参试者权利的一种保护认识不同。这体现在研究实践中，会遇到许多参试者对知情同意书的"不介意"，使研究者忽略潜在参试者希望研究目的透明公开。同时，研究者担心在研究实施阶段，知情同意书容易让参试者产生戒心，不利于数据的搜集。有的被调查对象对签署知情同意书有顾虑，认为先签署知情同意书，容易打乱访谈节奏，改变氛围，签署知情同意书有可能使参试者产生心理负担，并因此影响数据采集效果。一些研究者同意研究要尊重参试者的知情同意权，但认为是否应该签署知情同意书以及何时签署，应该尊重参试者的意愿；保护参试者隐私等伦理问题主要应当靠研究者自觉，签署知情同意书等流程的作用不大。存在担心知情同意书给参试者带来心理负担而省略这一关键步骤的做法。

4. 主要结论四：保护参试者的隐私和权益将是未来建立伦理审查制度的难点

大数据时代，信息安全在保证人们正常生活中的作用日益增强。随着个人透明度越来越高，对隐私的保护越来越困难，与数据保护相关的伦理问题比较严重，一些信息泄露的案例令人震惊，给社会科学研究中的参试者利益保护带来挑战，需要在伦理审查制度建设中提升相关伦理意识。大多数被调查对象对数据采集阶段的隐私保护关注较多，对于数据收集之后的保存以及写作和发表过程中涉及的研究伦理问题考虑不足，需要在伦理审查阶段给予关注。研究者在开题时就应按照伦理审查要求对相关问题进行深入思考。例如，如何避免参试者身份被暴露，匿名发放问卷存在问卷回收率低、研究对象难招募等问题。在遇到此类道德两难困境时，研究者要以保护参试者利益为上，避免通过有相关利益的人去招募参试者。在数据分析阶段，研究者对未来报告时如何保护参试者隐私产生困惑。这种矛盾心理是社会科学研究者在开展实证调查时经常会遇到的伦理两难问题。问卷调查显示少部分被调查对象认为数据发表时，为了使研究结果更可信，可以透露参试者的相关信息。

5. 主要结论五：伦理教育与伦理审查制度的建立应协同发展

社会科学研究涉及的伦理问题较为复杂，需要一定的伦理教育来辅助制度建设。例如，科学研究通常要求研究者在研究中尽可能保持客观中立。但是在社会科学研究中，研究者要经常在不同身份之间进行转换，发现与参试者的距离很难把握。研究者一方面担心与参试者之间过度接触会影响研究结果，导致一种歪曲的视角；另一方面，又很难摆脱自己的责任，回避给参试者帮助。初入研究领域的学生急需相关伦理教育。然而，我国在本科和研究生阶段的研究伦理教育和培训不足，研究者的伦理意识主要通过在研究过程中解决实际问题来提升。目前研究伦理方面的培训主要结合一些专业课程进行，大多数学校未对全校学生开设专门的课程。研究伦理意识较强的导师会在研究生指导过程中对研究伦理进行着重指导。目前国内高校在学风建设中，强调原创性和防止学术不端，对研究伦理培训关注较少。虽然没有接受过系统的研究伦理培训，但部分研究者在研究中通过阅读英文文献来学习相关知识。交叉分析结果显示随着研究经验的积累，研究者的伦理意识逐渐增强，同时也再次凸显了目前对在校学生进行研究伦理教育的必要性。

6. 主要结论六：建设社会科学研究伦理审查制度既必要又急需

在我国社会科学领域，从研究伦理的角度对选题进行审核还没有形成机制，没有把研究伦理作为规范和规章列入立题审查研究程序的环节。管理意识和管理过程的缺失，造成最近社会科学研究中侵害参试者权益事件的发生。与此同时，制度的缺失使我国社会科学研究者开展国际合作研究和国际论文发表处于劣势。中国社会科学研究伦理审查观念的推进及其制度的建立，是当代社会科学研究现代化建设的需求。这方面观念的滞后和制度的缺失，一方面影响了社会科学研究的国际交流与合作，另一方面也会损害某些研究工作所涉及的弱势群体的利益，从而影响到高水平和谐社会的建设。研究伦理规范的制定既需要各利益相关方基于研究伦理意识提升后的约定俗成，也需要管理部门从科学和伦理的高度制定相关标准或准则。在研究活动中，研究者、参试者、管理者和潜在受益者之间形成各种关系和规范，互相之间产生"义务""责任"，牵涉各种利益，系统地对这些关系、行为、义务、责任和利益进行思考，逐渐形成研究伦理中的道德观念、道德认识、道德原则和规范，帮助研究相关利益人进行善恶判断，规范自己行为。

第6章 中国社会科学研究伦理审查制度建设现状

6.1 导　　言

在中国建立社会科学研究伦理审查制度需要进行广泛的调查研究，才能提出可行的建议。在对 24 名参试者进行深入访谈的基础上，归纳出对社会科学研究伦理审查制度的认识与态度、困惑与担心、需求与认为目前存在的障碍，以及推进与建议等主题。在此基础上设计了 33 道题目，用利克特五级量表形式对 1093 位参试者进行了问卷调查，包括参试者对制度建设的认识与态度（14 道题目）、对制度建设的困惑与担心（4 道题目）、对制度建设的需求与认为目前存在的障碍（5 道题目）和对制度建设的推进与建议（10 道题目）。本章结合问卷调查的量性数据和深入访谈的质性数据，梳理中国社会科学研究伦理审查制度建设现状，归纳总结被调查对象对该项制度的认识与态度、困惑与担心、需求与认为目前存在的障碍及推进与建议。

6.2　制度建设现状

6.2.1　问卷调查结果

本研究问卷调查部分采用四道选择题分别对社会科学研究伦理审查制度建立情况、审查情况、组织部门和组织形式进行了调查（表 6-1）。

表 6-1　社会科学研究伦理审查制度建设现状调查题目

题号	题目
29	您所在的机构是否已经建立了包括对社会科学研究项目进行伦理审查的制度？ A. 已建立　　　　B. 尚未建立
30	您的研究是否经历过研究伦理审查？ A. 是　　　　B. 否
31	您认为您所在的机构应由哪个部门组织研究伦理审查？ A. 行政机构　　　B. 学术委员会　　　C. 专门的伦理审查委员会 D. 其他（请列出）
32	您认为研究伦理审查制度的建立应该包括_____？（可多选） A. 全国统一　　　B. 单位自建　　　C. 学术共同体规约 D. 项目资助机构　　E. 第三方独立机构　　F. 其他_____

如表 6-2 所示，在问卷调查中，23.24% 的被调查对象所在机构已经建立了对社会科学研究进行伦理审查的制度，76.76% 的被调查对象所在机构尚未建立该制度。国内社会科学研究经过伦理审查的项目还比较少，被调查对象中有过伦理审查经历的比例为 17.66%，82.34% 的被调查对象没有相关经历。57.64% 的被调查对象认为应该成立专门的伦理审查委员会来组织研究伦理审查，认为应该由所在机构学术委员会来组织的占 18.94%，认为行政机构比较适合承担此项职责的占 16.38%。另有建议由司法部、第三方机构或类似美国 IRB 的机构来组织的。通过调查发现，研究伦理审查制度的建立方式受到被调查对象认同的比例高低依次是学术共同体规约（69.17%）、全国统一（67.34%）、第三方独立机构（42.45%）、单位自建（35.77%）、项目资助机构（24.15%）。另有被调查对象认为应该由项目负责人（principal investigator，PI）自查。

表 6-2　社会科学研究伦理审查制度建设现状相关题目调查结果

（单位：%）

题号	已建立			尚未建立		
29	23.24			76.76		
30	17.66			82.34		
题号	行政机构		学术委员会	专门的伦理审查委员会		其他
31	16.38		18.94	57.64		7.04
题号	全国统一	单位自建	学术共同体规约	项目资助机构	第三方独立机构	其他
32	67.34	35.77	69.17	24.15	42.45	4.67

从表 6-3 可知，国家级研究机构和省级研究机构已建立伦理审查制度的比例分别为 43.75% 和 42.86%，明显高于平均水平（27.48%）。民办高校已建立伦理审查制度的比例为 4.76%，明显低于这一平均水平。

表 6-3 第 29 题以所在机构作为自变量的交叉分析结果（单位：%）

选项	教育部直属高校	省属高校	市属高校	民办高校	国家级研究机构	省级研究机构	其他	平均水平
已建立	25.70	18.98	20.90	4.76	43.75	42.86	35.40	27.48
尚未建立	74.30	81.02	79.10	95.24	56.25	57.14	64.60	72.52

从表 6-4 可知，以最终学历所属学科作为自变量对此题目调查结果进行交叉分析发现，教育学和经济学建立研究伦理审查制度的比例分别为 26.32% 和 24.66%，明显高于平均水平（19.25%）；文学已建立研究伦理审查制度的比例为 11.54%，明显低于平均水平（19.25%）。

表 6-4 第 29 题以最终学历所属学科作为自变量的交叉分析结果
（单位：%）

选项	哲学	经济学	法学	教育学	文学	历史学	管理学	艺术学	其他	平均水平
已建立	19.74	24.66	19.15	26.32	11.54	20.00	19.55	15.38	16.92	19.25
尚未建立	80.26	75.34	80.85	73.68	88.46	80.00	80.45	84.62	83.08	80.75

从表 6-5 可知，由"专门的伦理审查委员会"组织研究伦理审查被广泛认可。本科及以上学历的被调查对象对该选项的支持率分别为 64.87%、63.29% 和 57.97%。

表 6-5 第 31 题以最终学历作为自变量的交叉分析结果（单位：%）

最终学历	行政机构	学术委员会	专门的伦理审查委员会	其他
博士研究生	14.45	18.98	64.87	1.70
硕士研究生	15.77	17.57	63.29	3.38
本科	15.22	18.12	57.97	8.70
其他	23.42	23.42	25.32	27.85

表 6-6　第 32 题以最终学历作为自变量的交叉分析结果（单位：%）

最终学历	全国统一	单位自建	学术共同体规约	项目资助机构	第三方独立机构	其他
博士研究生	64.59	39.66	74.22	19.55	46.46	0.57
硕士研究生	65.99	36.49	71.85	23.20	45.50	2.70
本科	71.01	38.41	68.84	27.54	42.75	5.80
其他	74.05	22.78	50.63	34.18	24.68	18.35

从表 6-6 可知，最终学历为博士研究生的被调查对象对伦理审查制度建立的方式认可度依次为学术共同体规约（74.22%）、全国统一（64.59%）、单位自建（39.66%）、第三方独立机构（46.46%）、项目资助机构（19.55%）。其他群体趋势类似。从结果看，学历越高，越倾向于由学术共同体、第三方独立机构和单位自建，而低学历的被调查对象更倾向于由全国统一机构或项目资助机构来进行。

6.2.2　关于制度建设现状的访谈调查结果

从问卷调查的结果来看，社会科学研究伦理审查制度建设在中国刚刚起步。在接受访谈时，24 名受访者中有 19 位所在高校尚未建立该项制度。在北京某高校负责科研工作的艾校长说：

> 据我所知，科研伦理的审查问题在中国高校还未常见。我还没见到任何一个高校已经建立了这样一个系统的制度。可能国内的高校和学者对于这种国外意义上的科研伦理审查制度，如果没有留学，不是在国外高校生活过一段时间，或者和国外有合作，基本上在严格意义上都不太了解。所以，目前来说你研究这个课题很有意义，具有紧迫感。就我们学校来讲，没有这样的制度，也没有其他的措施，来从研究伦理上规范学者在研究过程中如何保护研究对象隐私啊，尊重研究对象的意愿啊，等等，没有这样的机制。（M01_深入访谈）

在美国攻读博士学位的谢同学本科毕业高校曾建立了"一个人"的伦理审查委员会。

我们成立了一个委员会，只有一个人。本校的老师还没有超前地跟上这个东西。我们请了美国大学退休的一个老师，在我们系教了一段书。他来了以后自告奋勇成立了他一个人的委员会，只有一个人。他没有很大的行政权力的。我觉得他起到的是一个总的监督作用。他看到很不好的事情，会用引导和劝导的方式去建议，但是没有行政权力，所以说其实就是没有。（Y08_深入访谈）

之后，笔者对该校科研管理人员克处长进行了访谈。了解到该大学已经建立了针对生物医学研究的伦理审查委员会。该大学的生物医学伦理审查委员会也在美国卫生与公众服务部的人类研究保护办公室（OHRP）登记备案。

大学 IRB 的成立，保证了学校各项涉及人的生物医学研究均能遵循伦理学规范，最大程度地保护受试者的权利、利益和福祉。我们的国际合作办学机构也建立了院级的伦理审查委员会。最近我们大学正式修订教师学术道德守则，其中最重要的修改是增加了"遵循伦理规范"一章。（M06_深入访谈）

这样的规定有利于规范研究者的研究行为，督促其自觉地接受伦理审查，完善研究设计，并在研究过程中尊重参试者利益，体现人文关怀，提升国际合作研究中的伦理意识。

燕老师所在高校三年前成立了人体实验伦理审查委员会（简称伦理审查委员会），目的是规范学校师生开展涉及人体的科学研究，避免出现科学实验违反伦理的问题。成立的依据是《赫尔辛基宣言》等相关规定，并采用国内相关单位的通常做法。职责包括审查研究方案，维护和保护受试者的尊严和权益，确保研究不会将受试者暴露于不合理的危险之中。该校伦理审查委员会由科研管理部门人员、校学术委员会成员、法律工作者以及从事教育、心理和语言教学与研究的专业人员组成。委员会成立时，共 12 名成员，主任和秘书由该校老师担任。10 名委员中除了本校老师（6 名）外，还有 4 名分别来自医院和相关协会。在对具体研究项目进行伦理审查时，可以根据实际需要邀请特聘专家参加项目伦理审查。学校规定获得伦理审查委员会的批准后方可对人类受试者开展研究。审查的范围除了本校师生员工或代理人外，还包括非本校师生利用本校的教学和科研设备开展的研究。

晋老师在国内某高校从事药学研究工作，该高校成立了伦理审查委员会，但是不包括社会科学。

> 申报国家自然科学基金项目都要做伦理学的审查。但是作为我们学校来说没有做实质性的审查。再一个，我们向国外投稿，以人或动物为研究对象，人家要求提供证明。我们学校里的，以前是挂在科研处。但是现在是不是在学术委员会下面我不是太清楚。以前我盖章什么的都是到科研处。因为我们申报国家自然科学基金项目，我们做动物实验、做人体实验，必须得有这个证明的。因为学校鼓励大家积极申报，至少形式上不能缺项。社会科学倒没有。（Y11_深入访谈）

研究者申报国家自然科学基金时必须首先获得研究伦理批准，同时向国外期刊投稿时，也必须出示相关证明。晋老师发现虽然国内的审查没有国外那么严格，但是相关制度正在慢慢完善。这是研究本身遵守伦理规范的内在要求，也是国际化的外在标志之一。

> 我在英国待过一段时间，在加拿大也待过一年。目前中国的伦理学，特别是在科研这部分，不像国外那么严格。国外你要做动物实验，国外是严格地审查，但是我们在这里没有经过这样一个严格的审查。这跟中国的国情也有关系，从无到有也是一个过程。完全照搬国外的可能目前也不太现实，慢慢也向国际化接轨。但是我觉得也是非常有必要，特别是我们做动物实验，甚至我们要进行大规模的人群调查，这个是非常有必要的。我们下去调查也要发知情同意书。（Y11_深入访谈）

晋老师在英国和加拿大访学各一年，开始慢慢接触研究伦理审查制度。

> 国外有这样一个制度。我们刚开始去不太熟悉，会有一个助手教我们该怎么做。在英国因为做细胞方面的研究，这方面相对要求不太高。在加拿大，因为跟着一个博士，我去做访问学者，跟着一个博士在做，基本上伦理学这块儿是他在做。（Y11_深入访谈）

其他受访者受访时所在机构尚未建立相关制度。李老师毕业回国开展实证研究时发现所在高校没有建立研究伦理审查制度。

> 我知道我们大学是没有伦理审查的。我做一些数据分析呀，问卷调查呀，就自己去做了，学校也没有说要给我们做一个道德机制。但是如果你去问的话，可能会有。比如说你要做一个大公司的调研什么的，学校能不能给我开一封证明信呀，它也会给你开。但如果我自己去搞，可能它也无所谓，你自己去搞吧。比方说我去采访一个公司，问人家公司老总，跟人家聊天。人家说你是××大学的老师来采访我，你有什么证明呀。然后我想起来了，就跑回去问商学院能不能给我开一个这样的证明，那商学院肯定会给你开一个证明，盖个章，就是这样的。它可以给你补办证明信，但它没有这样一个主动的制度，要求你去做一个研究或者 project（项目），像国外会有一个流程下来，比方说这个流程，你第一步做什么，第二步、第三步做什么，国内目前我看是没有的。（Y01_深入访谈）

从李老师的讲述中可以看出，其所在高校目前在研究伦理方面采取的是被动支持方式，即应老师的要求，出具相关证明，尚未建立主动的审查制度。姚老师从美国毕业回国后，对实证研究不需要进行伦理审查感到不适。

　　我刚回来那会儿就非常不适应，觉得怎么会没有一个board（委员会），那不就随便干什么都可以吗？后来就问 S 老师，她说在国内，研究者按照自己的方式去保护学生的隐私之类的，就是自己写一个知情同意书。我也看了他们用过的一些知情同意书，比我们的要简单很多，但基本上就是研究目的是什么，需要研究者做什么，需要被试做什么，怎么去保护他们，完了之后就是签字。我给我的学生做过，我要搜集他们的作业，开学的时候给他们签这个。但是学生根本不知道那是什么东西，他们有点很随便的意思，一看老师给我签这个，我一定要签，就签了。（Y04_深入访谈）

姚老师发现国内主要靠研究者自律，在研究中规范自己的行为。相关培训不足以及参试者对伦理水平要求较高的研究参与不多，造成参试者自我权利保护意识不足，存在被动参与，对待知情同意"很随便"的现象。张老师从香港获得博士学位，回到上海某大学任教。其所在学校没有相关的研究伦理审查制度。

　　做研究没有。但是我们自己都形成习惯了，会让被试签一个知情同意书，告诉他我要做什么，让他有一个签名。我有的时候把我的想法给我的同事讲……但是我觉得请他们做一个 survey（调查），或者 interview（访谈），或者 observe（观察）他们前，我告诉他们的时候，他们觉得很被尊重，类似于有一种仪式感一样。好像其他老师做就做了，但我这样给他们讲，他们就觉得特别被尊重。（Y05_深入访谈）

张老师回高校任教后发现有些同事没有意识到知情同意的重要性，认为"不用"。这从一个侧面说明研究伦理审查制度的缺失，使包括高校教师在内的一些研究者对于研究伦理有些漠视。中国学生作为参试者对个人在研究中应享有的权利了解不足，在知情同意书签署过程中没有意识到自己的主动权。可以想象，他们在研究开始后，对可以随时退出的权利也不清楚。作为研究者需要对参试者的这种顺从和被动参与是否会影响研究结果的可靠性和有效性做进一步思考。像张老师那样，知情同意带给参试者的是一份尊重，一种仪式感。实际操作过程中，张老师在研究开展之前，也会告诉参试者研究的目的和数据采集方式。

> 我会把它整个做成一个 project（项目），告诉他们。比如我回来后做了一个 writing（写作）研究，在我们班上做了一个 peer review（同伴互评）的一个 design（设计）。我会告诉他们："我要在 peer review（同伴互评）方面做一些研究，希望得到你的支持。"学生就说："可以，很愿意。"然后我说："有可能你们的作文就会作为我研究的一个 data（数据），还有你们 peer review 中的过程，有可能我会录像，等等。"他们就觉得可以，没问题。就觉得老师你不用说，我们都会很配合，但是你要是告诉他，他就会觉得很好。（Y05_深入访谈）

张老师的行为让她的学生在这一过程中感受到了尊重，这也是张老师认为在中国社会科学研究领域有必要建立研究伦理审查制度的原因。研究者在审查过程中对研究设计进行反思，在研究中保护参试者隐私，不滥用参试者对自己的信任，让研究更符合公平公正的原则。

> 我觉得还是有必要的。为什么呢？如果我们有这样的一个审核制度，可以让我们研究者有更多的反思，促进我们研究本身的公正、公平，不会涉及对方的隐私，不会 abuse（滥用）对方的这种信任，我觉得还是应该有的。（Y05_深入访谈）

齐校长在中部某高校从事科研管理工作，主要从事自然科学研究；走上管理岗位后，做过一些与伦理审查方面相关的工作。

> 从自然科学研究角度来讲，现在我们国家比较关注伦理学的研究。比如，医学研究，需要对动物友善条件的保护。

对于研究对象和采集的样本，要通过医院里的伦理委员会的
认证，才能开展这些自然科学的研究。对于社会科学研究来
讲，相对来说比较复杂。社会科学研究中，伦理这方面有许
多历史的背景和现实的局限性。在国内相对比较完善的是对
青少年、弱势群体儿童和妇女的研究。（M02_深入访谈）

齐校长指出目前针对弱势群体进行的研究在成果发表时，对参试
者匿名权和隐私权的保护考虑不够，带来负面影响。齐校长接着分析
了造成这种现象的原因所在。

原因主要是中国目前真正对于伦理学来讲，本身就是一
个新课题。我们在教育阶段，包括在意识上都比较欠缺。第
二个原因是我们现在的立题机制和研究规范方面还不完善。
这几年，应该说我们国家包括各个部门都提出了这种伦理学
的研究。比如，前一段时间我们自己做一个自然科学的论
文，在采用动物进行实验的过程中，对动物保护的条件，我
们没有描述得非常准确。这个文章在审稿中，就有人提出了
意见。在社会科学研究方面，这种条例和规范个别单位有，
很多单位还没有。（M02_深入访谈）

从齐校长的分析中可以看出，研究伦理意识的缺失和包括立题审
查等环节在内的管理制度的缺失是目前国内社会科学研究出现有违伦
理问题的主要原因。管理者对社会科学研究伦理问题较为宽容，在立
题审查过程和监管过程中的介入与生物医学研究相比较少。

6.2.3　关于伦理审查主体机构建立的访谈结果

关于伦理审查部门应由哪些机构来承担这一问题，问卷调查结果
显示，大部分被调查对象认为有必要由专门的机构来做伦理审查，而
具体的组织形式存在分歧。在第 31 题留言区，第 552 号被调查对象提
醒我们：

伦理从来都不是孤立的，务必经过综合考量，不能只听

专家的，要尽可能避免一小撮儿人弄个独断的标准来进行。

广泛而深入的调研和意见征求才是科学的态度和方法。（调查

对象 No.552_2019）

这一留言提醒我们建设研究伦理审查制度要进行广泛深入的调研，征求各方意见，避免搞独断照搬标准。同时，这也展示出基层研究者期待自己的声音被听到、意见被采纳的愿望。这些都是我们在制度建设过程中需要关注的。

通过问卷调查发现，学术共同体规约成为被调查对象认同度最高的社会科学研究伦理审查制度建立方式。学术共同体规约是国际通用的方式，从这一点看国内外是有共识的。国际上很少有全国统一的方式，而国内的调研中有 2/3 的被调查对象选择了全国统一，表明在伦理审查制度建设中如何发挥中国特色社会主义制度的优势是值得关注的。

谈到由科研管理部门（行政机构）开展社会科学研究伦理审查时，在中部某高校科研处工作的宁处长认为可能性较小。

这个不好办。我们处没那么多人手。再说，谁来做？怎么做？现在我们已经是超负荷了，经常加班。你说在学术道德委员会加这么一个职能，还是那个问题：怎么做？规范是什么？流程是什么？怎么培训？你这个想法要实施出来，必须对审查的人进行培训，还得对做研究的人也进行培训。这不是一个小事。你提出来了，上面让我们这么做，我们也得做，要是前期工作没有准备好，最后只是流于形式。老师那边我不知道，我们管理这边的现状就是太忙，太累，经常加班。这个东西是很有意义的，但是你得告诉我们怎么做。流程尽量简化，省时，可行，又能达到效果。（M04_深入访谈）

宁处长的一连串提问反映出目前高校科研管理工作面临的高负荷缺人手的问题。同时，这也说明当前伦理审查制度建设过程中的短板，即尚未制定出简单可行的审查流程，也未给一线操作者以详尽有

效的指导。曾在美国专门研究伦理审查委员会运行机制的米博士目前
是国内某高校附属医院医学伦理审查委员会负责人，结合自己多年的
管理经验为制度建设提出了可行性建议。

> 刚开始的时候，要有一个强大的伦理委员会办公室的
> 人，才能够提高效率。他们能够做到形式审查，就是要做一
> 个很明确的制度，就是 SOP。制度就是要规定什么样的项目
> 要会议审查，什么样的项目要快速审查，他们要很明确地知
> 道这些东西。比如说大部分项目，只要涉及干预性，都要会
> 议审查，非干预性的我就可以给两位委员审查。要有很明确
> 的制度。SOP 要非常具有可操作性，比如委员拿到之后，一
> 二三，我要知道看哪几点就 OK。每一个伦理委员会的办公
> 室自己来制定。像我们都有上百个 SOP，一般来说都是我来
> 起草，比如资料存档就有一个 SOP。SOP 就是傻瓜拿到都知
> 道该怎么做，我看到第一步 ABCD，我就完全 follow（跟
> 随）就行了。相关的附件，你需要看哪张表单，哪张表单里
> 有哪些要素，不用思考，只要看，工作就非常有效率。SOP
> 的制定和更新是非常重要的。（S03_深入访谈）

米博士提到在制度建设过程中，一定要有"一个强大的伦理委员
会办公室的人"，对审查流程十分熟悉，可以制定出 SOP，帮助委员
快速进行审查，提高效率，减轻委员的审查负担。

> 建议首先领导重视，人员到位之后，第一件事情就是制
> 定 SOP。制定了之后要反复地讨论，一是符合法律法规指南
> 的相关要求；二是一定具有可操作性，我这么写的他就能完
> 全这么做。这样整个工作就是你对于一个项目的审查，只要
> 是这样类型的项目就是一致的。不会今天这样一个项目得出
> 同意的结论，明天类似的项目我又得出不同意的结论，这样
> 的话其实并不是一个符合伦理的审查程序。所以制作 SOP 的
> 制度很重要。（S03_深入访谈）

　　拥有生命伦理学专业博士学位的米博士，在高校专门从事伦理审查工作，目前主要负责生物医学方面的审查。她曾经帮助两所院校建立了社会科学研究伦理审查机构。她所在的伦理审查办公室共有三个人，是她慢慢争取来的。对于一些管理者提到的可以在学术道德委员会增加一个这样的功能，米博士认为不可行。

　　　　可能不能完全做到。它跟伦理审查不是一回事，学术道德更多关系科研诚信，剽窃啊，抄袭啊这方面。伦理这方面关注得很细节，风险呀，补偿呀，有没有涉及一些弱势群体呀等等。比如我去形式审查一个项目的话，还需要看国内外的一些文献，或者说跟全国其他的伦理委员会联络。有些东西他们可能已经开始做了，就是问一下他们的进展状况，需要各方面的。包括跟研究者沟通，就是发起研究的这个人。你真正的想法是什么？有的人他递到了伦理委员会，特别是临床科研项目，经常有这样的项目，但实际上他根本都没有明白什么是临床研究。比如它只是还是一个常规的临床治疗而已，只是稍微做了一点点改变。其实这并不是临床研究的范围。所以前期要做很多大量沟通的工作，包括会后，很多项目都会提修改意见，那么修改意见又是一个沟通的过程。所以需要不单是一个部门，一个人，是要有充分能力和知识的人去做这件事情。如果想做好的话。（S03_深入访谈）

　　从米博士的描述中，可以看出宁处长的担心并不是多余的。伦理审查对人员的专业性有很高要求，同时也离不了政策指导、专家参与和资金支持。

　　　　我觉得第一件事是先下红头文件，确保我的人员组成是符合相应的法律法规，还有指南的。首先人员的组成是合理的，负责人是可以给予很大的支持的，就是主任委员。主任委员一名，副主任委员若干名，然后委员 7 人以上。像有的学校就需要外语专业、教育学呀，各种不同背景的委员，包括一些院外委员来组成。另外，就是伦理委员会办公室的负责人是谁，也就是说形式审查，或者说伦理秘书是谁。这些人员都要协调到位。另外，就是你下文件的时候，比如你要十三个委员，这十三个委员你一定要确保我这一年来参会，不能说下了文我不能来参会。像我们的规定，每年的出勤率必须要超过 50%。这个是自己的规定，如果你不能来的话，我第二年就要调整委员，调整这个文件。有的红头文件有效期是三年，有的是五年，就是三年一调整，卫健委的文件是五年一调整。所以，你就可以根据他们那个来弄。另外一个就是财务上要有保证，怎么样来维持伦理委员会的运行。我们就首先制定财务制度，比如我这个项目收不收费，如果收费的话，依据是什么。（S03_深入访谈）

可见，伦理审查主体机构建设是一项系统工程，需要科学的决策、规范的流程和充足的保障。

6.3　参试者对制度建设的认识与态度

本研究对经历过研究伦理审查的研究者进行了调查和访谈。深入了解其在审查过程中的经历和对审查制度的态度转变。对相关情况的了解，有利于我们在制度建设初期做出预判，找准需要关注的重点，为推进制度建设提前制定相应的配套措施，为管理者、研究者和制度实施者提供支持，确保制度建设顺利进行。

6.3.1　问卷调查结果

问卷采用表 6-7 中的 14 道题目调查了被调查对象在制度建设方面的认识和态度。

表 6-7　被调查对象对制度建设的认识与态度调查题目

题号	题目
34	建立研究伦理审查制度的最终目的是培养研究者伦理意识

续表

题号	题目
41	研究伦理审查制度的建立有助于提升中国的学术声誉
44	在中国建立研究伦理审查制度是国家法治建设的需要
52	外国研究者要来中国做科研，必须经过中国伦理审查委员会的审查才能进行数据采集工作
55	研究伦理审查制度有助于建立平等的中西学术关系
65	在中国建立研究伦理审查制度是规范社会科学研究的需要
66	在中国建立研究伦理审查制度有助于提升学术共同体伦理意识
71	研究伦理审查制度可以帮助研究者完善研究设计
33	每所科研机构都应该建立研究伦理审查制度
38	研究伦理审查制度只是走形式而已
48	没有必要专门针对社会科学研究建立研究伦理审查制度
51	在中国对所有社会科学专业研究进行伦理审查没有可操作性
56	如果我所在机构成立了研究伦理审查委员会，我愿意参与审查工作
57	研究伦理审查制度程序过于复杂

研究伦理审查制度建设有助于研究伦理意识提升这一观点在调查中得到广泛认同。如表 6-8 所示，68.26%的被调查对象赞成建立研究伦理审查制度的最终目的是培养研究者伦理意识这一观点（第 34 题）。反对者占 7.23%，持中立态度的被调查对象占 24.52%。同时，71.63%的被调查对象认为研究伦理审查制度可以帮助研究者完善研究设计（第 71 题），反对者占 3.47%，持中立态度的占 24.89%。

表 6-8　被调查对象对制度建设的认识与态度相关题目调查结果

（单位：%）

题号	强烈不同意	不同意	中立	同意	强烈同意
34	1.37	5.86	24.52	43.28	24.98
41	0.64	2.20	19.67	44.37	33.12
44	1.46	3.66	25.62	47.21	22.05
52	1.01	3.02	23.33	39.07	33.58
55	0.64	2.38	30.38	43.92	22.69
65	0.55	1.74	21.13	53.89	22.69
66	0.18	1.83	19.67	53.80	24.52
71	0.73	2.74	24.89	55.44	16.19

续表

题号	强烈不同意	不同意	中立	同意	强烈同意
33	1.92	4.48	28.91	38.15	26.53
38	23.42	36.96	28.82	7.96	2.84
48	19.12	39.25	26.53	12.26	2.84
51	8.33	30.01	40.71	16.93	4.03
56	1.01	2.74	28.91	47.21	20.13
57	2.47	9.61	53.80	27.90	6.22

　　研究伦理审查制度建设是我国开展国际合作，提升学术影响力的重要途径之一，也是国家治理体系和治理能力现代化建设的一部分。如表 6-8 所示，77.49% 的被调查对象同意研究伦理审查制度的建立有助于提升中国的学术声誉（第 41 题）这一观点，持反对意见的被调查对象仅占 2.84%，持中立态度的被调查对象占 19.67%。对于在中国建立研究伦理审查制度是国家法治建设的需要（第 44 题）这一观点，同意者占 69.26%，反对者仅占 5.12%，持中立态度的被调查对象占 25.62%。76.58% 的被调查对象同意在中国建立研究伦理审查制度是规范社会科学研究的需要（第 65 题）这一观点，反对者仅占 2.29%，持中立态度的被调查对象占 21.13%。认为在中国建立研究伦理审查制度有助于提升学术共同体伦理意识（第 66 题）的被调查对象占 78.32%，反对者仅占 2.01%，持中立态度的被调查对象占 19.67%。

　　研究伦理审查制度建设对于建立平等中西关系的重要作用也得到被调查对象的认可。从表 6-8 可知，72.65% 的被调查对象认为外国研究者要来中国做科研，必须经过中国伦理审查委员会的审查才能进行数据采集工作（第 52 题），不同意这一观点的被调查对象仅占 4.03%，持中立态度的被调查对象占 23.33%。66.61% 的被调查对象认为研究伦理审查制度有助于建立平等的中西学术关系（第 55 题），不赞成这一观点的被调查对象仅占 3.02%，持中立态度的被调查对象占 30.38%。

　　在国内高校建立研究伦理审查制度已经成为中国社会科学研究者开展国际合作的迫切需求。从表 6-8 可知，64.68% 的被调查对象赞成每所科研机构都应该建立研究伦理审查制度（第 33 题），不同意者仅占 6.40%，持中立态度的被调查对象占 28.91%。如果所在机构成立了研究伦理审查委员会，愿意参与审查工作（第 56 题）的被调查对象占 67.34%，不愿的被调查对象仅占 3.75%，持中立态度的被调查对象占 28.91%。

问卷同时用四道反向题就被调查对象对制度建设的态度进行了调查。认为研究伦理审查制度只是走形式而已（第 38 题）的被调查对象占 10.80%，不同意这一观点的被调查对象占 60.38%，持中立态度的被调查对象占 28.82%。认为没有必要专门针对社会科学研究建立研究伦理审查制度（第 48 题）的被调查对象占 15.10%，反对者占 58.37%，持中立态度的被调查对象占 26.53%。然而，20.96% 的被调查对象认为在中国对所有社会科学专业研究进行伦理审查没有可操作性（第 51 题），认为研究伦理审查制度过于复杂（第 57 题）的占 34.12%。对这两个观点持反对意见的分别占 38.34% 和 12.08%，持中立态度者比例较高，分别占 40.71% 和 53.8%。因此，在帮助各界认识到制度建设重要性的同时，加快制度建设进程，制定详细可操作的指南势在必行。

如表 6-9 和表 6-10 所示，工作职责不同，被调查对象对制度建设的认识与态度有显著差异 $[F(3, 1089)=23.47, p<0.05]$。具体而言，管理者、教师和专职研究员的得分显著高于学生（$MD=0.17$，$p<0.05$；$MD=0.24$，$p<0.05$；$MD=0.22$，$p<0.05$），但是管理者、教师和专职研究员之间没有显著差异。

表 6-9　工作职责不同的被调查对象对制度建设的认识与态度得分情况

工作职责	个案数	平均值	标准差	标准误	均值的95%置信区间		最小值	最大值
					下限	上限		
管理者	152	3.57	0.41	0.03	3.51	3.64	2.36	5.00
教师	611	3.64	0.38	0.02	3.61	3.67	2.14	5.00
专职研究员	13	3.62	0.39	0.11	3.38	3.85	2.93	4.36
学生	317	3.40	0.43	0.02	3.36	3.45	1.00	5.00
总计	1093	3.56	0.41	0.01	3.54	3.58	1.00	5.00

表 6-10 工作职责不同的被调查对象对制度建设的认识与态度多因素方差分析结果

项目	SS	df	MS	F	p
组间	11.42	3	3.81	23.47	0.00
组内	176.60	1089	0.16		
总计	188.01	1092			

如表 6-11 和表 6-12 所示,最终学历不同,被调查对象对制度建设的认识与态度有显著差异 [F(3,1089)=40.65,$p<0.05$]。具体而言,学历为博士研究生、硕士研究生、本科的被调查对象的得分显著高于本科以下学历的被调查对象($MD=0.39$,$p<0.05$;$MD=0.36$,$p<0.05$;$MD=0.29$,$p<0.05$)。

表 6-11 最终学历不同的被调查对象对制度建设的认识与态度得分情况

最终学历	个案数	平均值	标准差	标准误	均值的95%置信区间		最小值	最大值
					下限	上限		
博士研究生	353	3.64	0.38	0.02	3.61	3.68	2.14	4.86
硕士研究生	444	3.61	0.38	0.02	3.57	3.64	2.21	5.00
本科	138	3.54	0.38	0.03	3.48	3.61	2.93	5.00
其他	158	3.25	0.47	0.04	3.18	3.32	1.00	5.00
总计	1093	3.56	0.41	0.01	3.54	3.58	1.00	5.00

表 6-12 最终学历不同的被调查对象对制度建设的认识与态度单因素方差分析结果

项目	SS	df	MS	F	p
组间	18.93	3	6.31	40.65	0.00
组内	169.08	1089	0.16		
总计	188.02	1092			

如表 6-13 和表 6-14 所示,职称不同,被调查对象对制度建设的认识与态度有显著差异 [F(3,1089)=22.83,$p<0.05$]。具体而言,拥有正高、副高和中级职称的被调查对象的得分显著高于中级以下职称的被调查对象($MD=0.19$,$p<0.05$;$MD=0.23$,$p<0.05$;$MD=0.20$,$p<0.05$)。

表 6-13　职称不同的被调查对象对制度建设的认识与态度得分情况

职称	个案数	平均值	标准差	标准误	均值的 95%置信区间		最小值	最大值
					下限	上限		
正高	133	3.61	0.40	0.04	3.55	3.68	2.14	4.86
副高	255	3.65	0.39	0.02	3.61	3.70	2.71	5.00
中级	328	3.62	0.39	0.02	3.58	3.67	2.21	5.00
其他	377	3.42	0.43	0.02	3.38	3.47	1.00	5.00
总计	1093	3.56	0.41	0.01	3.54	3.58	1.00	5.00

表 6-14　职称不同的被调查对象对制度建设的认识与态度单因素方差分析结果

项目	SS	df	MS	F	p
组间	11.12	3	3.701	22.83	0.00
组内	176.89	1089	0.16		
总计	188.02	1092			

如表 6-15 和表 6-16 所示，最终学历所属学科不同，被调查对象对制度建设的认识与态度有显著差异 $[F(8, 1084)=9.80, p<0.05]$。具体而言，最终学历所属学科为哲学的被调查对象得分显著高于最终学历所属学科为经济学的被调查对象（$MD=0.21, p<0.05$）；最终学历所属学科为教育学的被调查对象得分显著高于最终学历所属学科为经济学的被调查对象（$MD=0.38, p<0.05$）、最终学历所属学科为法学的被调查对象（$MD=0.19, p<0.05$）和最终学历所属学科为管理学的被调查对象（$MD=0.31, p<0.05$）；最终学历所属学科为文学的被调查对象和最终学历所属学科为其他学科的被调查对象得分显著高于最终学历所属学科为经济学的被调查对象（$MD=0.29, p<0.05$；$MD=0.24, p<0.05$）和最终学历所属学科为管理学的被调查对象（$MD=0.22, p<0.05$；$MD=0.17, p<0.05$）。

表 6-15　最终学历所属学科不同的被调查对象对制度建设的认识与态度得分情况

最终学历所属学科	个案数	平均值	标准差	标准误	均值的 95%置信区间		最小值	最大值
					下限	上限		
哲学	76	3.56	0.38	0.04	3.48	3.65	2.64	5.00
经济学	73	3.35	0.54	0.06	3.23	3.48	1.00	5.00
法学	94	3.54	0.35	0.04	3.47	3.61	2.64	5.00

续表

最终学历 所属学科	个案数	平均值	标准差	标准误	均值的95%置信区间		最小值	最大值
					下限	上限		
教育学	95	3.73	0.34	0.04	3.66	3.80	2.79	4.71
文学	312	3.64	0.37	0.02	3.60	3.68	2.50	5.00
历史学	15	3.54	0.54	0.14	3.24	3.84	2.14	4.36
管理学	220	3.42	0.43	0.03	3.36	3.47	2.00	5.00
艺术学	13	3.63	0.48	0.13	3.34	3.91	2.86	4.71
其他	195	3.59	0.40	0.03	3.54	3.65	2.71	5.00
总计	1093	3.56	0.41	0.01	3.54	3.58	1.00	5.00

表 6-16　最终学历所属学科不同的被调查对象对制度建设的认识与态度单因素
方差分析结果

项目	SS	df	MS	F	p
组间	12.68	8	1.58	9.80	0.00
组内	175.34	1084	0.16		
总计	188.02	1092			

如表 6-17 和表 6-18 所示，所在机构不同，被调查对象对制度建设的认识与态度有显著差异 [$F_{(6, 1086)}=4.16$，$p<0.05$]。所在机构为教育部直属高校的被调查对象得分显著高于其他机构的被调查对象（$MD=0.20$，$p<0.05$）；所在机构为民办高校的被调查对象得分显著高于国家级研究机构的被调查对象（$MD=0.19$，$p<0.05$）。所在机构为教育部直属高校、省属高校、市属高校、国家级研究机构、省级研究机构的被调查对象之间没有显著差异。

表 6-17　所在机构不同的被调查对象对制度建设的认识与态度得分情况

所在机构	个案数	平均值	标准差	标准误	均值的95%置信区间		最小值	最大值
					下限	上限		
教育部直属高校	358	3.62	0.41	0.02	3.58	3.66	2.21	5.00
省属高校	511	3.54	0.39	0.02	3.51	3.58	1.00	5.00
市属高校	67	3.58	0.43	0.05	3.47	3.68	2.36	5.00
民办高校	21	3.68	0.39	0.09	3.50	3.86	3.07	4.43
国家级研究机构	16	3.49	0.41	0.10	3.27	3.71	3.00	4.36
省级研究机构	7	3.65	0.29	0.11	3.38	3.92	3.21	4.14
其他	113	3.42	0.50	0.05	3.32	3.51	2.00	5.00
总计	1093	3.56	0.41	0.01	3.54	3.58	1.00	5.00

表 6-18　所在机构不同的被调查对象对制度建设的认识与态度单因素方差分析结果

项目	SS	df	MS	F	p
组间	4.22	6	0.70	4.16	0.00
组内	183.80	1086	0.17		
总计	188.02	1092			

如表 6-19 和表 6-20 所示,是否有一年以上境外研究经历,被调查对象对制度建设的认识与态度有显著差异 [$F(1, 1091)=29.88$, $p<0.05$]。具体而言,有一年以上境外研究经历的被调查对象得分显著高于没有一年以上境外研究经历的被调查对象($MD=0.17$, $p<0.05$)。

表 6-19　是否有一年以上境外研究经历的被调查对象对制度建设的认识
与态度得分情况

是否有一年以上境外研究经历	个案数	平均值	标准差	标准误	均值的95%置信区间		最小值	最大值
					下限	上限		
有	209	3.70	0.38	0.03	3.75	4	2.21	5.00
无	884	3.53	0.42	0.01	3	3.55	1.00	5.00
总计	1093	3.56	0.41	0.01	3.58	4	1.00	5.00

表 6-20　是否有一年以上境外研究经历的被调查对象对制度建设的认识
与态度单因素方差分析结果

项目	SS	df	MS	F	p
组间	5.01	1	5.01	29.88	0.00
组内	183.00	1091	0.17		
总计	188.02	1092			

6.3.2　关于伦理审查经历与伦理意识提升关系的访谈调查结果

在访谈中,13 名经历过研究伦理审查的被调查对象认为研究伦理审查过程对自己的伦理意识有提升。研究者在经历研究伦理审查的过程中态度发生了转变,由"不理解""觉得烦琐""严苛""麻烦",到认为"非常严谨""有帮助""很有必要",再到"很自然这样做",经历了由排斥到认同,再到自律的转变过程,其原因是由于研究伦理意识的提升，对研究者这一身份的认同感逐渐建立，对研究共同体及社会的责任感增强。

对许多中国留学生来说，伦理审查是一个新生事物。马老师在英国获得了教育学硕士和博士学位。初到英国时，她开始接触伦理审查制度。

> 其实对我来讲，最开始出去读硕士时，我就觉得这是一个 new information（新信息）。在国内读本科时，可能也没有接触这个。英国的本科阶段，有些学校还是会强调，你在做 research（研究）的时候要注意 ethical issues（伦理问题），特别是 social science（社会科学）。而且我觉得可能跟不同的导师也有关系，读到博士了，跟导师的关系更近一些。像我的导师他就偶尔给我强调一下 ethical issues。但是我是害怕万一违反了规章制度，一个是学位被取消，一个是对 participants（参试者）不好。我就总去图书馆翻那些书，反正博士论文里面也要写一大段关于 ethical issues 的事情。但是其他有些同学的老师，就对 ethics（伦理）非常重视。一开始一进去第一次他们 supervision meeting（导师会面），就说一定要把 ethical issues 搞好。（F03_深入访谈）

伦理问题的复杂和伦理审查的严苛引起马老师的重视。她通过查阅相关书籍，了解了在研究中应考虑的伦理问题。同时期在中国香港某大学攻读语言学博士学位的张老师的伦理审查经历更为丰富，她在博士课题实证研究正式开始前经历了两次研究伦理审查。

> 研究伦理审查流程非常严格。我的研究是两个阶段的研究，一个是预研究，另外一个是主研究。我记得非常清楚，预研究的时候，我们在去搜集数据之前，要提交一份申请，叫做伦理审查批准书（ethical approval），提交到学院的伦理审查委员会。委员会就这份申请进行讨论，最终会返回一个意见。我记得我还改了一轮，就是申请的有些地方填写得不

够具体，我觉得是非常严格的。（Y05_深入访谈）

张老师所在大学规定除了不以研究为目的，仅为了改进教学而开展的匿名调查项目可以免除审查外，其他项目无论受资助与否都要进行伦理审查。免于审查的项目结果仅限于在该大学内部使用。在向所在大学递交伦理审查申请时，需要递交最新的研究计划书，包括访谈问题和问卷。学校规定伦理批准申请及知情同意书应涵盖研究项目的所有阶段。如果只有部分阶段获得了伦理批准，那么在进一步收集数据之前，必须针对项目的其余阶段提交单独申请并获得伦理批准。

知情同意书应包括研究项目的所有有关人员。如果在某学校开展研究，无论校长是否参与资料收集工作，都必须为校长拟定知情同意书。对小学以下儿童进行风险级别最低的研究，也要获得家长的积极同意和学生的同意；对小学生进行在校研究，要获得学生的同意和家长的被动同意，前提是只收集匿名和非敏感数据；对 16 岁及以上的青少年进行校外研究，通常不需要家长同意。

为了帮助理解研究的相关内容，学生知情同意书应以儿童容易理解的方式书写，以方便他们做出是否参与的决定。学校要求按照幼儿园、小学一年级至三年级、四年级至六年级、中学一年级至三年级以及四年级至六年级各阶段准备适合各年龄段的知情同意书。知情同意书要清楚说明研究程序包括时间、次数、地点及收集资料的类别。研究如果涉及课堂录像，要在知情同意书中提及如何保护不同意录像儿童的隐私。对于涉及录音或录像的研究，在知情同意书中应提及参试者可以审查录音并删除部分或全部录音的权利。

在知情同意书中清楚列明研究资料的储存方法、地点及期限，对资料的保密程序（例如，电子资料的密码保护和物理资料的锁柜储存）。涉及潜在利益冲突的研究（例如，教师以学生为参试者的研究），应在知情同意书中提及保护学生免受任何利益冲突的措施。知情同意书中要注明主要负责人员的电话号码和项目伦理审查批准书的编号。如研究项目涉及外部团体参与，要附上项目开始前签署的协议书。

这些条目要求申请人给出详细而具体的描述。张老师之所以被要求对伦理审查批准书进行修改，是由于没有详细介绍参试者的背景。

> 比如与 human subject（人类受试者）打交道的时候，你应该提供 subject（受试者）一些详细的背景。我记得当时我就很粗略地写我访谈的一些学生，被返回来。要提供这些学生的具体信息，比如是不是成人，是什么样的学生，男女比例是什么样的，你在什么样的 setting（情境）下做的这样一个研究。我当时就觉得非常严苛。现在回想起来是非常 rigorous（严谨的）。（Y05_深入访谈）

张老师拿到反馈后，对申请书进行修改再次提交，通过网上系统提交，得到批复。

> 香港的效率非常高，都是无纸化办公，都是从系统里走的，应该蛮快的。我印象中也要不止一个星期，因为我中间改了一轮。我记得当时我很着急回去做 pilot study（预备研究），机票都买好了，但是后来才发现，走之前必须要走这个程序。就觉得它的很多的在线填的那些东西非常非常烦琐，非常地细致，再加上中间还要重新修改，有很多困惑。当时就觉得为什么要这么地烦琐。（Y05_深入访谈）

但是张老师经历了这样的审查过程，通过撰写伦理审查申请书，对相关问题进行详细的回答，提升了自己的研究伦理意识。

> 它提升了我们对这件事情的认识，如果没有经历这个的话，可能我们从问题设计上，当然问题设计是跟导师一起设计的，问题本身也经过了几轮的打磨，从方法论上应该是没有问题的，但可能不会考虑这些问题对受试会带来什么样的影响。所以我觉得有这样一个流程，我直接的感觉就是我要考虑这个问题，因为我有这样一个 ethical approval（伦理审查批准）的过程，那么它里面的题目，或者要求，让我在这

方面有了意识。（Y05_深入访谈）

张老师在研究获得伦理审批后回到内地收集数据，研究伦理意识的提升帮助她在实证研究中规范自己的研究行为。

> 做 pilot（预备研究）其实很简单。我访谈了 25 个学生，授课老师 4 个人，还有他们的辅导员、生活老师等。我觉得当时 sample（抽样）访谈了三十几个人。这个是比较简单的，数据主要是访谈数据。跟访谈者约好时间，是在当时的办公室里进行的。我以前从来没有对这些方面有过这个意识，在什么地点，用什么方式，怎样去尊重受访者的隐私等，这些意识不是很强。但是经过流程，这方面应该是有的。（Y05_深入访谈）

张老师在预备研究时按照要求选择相对密闭、安静、隐秘的地方进行访谈。回到香港后，由于研究目的、研究人群和研究方法都发生了变化，所以，正式研究需要重新进行伦理审查。

> 我的主研究是比较麻烦的，主研究伦理审查批准更加麻烦。因为我做的叫作 design research（设计研究），意思是一个 intervention（干预）。就是我做了一年的数据收集，我会在一年两个学期的教课实验中收集数据，有两个班是实验班，两个班是对照班。要进行两轮的实验，在课堂环境里的教学实验。所以我当时进入 main study（主研究）的时候，ethical approval（伦理审查批准）这块儿特别严格。（Y05_深入访谈）

张老师的研究第一次是描述性研究，仅涉及调研；而第二次是预测性研究，涉及干预，需要开展对照实验，所以审查的要求更为严格。

> 因为是不一样的群体、不一样的性质。第一次是一个 descriptive（描述性）的，就是去看一看，做一个调研。第二

个你要去改变它，是 prescriptive（指导性）的，是一个教学
实验，所以第二次就审核得非常非常严格。当时我记得
ethical approval（伦理审查批准）里面有一个问题，就是说你
用这种方法进行研究，会不会对其他同学带来不平等。我们
花了很长时间想的。（Y05_深入访谈）

第二次申请，张老师按照学校要求填写申请，但是对如何给予两
组学生公平待遇进行了认真的思考。

其实问题都是一样的，same form（同样的表格），但是
你要回答他的问题。比如他问你怎样确保你的被研究者在这
个过程中没有受到不公正的待遇。所以我们还是花了很多时
间在上面，因为这个 form（表格）让我们去思考我们的
design（设计）。经过了 application（申请），学生也签了
consent form（知情同意书）。（Y05_深入访谈）

在经历了"不理解""好烦琐"之后，张老师发现伦理审查帮助自
己改进了研究设计。

我觉得整个过程还是非常严谨的。当时我们真的不理
解，我们觉得好烦琐。因为你在你的 proposal（研究预案）
里面并没有提，你设计的只是两个环境，你没有去想你的这
个设计是不是会对另外一组不公平，你没有去想。你作为老
师，你又是一个 researcher（研究者），你在这个过程中，你
是不是为了你想看到的东西，你会有一些额外的 input（输
入），使得这一组比较好。但是其实我们在回答那些问题的时
候，也对我们自己的 design（设计）有了一个很好的
reflection（反思），并且有了一个 revision（修改），就是有调
整的。（Y05_深入访谈）

6.3.3 关于伦理审查制度建设的目的和作用的访谈调查结果

问卷调查结果显示大多数被调查对象认为建立研究伦理审查制度的最终目的是培养研究者的伦理意识，可以帮助研究者完善研究设计。我们从访谈对象中选取在英国、美国、加拿大和新西兰经历过伦理审查的参试者案例进行分析。

1. 来自英国的案例

在访谈中，正在英国某大学攻读政治学博士学位的贾同学以自己的亲身经历解释了研究伦理审查制度对完善研究设计的作用。一入校，她所在的大学就为博士生提供了研究方法及伦理方面的专门培训。

> 我们学校是在博士第一年，系里会安排 10 次课，教你怎么做你的研究，然后怎么写论文，可能会遇到什么问题，包括有 4—5 课时是让大家模拟作 viva（毕业答辩）。还有一次课就是专门告诉大家 ethical review 申请应该怎么写，为什么我们要做 ethical review，可能会碰到什么问题，就是这样的。（Y07_深入访谈）

贾同学之前在国内读本科和硕士期间，也做过研究，但是没有接触过伦理审查方面的信息。研究伦理方面相关培训提醒她开展实证研究时需要关注哪些伦理问题。

> 在国内做人文社科，我们很少有实证研究。但是到了英国，尤其是我们学校，基本上学生都是在做质性研究。需要采访，涉及的一些问题都比较敏感，所以我觉得这确实是一个有必要的事情。刚开始感觉还挺新奇的。我都不知道 ethical review（伦理审查）是干什么的。后来，还是问了一个在英国读硕士的华人同学，给我解释的。我第一感觉是觉得很正规，后来慢慢了解以后，给我的感觉就是，它是碰不

得的一个红线。其实有段时间是挺抵触的，觉得很麻烦，没
必要。包括到现在我都有一丝疑虑，觉得会对我的研究造成
一定的阻碍。（Y07_深入访谈）

　　贾同学所在的大学对以人类参试者为研究对象的项目开展伦理审
查，旨在确保此类研究能够尊重人的尊严、权利和健康，将有可能给
参试者、研究者、第三方以及学校自身带来的危害降到最低，建立了
研究伦理审查委员会体系。该体系由"研究监管与伦理委员会"统
领，下设四个学部伦理审查分委员会。贾同学的项目由"人文与社会
科学伦理审查委员会"进行审理。委员会提供详尽的表格请申请者填
写，共 12 部分 57 项内容。首先请贾同学提供自己、导师、合作者和
项目先前的申请信息，之后填写项目的题目、预计开始和截止的时
间、项目组织者、资助方、基金号等。接下来，贾同学需要用通俗易
懂的语言填写项目的简介、文献综述、研究目的、研究对象以及该项
目的学术贡献，并对使用的术语进行解释。

　　在风险评估部分，贾同学对照 18 个问题，一一进行了回答。问题
包括：研究对象是否为易受伤害人群，或者无法自主提供知情同意的
人群；研究是否需要对参试者进行隐瞒，或者在非公共区域进行隐蔽
式观察，这两项都要提供详细的知情同意内容。贾同学还要思考与日
常生活中遇到的风险相比，自己的研究是否会给参试者带来更多的心
理压力或者焦虑，是否会令其产生羞耻感，引起伤害，带来负面影
响。她要考虑研究搜集到的个人信息万一被泄露会对个人造成的伤
害。她还需要声明该项研究是否会与其他研究者产生利益冲突，以及
除了支付差旅费和其他费用外，是否打算给参试者报酬。如果有此打
算，要说明具体细节和理由，确保不被视为贿赂或强迫参试者参与的
行为。

　　由于贾同学要回国搜集数据，所以在申请表中要列出前往的国家
和场所。如果需要去不安全的地方，必须提供详细信息，以及将要采
取的措施以确保安全，降低风险。需要声明是否需要从当地获得批
准，是否使用海外云端存储数据，或者借助商业研究公司开展研究。

在研究设计、方法论和分析部分，需要清晰地填写研究目的、研究问题和研究背景相关信息，对研究步骤及目标、研究设计、数据采集和分析方法进行逐一说明。申请表中将常见的各类研究方法需要具体说明的事项一一列出，帮助申请者填写。例如，采用焦点访谈方法需要列出主持人、组织方式、时间、地点、录音方式和持续时间等。申请者还需对数据分析、研究对象选取、知情同意、数据使用存储、结果发表等内容进行详细说明。

在这一过程中，贾同学为了达到审查要求，在研究伦理方面进行了积极思考。她与伦理审查委员会的老师对相关问题有针对性地进行了讨论。刚开始，她有一些抵触、疑虑和担心，但是经历了这些流程，认为该项制度对自己的研究设计帮助很大。

> 在 field work（田野调查）设计这方面，对我有比较大的帮助。因为我的导师非常在意 ethical review（伦理审查），他自己在别的学校作过好多年 ethical review 的负责人。我记得去年这个时候，我在作 first year review（第一年评估）的时候，他对我的这个 ethical review 的表格是最在乎的，改的是最多的。给我带来的直接好处是让整个田野调查的设计变得非常非常清晰。因为很多风险，之前我是没有考虑过的。他指出以后，一方面有些风险的确存在，是我之前没想到的，这个就帮助我完善了我的研究。比如我原来没有想到给政府工作的人，他可能有什么顾虑，对他有什么影响，原来我是想的完全无差别的采访。另外一方面，他的一些 concerns（顾虑）是由他对我们国家国情的不了解造成的。这个对我的研究带来的好处，就是我知道从什么地方下手。但是在英国他们可能不清楚，这给我提供了一个方向，告诉我有些地方我是应该写但是没写明白的。我觉得这个是给我的研究带来的一个好处。（Y09_深入访谈）

通过与导师共同完成伦理审查申请表，贾同学感觉她的研究设计更加清晰全面地预设了在实际研究中有可能出现的风险，并对此进行了积极准备。同时，在与导师协商过程中，她了解了当前一些国外学者对中国的误解，帮助她从国外读者的角度去思考未来自己在博士论文撰写过程中应该如何完善研究的背景信息。

英国大学伦理审查委员会在申请网站上为申请者提供了各类表格及模板，帮助规范伦理问题，辅助申请。韩老师在英国攻读硕士和博士学位时，利用学校网站上提供的指南填写伦理审查的相关表格。

> 学校都会有一个网站，你写论文也好，写作业也好，比如平时的 essay（论文），都会有一些相关的 handbook（指南）来指导的，其中一定会提到关于 ethic（伦理）的考虑，也会提供一些 model（模板）、一些 forms（表格）。如果你要考虑这个问题的话，有哪些东西需要考虑？我觉得教育学可能会比较丰富一些。我印象中硕士那边当时提到这种稍微多一点。就是好像是讲 research methods（研究方法）之类的东西，其中应该有一堂或者两堂课，是专门讲这个的。就有提到，比如说你要做 questionnaire（问卷），或者 interview（访谈）的话，你的 participants（参试者）一定要有那么一个东西。然后它也会给一些 instruction（指导）给你，给一些模板给你，然后说你需要的话，应该是怎么样的。然后根据不同的 participants，如果是小孩儿的话怎么处理，大人的话怎么处理，都会有不同的模板去应对。（F02_深入访谈）

在提交论文时，学校会再次请学生检查在研究中是否注意了伦理考量，指导教师也会要求学生在论文中对相关情况进行说明。

> 我们在交论文的时候，除了纸质版，还要交电子版。电子版交上去之前，有那么一个过程。就是像 check list（检查表）：你有没有考虑 ethics（伦理），有没有考虑 originality（创新性）或者其他的。一定有问你有没有考虑 ethics，甚至还会有老师在你写的时候提醒你。如果你有涉及这些问题，你可以用一小 section（部分）来写一下，如果有相关的 form

（表格），你就作为 appendix（附录）附在后面，都会点出来
说你要注意这个问题。觉得应该是一个比较新的东西，就是
大家都需要做的。就知道 research（研究）里面一定要有。
（F02_深入访谈）

学校提供了表格、指导手册、模板、培训课程，帮助韩老师完成
研究伦理审查相关手续。导师也会提醒她关注伦理问题，在论文中专
设段落说明伦理考量。马老师和韩老师一样在英国获得硕士和博士学
位，所在的高校对硕士生开设包括伦理培训在内的课程，为期一个
学期。

一个学期，从头到尾，老师会针对各个不同的细节，
detailed topics（具体题目），指导应该怎么做。然后上博士的
话我们也有，但是那就是选修课了，不像硕士那样是必修课
了。我们有一个 BERA，British Educational Research
Association（英国教育研究协会），那里面有一个 guideline
（指南）讲的就是，在你做 research（研究）的时候，你要怎
么样一条一条去 avoid potential harmto participants（避免对参
试者造成潜在伤害）。（F03_深入访谈）

教育研究的复杂性和多样性使得研究伦理更具挑战性。BERA 为
研究者提供了伦理指南，目前已更新到第四版（BERA，2018）。该指
南以英国社会科学院（Academy of Social Sciences，AcSS）倡导的伦
理规范为基石，包括五项原则：社会科学对民主社会建设至关重要，
应包容不同研究兴趣、价值观、基金资助、研究方法和研究视角；尊
重个体、群组和共同体的隐私权、自主性、多样性、价值观和尊严；
采用最适合研究目的的研究方法诚实守信地开展研究；在研究开展和
发表过程中切实承担应担负的社会责任；以增进福祉和降低损害为目
的开展研究。英国社会科学院（AcSS，2015）从 2013 年开始建议研
究者在研究中遵守以上五项原则，经广泛讨论于 2015 年 3 月正式
提出。

指南从参试者、资助方、委托者、其他利益相关方、教育研究共同体和出版发行等方面阐述了研究者应承担的责任，同时也包括对其自身健康发展方面的责任（BERA，2018）。指南强调研究者要考虑从立题、研究到汇报整个过程中的相关伦理问题，对具体情境和不断出现的问题进行反复评估，做出伦理抉择。这是一个极其慎重、持续往复的过程。指南希望帮助研究者在申请所在研究机构伦理批准时，使其研究设计和实践更加符合伦理规范，指导研究者在研究中避免对参试者造成伤害。研究者在进行研究设计时，如果没有进行全面的伦理考量，会被伦理审查委员会要求进行改进。

> 我有几个同学，他们（的研究）就是 ethical（伦理）方面出现问题的。当时有一个人研究的是艾滋病。申请被打回来以后老师和他一起改，改完之后交上去，还不行还改。后来整个 research（研究）就改变方向了，因为 ethical 那些。它好像可能会对患者心理造成一定的压力。我还蛮顺利的，但是我们要给课题 information sheet（信息表）和 consent form（知情同意书）。在这两个上面，我都留了导师的 contact information（联系方式）。只要学生或者我的受访者有什么问题就可以问我的导师，complain（投诉）也好，inquire（询问）也好。后来也没有太多问题。（F03_深入访谈）

马老师的同学因为研究设计伦理出现问题被要求改变研究方向。她本人在回国收集数据时遵照要求为参试者提供课题信息表和知情同意书，包括她导师的联系方式，便于提问或投诉。回国搜集数据时，参试者认为知情同意书的作用在于证明研究者实际开展了研究。

> 反而是我在国内做研究的时候，有几个老师问我说：“你这个 ethical form（伦理表格），consent form（知情同意书），我签完之后你给谁啊？”我就说：“我谁也不给啊，自己保存。”回去以后没有老师问我要这个。那个 consent form，国内的老师觉得代表着你在国内做了研究了，觉得这么多不同

的人在签名，证明你不是造假，但是我们回去以后后续没有任何情况需要。如果在采访过程当中，有对研究问题进行改变的话，要重新去交你的 ethical form，确定你的新方向没有问题。不过我们每年都有一个 annual review（年度考核），就是老师和学生一起去写那个 form（表格）。我记得不是第一页就是第二页，有好几个问题讲的就是你的 ethical（伦理）有没有问题。什么什么样子，你有没有，就像 box（方框）你要打钩的那种。（F03_深入访谈）

笔者在英国申请博士研究伦理审查批准时，需要在课题信息表中提供所在机构负责研究的院领导联系方式。知情同意书一式两份，研究者与参试者各持一份。与马老师一样，笔者将这些签署的知情同意书小心保存。伦理审查是一个动态的过程，如果研究问题发生改变，研究者需要重新提交伦理审查申请。李老师到英国攻读硕士学位时第一次经历研究伦理审查，在之后的博士课题和博士后课题审查过程中对相关制度有了进一步体会。他最开始认为这种制度只是一种形式。刚刚知道自己做实证研究要申请研究伦理审查批准时，李老师觉得"很吃惊""挺新奇"。

我觉得挺新奇的，也挺吃惊的，我觉得怎么还要搞这个呀。在国内我问你点东西，不就问了吗？有没有必要告诉你中间的风险，涉及你的信息外泄呀，我会匿名呀，或者说这个东西不能外传呀，不能用于商业目的呀。这一切我认为国外这东西有点太正规了，没必要，有点多余。我当时认为是多余的，一度我还认为这就是一个形式，只是走个形式嘛，太正规了，没必要搞这个，当时我的第一反应是这个。后来我又想了想，特别是读到博士以后，慢慢地我感觉这个东西其实很重要，我慢慢才意识到，我一开始是意识不到的，我认为这是保护个人的隐私呀。（Y01_深入访谈）

李老师在英国申请博士研究伦理审查批准的经历，展示了他在保护参试者隐私方面伦理意识的提升。在美国攻读博士学位的谢同学认为随着对相关制度的了解，国内的老师对伦理审查的态度会发生改变。

> 国内的老师，有一些其他的负担，这让他们觉得道德审查本身这项工作是很麻烦的，或者他们的第一反应是会觉得涉及其他的一些因素，这就是国情的不同。因为一提到审查，大家就觉得头大很麻烦，会把工作量变得很大很大。这个是合情合理的。但是如果大家弄清楚审查背后的目的是什么，意义是什么，就会知道它第一是为了保护被试，第二是规范研究，等等，我觉得这不是一个很难理解的事情。从人性的角度来说，大部分的老师肯定都会接受的，而且到最后你会发现这不是一个很麻烦的东西，比起很多讨厌的审查，这个还好。我觉得大家应该是欢迎的。从整体的行业来看，我了解国内的同学和以前的一些老师，他们都是很欢迎，或者说很支持这个推广的，因为大家共同的意识都是觉得，我们的研究本身都是为了 improve people's life（改善人们的生活），那研究过程中我们当然不能伤害为我们提供数据的参与者，甚至希望他们通过参与我们的研究能够更好，所以大部分研究者应该都会欢迎这个举措的。（Y08_深入访谈）

2. 来自美国的案例

在美国攻读心理学博士学位的谢同学第一次接触研究伦理审查制度时认为整个过程虽然麻烦，但是代表了一种严谨的科学精神。

> 我觉得是挺麻烦的，有的时候很细很细的地方他们都追究，但我觉得也是好的，代表了一种很严谨的精神。其实作为研究者来说，你搞过一次以后，有一套模板在那里，下一次其实就方便了。谁也不会每提交一个新的申请就重写一个，都是参考之前的。这个模板和规范的建立挺好的。（Y08_深入访谈）

谢同学在这个过程中总结了一套模板，有利于今后项目的伦理审查申请。在美国获得语言学博士学位的姚老师，提到经历研究伦理审查一方面帮助让自己的研究更加有序，另一方面帮助自己提升了对伦理问题的敏感度。

> 我觉得是有好处的，一方面你得把所有的细节都 planned（进行计划），都计划好，而且你也会对这些伦理问题变得比较敏感，在研究的过程中就会比较 aware（注意）对他们的一些保护啊什么的。相当于我们在国内过去并不知道有这个东西，其实完全是 learning（学习）一个 new frame（新系统），是一个特别新的概念。（Y04_深入访谈）

美国大学的伦理审查制度包括培训和审查两个部分，其作用在于通过丰富的培训内容和严格的审查过程提升研究者的伦理意识。本书研究的参试者在国外攻读硕士和博士学位期间，亲身体验了培训和申请的全过程。例如，姚老师用了两个学期完成研究伦理审查申请，在申请之前通过研究方法课了解了研究伦理的重要性，之后参加网上的研究伦理培训，获得合格证书。

> 其实我的硕士论文没有走正式的 IRB 的申请，因为当时我导师说就是一个课程论文，不是一个 thesis（学位论文），觉得不是一个正式的论文，可以不申请 full review（完全评审）。但是到了博士阶段，那个就是必须要走的流程。我记得特别麻烦，有一整个学期，在准备开题的时候，要准备伦理的报告。基本上就是，之前我们上过一个课叫做 qualitative research methods（质性研究方法），专门有老师讲为什么伦理是重要的，要怎么去注意保护 participants（参试者）的 privacy（隐私）之类的，还在网上做了一个课程，相当于培训，所有要做质性研究的人都得完成的一个网上课程。我就记得上面有很多的 questions（问题）。我就把它全部都做完了，会有一个 certificate（证书），说明你通过了这个课程，

之后就可以向 IRB 提交伦理审查申请。（Y04_深入访谈）

像姚老师一样，邓老师在美国攻读传播学博士学位，向 IRB 提交伦理审查申请之前，也需要通过考试。

你过了那个考试以后，才有资格去申请 IRB 的通过。他会发给你一个学习的教程，这个教程里面包括了详细的哪些东西你可以做，哪些东西你不能做。你把它背下来，背下来以后有一个 online quiz（在线测试）。你就去做，这个 quiz（测试）你可以反复做的，一直做到你可以通过为止。因为它的目的不是考倒你，他的目的是让你记住这些东西。你反复做了，比如说你做了五遍，今天这一遍我做错了，知道哪些做错了，你可以 copy（复制）、paste（粘贴）下来；第二次你又把做错的 copy、paste 下来；你再回去找答案，把答案记下来，你再去考。他就让你记住这些东西，记住这些东西以后，你去参加那个 IRB 的考核。过了考核以后，他就会在网上通知你：恭喜你，你已经通过了这个考试，你现在已经可以向 IRB 申请了。（F01_深入访谈）

邓老师在向学校伦理审查机构提交申请时，按照要求提供研究预案，在网上详细填写保护参试者利益的举措。伦理批准有期限限制，如果不能在规定期限内完成研究，需要重新参加考试。

然后你在给 IRB 提供材料的时候，提供你的 research proposal（研究预案）。你在网上填，它会问得非常详细。比如说你准备怎么去对待这些学生，你以什么方式去给他们说，你怎么去做这个 research（研究），你有没有 PI（项目负责人）。你是 PI 的话，你有没有 co-PI（共同的项目负责人）。问过这些很详细的东西之后，它会叫你不停地去改，一直改到它完全理解你说什么东西了，它才会跟你说："好，你的这个已经通过了。"通过之后呢，有这个 research 的期限，比如说 2015 年到 2017 年这两年之间有效，完了之后你得重新考试，重新去申请 IRB 的通过。比如说，你下次做的 research 和你上次做的不一样，即使是一样的，你也得重新再考 IRB。它要保证那个知识的保持度是存在的，因为两年以后你可能就忘了。两年有效期让你能够知道这个东西。（F01_深入访谈）

姚老师所在大学要求申请者首先在网站上按照学校的标准确定自己的研究是否需要进行研究伦理审查，首要步骤是看该项目是否属于研究范畴。除了生物医学研究外，所有通过系统调查方法增进通用知识的活动都认定为研究。以人类参试者为对象的研究，要判断预期的伤害或不适的概率和程度是否高于日常生活中或进行常规身体、心理检查或测试时通常遇到的伤害或不适，即"最小风险"。超出此程度的研究项目通过该大学直接接受联邦机构资助，或者研究者为该大学职员或学生，搜集任何含有个人信息或生物样本的数据用于研究时都应该在线填写申请书。内容包括研究背景、参试者信息、研究场域、参试者招募、研究过程、未成年人知情同意、成年人知情同意、隐私与匿名、风险评估、参试者经济补偿及保险、团队资质以及利益冲突等。

学校专门设立了伦理审查办公室，接收申请材料，进行形式审查。同时，每个学院由专人提供伦理指导。

在我们学校有一个专门负责的办公室，把所有的材料寄给他们，材料就是一系列的表格，就是从他们那个网站上下载下来的，而且他们专门有一个负责跟人文学院博士生联系的负责人，我们只要有问题就要问他。比如说，我自己的课堂，我能不能录我学生的像。（Y04_深入访谈）

姚老师填报的申请表中有一项需要报告与参试者是否存在双重角色，如医生、教师或者领导等，以此来判断研究者与参试者之间是否存在利益冲突。教师对自己的学生进行研究时，更容易侵犯学生的自主参与权。在申请过程中，积极向学长请教，获得同伴资源，也帮助姚老师顺利获得了伦理批准。

后来关于其他的那些 procedures（程序），我基本按照我的学长的，一个韩国的师姐。她做的也是 ethnography（民族志），我就找她借了她的 IRB 报告，这好像是一个所谓的传统，有前面的人写的报告，就把它拿过来看是怎么写的，按照她的模式把我自己的写出来，就是这样，给导师签字交上去，等他们那边通过。我记得是用了一个学期。培训是前一个学期，在上质性方法课，网上的那个培训。拿到 certificate（资格证）之后才能去做 IRB 的申请，IRB 的申请又花了一个学期，整个差不多要一年了。（Y04_深入访谈）

在制度建设过程中，要在提升审查效率，为研究者提供具体指导上下功夫。相对自然科学研究来说，社会科学实证研究更加复杂多变、难以操控。研究者在此过程中面临完成研究和关注伦理双重任务。

3. 来自加拿大的案例

陈老师在加拿大某大学攻读了硕士和博士学位，经历了两次研究伦理审查。她所在的高校成立了两个伦理审查委员会：健康科学伦理审查委员会和人文社会科学及教育伦理审查委员会。依据研究项目负责人所属部门来确定研究项目由哪一个委员会进行伦理审查。审查的方式有两种：委员代表审议和委员会审议。每月举行一次委员会审议，时间提前在学校网站上公布，申请者需要提前七个工作日提交审查申请。

陈老师在访谈中回忆了申请伦理审查批准时需要提供的信息，也提到研究伦理审查过程对她的研究设计的帮助和她的伦理意识的提升。

当时就先查学校的规矩，根据它的要求到网上去写那些信息。我印象当中，肯定要写研究方法、研究目的以及研究对象在这个研究当中要做什么、有什么样的收益、会不会受到伤害。肯定都要写研究对象可以随时撤出，不会受到任何惩罚，应该让研究对象知情于这个研究。肯定是每个研究都要做的，但是在写这个的过程当中，我就发现基本相当于写一个 proposal（预案）。这个写完之后，交上去要等大概三个月。至少三个月后才会得到反馈，拿到这个以后你才能去收集数据。当时我就特别不理解怎么这么麻烦，但是它就是必须要走这么一个过程。如果没有这个，就算你之前收集到了数据，也是不可以用的，或者研究对象不同也是不可以用的。所以我当时虽然觉得很麻烦，但觉得也是挺有道理的，确实需要保护研究对象。写这个的过程中，其实也是在梳理自己的研究设计。因为他问的每一个问题，说到底其实还是研究设计。我觉得还是挺有帮助的。（Y02_深入访谈）

陈老师提到的申请材料是加拿大高校要求申请者提交的伦理协议（ethics protocol）。学校要求申请者以参试者为中心详细描述研究项目如何达到所有的伦理要求和标准。为保证申请者完全理解这些要求和标准，校方要求申请者首先详细阅读加拿大三大研究协会（委员会）颁布的与人相关的研究伦理行为准则（TCPS2），完成在线培训课程。提到在中国社会科学领域建立研究伦理审查制度时，陈老师认为有一定的困难。

国内这块确实做得不够，但是能不能出现这种要求，有这么一个体制，我觉得路还很长。谁来监管？困难在哪里？等于是一个新的体制。你要建一个机构，国外是大学有一个机构，大学之外，我没有调查，是不是还有一个统一的机构，像是加拿大政府，应该还有一个机构，他们要汇报的。要重新建一个机构，重新拟一套体系，就看他们觉得有没有必要。另外就是中国人多，可能也不太习惯这样，咱们都没有隐私的概念，这还是个文化上的事情。因为从某种程度上来讲，ethical review（伦理审查）也反映了国外的价值观，就是个人主义至上，非常尊重个人。我们不是这种文化体制，大家能不能接受得了，还是说我作为一个研究者，我应该有一个基本的道德规范？你让他经历这么多审核手续的

话，可能老师们也不愿意。（Y02_深入访谈）

从陈老师的访谈中可以看出，新体制的建立不仅需要考虑到监管体系等的建设，同时也要考虑到社会文化的认同度，以及一线研究者的工作压力。在完善制度建设的同时，切实加大对伦理意识的文化引导，并且从一线研究者的实际困难出发，简化程序，提供指南辅助申请。作为在国内大学同样承担教学科研和学生工作等多项任务的一名青年教师，笔者在对陈老师和姚老师进行访谈时，对她们面临的压力感同身受。但是，从长远来看陈老师认为值得推进此项制度。

> 所以我觉得这里面可能有几个问题。第一我们要不要有这个 ethical review（伦理审查），我觉得需要。第二要考虑到可行性。我们是不是应该至少制定一个规范，基本上大家都应该遵守的一个规范，然后学校这边可能要自己去 self evaluation（自我评估），哪怕我们不像国外要经过三个月。每个人要有一个 self evaluation，作为一个 record（记录）交上去，如果出了问题就是你负责，我觉得这最简单，你就按照那个一项项自查。时间要快，就按照这个一条条答嘛。第三是信息化。比如几个内容是必须要有的，那你过了就过了，通过这种信息化手段帮你 check（检查）一下。（Y02_深入访谈）

从可行性角度来看，陈老师建议在制定规范的基础上，以研究者自查为主，风险程度较高的由委员会把关；同时，加强信息化建设，提高审查效率。并且，将参与研究伦理审查委员会工作作为高校教师参与学术服务的一项职责。

4. 来自新西兰的案例

正在新西兰某大学攻读博士学位的吴同学，在访谈中描述了自己接受伦理审查的经历。

> 我一入学，第一年 provisional year（预备期）有 8 个目

标需要逐一完成。其中有一个就是 ethic application（伦理申请），只要你的研究涉及人，都需要进行这个申请。这个申请比我想象的要复杂很多，前前后后我花了三四个月的时间，从开始起草初步的 draft（草稿），再到联系校方，因为它有很多 procedure（程序）要走，一步一步的。和我的导师共同来完成的，大概花了三个月的时间。（Y09_深入访谈）

吴同学所在的大学要求以人类参试者为对象开展研究（包括匿名调查问卷和课程研究等）的师生都要向学校伦理审查委员会提交伦理审查申请。在申请之前，学校建议申请者通过在线培训课程和阅读研究伦理指南了解申请书各要素的撰写要求。培训课程对困扰申请者的匿名权、隐私保护、知情同意和利益冲突等伦理问题进行重点讲解，通过案例分析等手段检查申请者对相关知识的掌握和应用情况。在培训课程测试中答对 80% 以上才能获得证书。校方的研究伦理指南要求研究者对可能存在伤害的风险进行评估，提供知情同意书，列出对参试者隐私权和匿名权的保护措施，对是否采用隐瞒或隐蔽方式开展研究，是否涉及海外数据采集，涉及的利益冲突，以及文化敏感性等，进行逐一说明。吴同学回忆了审查流程。

一开始的时候，会给你一个 PPT，告诉你在 ethic application（伦理申请）里面需做什么事情。会要求你如果涉及人，先要阐述清楚你的研究目的是什么，研究对象是什么，你为什么选择这些对象，你需要研究对象付出什么，为你的研究花多少时间、多少精力，等等。需要具体做什么，要非常非常细，非常具体。然后，做的这些事情会给他们带来什么样的 benefits（利益），同时有可能会给他们带来什么样的 risks（风险）。你会做哪些事情来避免或者尽力去避免这些给他们带来的负面影响。另外，你这个研究有没有存在任何的 conflict of interest（利益冲突）。比如你的 participant（参试者）是不是你的学生，你跟参试者的关系。另外就是到了你的研究步骤，要说明你的研究是怎么开展的，每一步是

怎么进行的。（Y09_深入访谈）

该大学对社会文化敏感性有特殊要求，认为研究者有义务保证研究行为和研究目的在文化上符合参试者文化、社会习惯及期待。研究者也应尽量用参试者的母语提供课题信息。对于特殊文化或社会群体，研究者有义务找到并使用适合的途径征得对方知情同意。每个学院按照专业配了伦理顾问，较大的研究型学院配备了毛利研究伦理顾问（Māori research ethics advisors）。吴同学对审查制度的流程从觉得"复杂"到认为"有帮助"。

> 其实 ethic application（伦理申请）的过程，我当时觉得好复杂呀。每一步，因为要求得特别特别细，反反复复地改，每一句话都要特别地斟酌，所以当时觉得好复杂。但是回过头来现在再想的话，我觉得这个 application form（申请表格）很有必要。一方面本身我想可能涉及人权问题，这是对 participant（参试者）的一种非常重要的保护和尊重。第二个其实对我的研究是必需、必要的。因为我是做的质性研究，所有的这些，刚才我讲的这些点，比如说你怎么 approach（接近）你的 participant，你跟 participant 之间的关系，你是不是匿名，等等，这些都涉及我和 participant 之间这种 trust relationship（信任关系）的建立。在我访谈的时候，有一个 participant 就跟我说，幸好你刚才给我讲了这些 policy（政策），你都是匿名呀怎么样的，要不然我可能不会那么 open（开诚布公）的。因为他确实给我讲了一些特别的，我觉得如果不是出于信任，他不会给我讲这些话的。所以我觉得整个过程，对我来说是让我进一步去 refine（改进）我自己的 research design（研究设计），还是非常非常有帮助的。（Y09_深入访谈）

吴同学认为研究伦理审查制度帮助自己提升了对参试者利益的保护意识，同时知情同意让参试者在访谈中解除戒心，敞开心扉，与研究者建立起信任关系。在这一过程中，吴同学的研究设计得到完善。所以，她感觉研究伦理审查制度对她的研究是非常有帮助的。在北京某高校负责科研工作的艾校长对这一点进行了阐述。

> 从研究者的角度来考虑这个问题也是有意义的。研究者，他的研究对象如果是现实生活中的个人，如果被研究的对象对自己个人的隐私，对个人的权利，没有安全感，那么，他在接受你的研究时，可能会不讲真话，可能会保留信息，可能会误导你。因为，他没有安全的保证。所以，研究者和研究对象之间就研究对象的权利、利益进行合同约定，给研究对象一种安全感，实际上有利于研究的进行，有利于研究真正深入地开展。所以，这应该是一个很有意义的视角。（M01_深入访谈）

吴同学在填写研究伦理审查申请的过程中，对自己采用的质性研究方法从研究伦理的角度进行了再三审视。所以，她认为建立伦理审查制度除了对参试者的保护和对研究本身起到规范作用外，也能提升研究者的伦理意识。

> 我自己觉得是很有必要的。一个是从 participant（参试者）的角度来说，这对他是一种保护，是一种尊重。你邀请participant（参试者），完全出于他的自愿。而且同时你要保护他，否则的话，你的研究从伦理道德上都是不能接受的。第二，对研究本身，我觉得是一个很好的规范，需要去提高你这个 researcher（研究者）这方面的意识。我在写 ethic application（伦理申请）的时候，学校会有一个 template（模板），我就根据那个一项项去填。其实在填的过程中，包括 research procedure（研究步骤）它都要求你写得非常非常细。在这个过程中，我就又重新开始梳理我的 research design（研究设计）。所以对我的研究本身来说，我觉得是非常受益的。你可以很清楚地反思你自己的研究设计得对不对，里面

有哪些东西你没有考量到。反正我觉得特别是对质性研究，因为大部分涉及人的是质性研究，是很有必要的。（Y09_深入访谈）

吴同学以选取参试者流程为例，解释了伦理审查对自己开展质性研究的指导作用。

> 我印象中特别深刻的就是 How you approach your participants（如何联系参试者），就是你是通过什么样的方式联系到你的 participants（参试者）的。比如像我这个研究，既有 leader（领导），也有他底下的 teacher staff（教师）。我在研究 teacher staff 的时候，我是不能够通过 leader 去找他的 teacher staff 的，也不能直接去找这些老师。而是通过他们的一个相当于 peer teacher（同伴教师）的 colleague（同事），然后通过他们来找这个老师。还需要取得这个学院的同意。比如学院的 leader 要知晓你的研究，他要非常清楚你研究的目的、研究的目标、研究的步骤、需要老师做什么、可能会给老师带来什么样的影响，等等。你需要取得院长或者系主任的同意，也需要他们去签同意书。完了以后，还需要跟院长说，这件事情老师参与完全是出于自愿的，不能因为他不参与而给他带来任何负面的影响。这一点对 participants 也是要说明的。（Y09_深入访谈）

通过准备三份不同的文档，吴同学从整个研究设计到对机构负责人以及参试者知情同意的相关考虑都进行了认真细致的准备，以切实在研究过程中尽全力保护参试者利益。

> 实际上我们填了几份表格，一个是 application form（申请表）。第二份文档是给 leader（领导）的文档，就是你的院系的主任，他的领导。那么你要给他这份文档，其实内容差不多，但是你在里面还需要特别说明一点，就是 participants（参试者）完全是出于自愿的，而且是匿名的，不能因为他不

参与这个研究，就对他不利或者有不好的 effect（后果）怎样的，这个需要跟 leader 说明。第三份文档就是给 participant 的，需要给他签的一份知情书。它相当于分两份，一份是知情书，一份是同意书。知情书就是刚才我讲的内容，都在上面，差不多就是这些。（Y09_深入访谈）

6.3.4 关于伦理审查制度建立的意义和必要性的访谈调查结果

问卷调查结果显示，大多数被调查对象同意研究伦理审查制度的建立有助于提升中国的学术声誉，这是国家法治建设的需要，是规范社会科学研究的需要，有助于提升学术共同体的伦理意识。研究伦理审查制度的建设是我国开展国际合作的重要途径之一，也是国家治理体系和治理能力现代化建设的一部分。笔者对研究伦理审查制度建立的意义和必要性进行了访谈。艾校长首先从保护参试者利益的角度论述了在中国建立研究伦理审查制度的必要性。

我认为确实是很有必要的。因为人文社会科学研究，如果涉及社会中的个人，那么在现代的法律制度下，以及现代道德文明的价值体系下，研究对象个人的隐私啊，意愿啊，利益啊，都应当受到恰当的保护。而我们的社会科学研究，包括人文科学研究，的确都有可能对它的研究对象造成负面的影响。这些研究对象可能是青少年，可能是囚犯，也有可能是正常的个人。这些不同的个体，都有一个个人权利的问题，这些个人权利都应当受到保护。在未经个人允许的情况下，现代法律本来是保护个人隐私的。那么可以设想研究者在没有个人授权的情况下，违背个人意愿，泄露个人信息，由于这样一种泄露影响了研究对象的生活，这实际上触犯了法律，不只是伦理的问题了。从这个意义上讲，它与现代法制国家的建设是一致的，不只是个伦理的问题，是学术背景下保护个人权利的问题。（M01_深入访谈）

此外，艾校长认为研究伦理审查制度建设对于国家法治建设和道德规范建设都具有重要作用。

> 建立研究伦理审查制度不仅是学术研究的必要，还是国家法治建设的需要。当然，我们还可以从道德的角度考虑这个问题。学术伦理通过这种明确的规则契约约定下来。它可以规范人们的行为，防止从事学术研究过程中的一些不道德的行为。我们国家讲学风，教育部非常重视科研管理里的学风建设。学风建设，我们主要指在学术研究的过程中，讲究诚信，避免剽窃他人的成果，捏造数据，欺世盗名。但是，到目前为止，还没有上升到研究伦理这个层面，没有上升到对研究对象进行保护这个层面来谈学术道德。所以，我个人认为，现在正是提出这个问题的时候。（M01_深入访谈）

在北京某高校从事对外汉语教学的于老师认为建立研究伦理审查制度可以使中国的学术更加专业。

> 我们现在在各方面，从自然科学到人文科学，自然科学就不用说了，你要用很多小白鼠，你要用人去做实验，肯定会涉及对人的一种最起码的尊重。你用他做例子，这不是一种私人的友谊，而是作为一个学术规范，应该让被研究者知情，让被研究者的隐私和尊严得到最基本的保证，这是必要的。在社会科学方面，像我们的量化调研呀，可以不用，但涉及访谈的时候，我觉得之前做的很多东西，当然被调研人还是知情同意的，主动志愿做这个。另外一方面，我们越来越多地跟国际接轨，我们怎么能让我们的学术研究使每一个参与者在中间觉得他是正式地参与了一个学术研究，而不是帮了朋友一个忙。我觉得需要专业的地方应该做得很专业，我们以前公的私的，没有办法分清楚关系，在关系很模糊的情况下，或者是通过关系来完成的。古老的文化碰到现代的学术规范，就会产生现在这个问题。而我们的现代学术，我

们要走到国际一流的程度，首先跨越的一条就是在学术执行的过程中，要更加专业。（Y06_深入访谈）

作为学术规范，严谨的知情同意流程除了让参试者知情，隐私和尊严得到保证之外，会使他们与研究者之间的权利与义务置于学术研究之内，而非熟人之间的"关系"和"帮忙"，从而使学术更加专业，这也是与国际对话的关键一步。在英国获得教育学博士学位回国任教的燕老师也在访谈中提到研究伦理审查对提升中国学术形象，与世界接轨的作用。

现在那么多大学招那么多外国留学生，搞国际化。外国学生有自己的学术传统，他要是觉得我们没有审查制度，"唉，你这个东西不规范啊，或者参试者利益没有得到保护啊"。促进跨国合作有利于我们接轨，接轨本身标准要一致，要不然你做你的，我做我的。（Y03_深入访谈）

大多数被调查对象认为外国研究者要来中国做科研，必须经过中国伦理审查委员会的审查才能进行数据采集工作，被调查对象认为研究伦理审查制度有助于建立平等的中西学术关系。在实际研究过程中，研究伦理审查制度的缺失阻碍了国内学者的实证研究。黎老师在中部某高校任教，博士毕业后在美国某高校访学一年。她在国内做博士课题时，其所在高校还没有建立研究伦理审查制度。

出国前，我记得我们接到美国学校通知的时候，其中有一条应该是很明确地写不能在美国进行田野调查，不可以进行任何数据搜集。我去访学之前，有一个通知，那上面写了，不允许进行数据搜集。我记得是有这个规定的，要么就是后面还有一个条件状语，可能在什么什么情况下才可以，就是有这个规定。我记得很清楚，当时我是想进行一些调研的，我一看觉得怎么会有这条啊。（Y10_深入访谈）

因为没有伦理审查的经验，黎老师在访学期间无法进行数据搜集。这种不对等随着合作研究的增多，越来越成为中国学者进行国际研究的阻碍。

> 我记得我英国的同学、同事，他们到英国之前申请邀请函的时候，好像是不能写合作导师，不能合作做研究。就是访学类的这些人，不能说你和导师合作做了一些研究。好像英国有这个规定，你访学就是去听课的，就是去访问的。合作研究是通过另外的渠道，好像是这样的，因为当时改邀请函改来改去，导师不让这样写。（Y10_深入访谈）

司老师在美国访学时也有同样的经历，由于缺少伦理审查经验导致研究搁浅。

> 我觉得应该有这样的制度，但是具体怎么样我还没有想过。它会避免后续很多的麻烦。像国外学者的做法，有的时候也真的比较烦琐，因为我自己去美国工作了两个学期，一个学术年。当时我做了问卷去搜集一下美国学者的看法，但是我也知道他们有这些规矩，我就提了一下，跟他们一个老师讲。跟我了解的情况、推测的情况是一样的，那样弄起来就是挺麻烦的。因为他们大概不会像在中国，比如说讨论一下，很快就可以讨论一下，他们规定了什么时候才能讨论完，有个结果。我在那儿待的时间有限，而且那也不是必须做的事情，后来就没做。想想其实很有意义，可以去探讨一下为什么这样做。我能理解他们为什么这样要求。很多年前一个新西兰学者和我有共同的研究兴趣，他说他要回学校申请 ethical（伦理批准），他们真是挺麻烦的。这是我第一次知道，明确从一个人那里听说这个。所以，当时我到美国的时候就知道他们应该是类似的，制度都差不多，就问了一下，他们确实是那样子的，就比较麻烦。因为是去工作，不是自己去做研究，就老老实实干工作，那个研究就没做。（Y12_深入访谈）

司老师在访谈中反复提到伦理审查比较"麻烦"，虽然没有亲身体验，但是从国外学者的描述中已经略有耳闻。受在美时间的限制，她没有开展原定的问卷调查。于老师在新西兰工作时想开展一项华人移民跨文化身份构建研究，也因为同样的原因搁置了研究计划。

> 我在做的时候，发现首先的障碍就是数据收集。在这之前，我跟那边大学的一个学者，合作了一个访谈项目。当时他就说，我们需要一个伦理申请，这个伦理申请你申请不方便，我可以申请，因为他是那边大学的 full time（全职）学者。后来我说好，实际操作是我来操作，伦理申请是他做的。因为有伦理申请，我的所有的调研、访谈才能顺利地进行。等到我要做这个华人移民研究的时候，我发现这也是一个障碍：怎么能顺利地获得这些数据？我当然认识很多新西兰的华人，但是在新西兰你做一个研究，开展调研、进行访谈，你要有一个伦理申请。这是一个共识，学界都要问的。我发现就没有。后来想是不是可以拿这个 project（项目）作为申请，读一个书算了。我还真的启动了，并且他们也给我offer（通知书）了，并且我做了差不多大半年。但是我最后还是发现在孩子、家庭、现在的工作之间，我都没有办法平衡。我觉得可能性很小，就放弃了，挺难过的，挺遗憾的一个事情。（Y06_深入访谈）

于老师的这个项目因为还没有开始调研，所以对她来说受到的影响不是很大，但是她的另外一个项目却因为没有后续的伦理批准而无法进一步搜集数据。

> 我真正遇到没有伦理审查就做不了事情的时候，是我的另外一个项目，就是跟国外大学这个学者合作的这个项目。因为政策变得很快，在我调查完还没有形成一个东西、一个结论的时候，新西兰的那项政策已经发生了变化。我当时调研的那个背景就发生了变化，我希望能够继续调研，看看在

政策执行之后，有一些什么样的变化。我就回过头来，再去找一些我原来工作上的合作伙伴。我做这个的时候，碰到的第一个问题就是，如果是外国人，他首先会关注的是你有没有一个伦理申请，特别是如果他已经受过学术训练，就会问这个。其他人倒是不太在意，但是我可能碰到的正好是这样一个例子。他自己刚读完硕士，他又是一个外国人，我觉得他也不是故意不跟我合作，其实他还是帮我回答了一些问题。但是后来他在跟他的团队汇报这件事情的时候，我觉得他汇报，只是说发生了什么事情，并不是有什么问题，结果后来他的经理就给我打电话，那个经理也知道我，我在这里工作很多年。他说：“听说你在调研这个事情，你有没有伦理申请？”我说：“没有。”然后他说，“没有伦理申请不能访谈，你不能作访谈，而且不能使用我们的数据”，并且他让我口头承诺，包括我的老师的谈话记录，这些都不能使用。当时虽然知道没有伦理申请，但还是觉得挺生气的，因为我不会点名让他们的信息暴露出来，而且我是非常侧面地去用一下，看一下大的环境的一个变化，但是依然不行。（Y06_深入访谈）

伦理审查制度要求研究者在改变研究目的、研究方法、研究对象和研究期限等情况下需要向伦理审查委员会重新补交审查申请。

后来这个事情我就跟我的导师提了一下，他说正好有一个人说澳大利亚有一个私立的机构作教育方面的咨询，他们给第三方收费作伦理的（审查）。后来他还给了我联系的方式，我也在网上找到了那个机构。但是我写给他们的东西没有得到回复，所以后来关于政策变化以后的情况，我就没有办法去调研了。（Y06_深入访谈）

于老师提到的第三方审查机构可以成为中国学者到国外收集数据的一个方法。

> 觉得也是一个通道,其实在中国也可以尝试和国外的一些机构建立第三方的通道,比如我们自己还没有完整的伦理申请的时候,能不能有一个机构,比如社科院的某个地方,或者某个大学的机构,和国外的第三方形成一个合作。(Y06_深入访谈)

新西兰的大学设有伦理审查委员会,可以为自己的学者提供国际合作的通道,同时也要求所在单位的研究者到海外开展研究时一方面采取措施保护参试者和自己的安全,另一方面充分考虑当地与伦理相关的实际状况及情境因素,在伦理申请中详细展示相关步骤。如果当地有伦理审查的要求,研究者需获得研究所在地的审查批准。伦理审查委员会特别强调研究者要遵守当地法律,尤其是当地有关隐私和数据采集的法律。

在美国获得传播学博士学位的邓老师认为制度建设对于国际论文发表有帮助,但是如何让国外的伦理审查机构承认我国的审查标准还需要深入考虑。

> 你要在国外发表文章,就容易一点儿。但是最大的问题是,你怎么让人家承认你这个东西。第二个,比如说美国说我们搞合作,你们做的那个东西要通过我们的 IRB 机构,然后中国政府愿不愿意同意,这又是一个问题。比如说中国教育部、当地教委。这就涉及其他很多国际合作的东西了。很多时候我们要按照他们的标准来。这个做出来之后,涉及很多额外的工作,中国的教育机构或者教育部门愿不愿意做这个事,因为没有利益在里面。当然必要性肯定是有的,这是一个很有意义的事。相当于向发达国家看齐,他们对人的保护,我们中国应该有啊。关键就是说,现在第一个是没有这种概念,很多大学暂时没有这个概念;第二个,你以什么为标准,不可能将美国的标准拿到中国来,中国政府说我们凭什么接受美国的标准,我们需要有自己的东西。你往美国去投,你的标准是什么标准,就会有很多矛盾在里面。(F01_

深入访谈）

　　新西兰的高校规定本校研究者与其他高校研究者共同开展的研究
项目，如果已经获得外校伦理审查批准，需提交相关证明由委员会决
定是否认可原伦理审查批准。如果得不到认可，需要重新提交申请。
如果该合作项目尚未获得伦理审查批准，必须重新提交申请。从其他
单位调到本校的研究者需向学校伦理审查委员会主席提交所主持的项
目原始伦理审查申请表及批准书。主席依据原审查程序与本校审查程
序的相似性来决定是否由委员会来做相应认定。这类项目在开始前必
须获得研究伦理审查委员会主席的书面批准。谈到国外是否会承认中
国的研究伦理审查制度时，于老师认为：

　　　　我觉得它会承认。我觉得如果我们有，完整不完整都不
　　要紧，只要有。它是要充分考虑你在调研的时候，在访谈者
　　和被访谈者权利的基础上，考虑他们的身心各方面受影响的
　　程度。我觉得是可能的。（Y06_深入访谈）

　　回国后，于老师的一些课题需要到国外搜集数据，所以获得伦理
批准成为她迫切需要解决的问题。

　　　　我现在申请了两三个课题，其中有几个要涉及去国外做
　　调研，我碰到的第一个问题可能就是我去哪儿找伦理申请。
　　这就变成了特别迫切的需求，我必须要有一个伦理申请，然
　　后我才能到一些国家去调研。也许跟对方大学合作，是一个
　　办法，由他们出面去申请。（Y06_深入访谈）

　　在国内高校建立研究伦理审查制度已经成为中国社会科学研究者
开展国际合作的迫切需求。大多数被调查对象赞成每所科研机构都应
该建立研究伦理审查制度，也表示如果所在机构成立了研究伦理审查
委员会，愿意参与审查工作。关于被调查对象对于制度建设的态度，
认为研究伦理审查制度只是走形式而已的被调查对象仅占少数。大多
数被调查对象认为有必要专门针对社会科学研究建立研究伦理审查制

度。少数被调查对象认为在中国对所有社会科学专业研究进行伦理审查没有可操作性，认为研究伦理审查制度过于复杂。对这两个观点持中立态度者比例较高。因此，在帮助各界认识到制度建设的重要性的同时，加快制度建设进程，制定详细可操作的指南势在必行。

张老师对于研究伦理审查制度只是走形式这一观点提出了自己的看法。

> 但我觉得不是呀。比如在××大学，虽然我做的时候会觉得很麻烦，但是我们过了之后就会反思，为什么我们要这么做，或者在过程中为什么我遇到这些困难。其实你如果在此之前有这种意识，有这种 awareness（意识），你就可以避免这些。在你的设计中就考虑到了，走这个过程就是一个自然的、非常顺畅的过程。其实我觉得这个制度本身，是提高研究者的基本素养的一个工具。（Y05_深入访谈）

制度建设的最终目的之一在于培养研究者素养。在了解了国内学者对研究伦理审查制度建设的态度，建立伦理审查制度的意义和必要性之后，有必要了解其对制度建设的困惑与担心，以便在制度建设中有针对性地进行解决或者化解。

6.4　参试者对制度建设的困惑与担心

6.4.1　问卷调查结果

如表 6-21 所示，问卷用以下四个题目调查了参试者对制度建设的困惑与担心。

表 6-21　关于被调查对象对制度建设的困惑与担心的调查题目

题号	题目
37	我担心研究伦理审查机构会要求我调整研究内容
39	我不清楚研究伦理审查委员会评审的流程
64	研究伦理审查制度对我的研究造成了阻碍
72	我担心由于研究伦理审查制度时间长，不能按时开展田野调查

表 6-22　关于被调查对象对制度建设的困惑与担心题目调查结果

（单位：%）

题号	强烈不同意	不同意	中立	同意	强烈同意
37	2.93	8.78	45.75	35.32	7.23
39	2.01	8.23	30.10	41.08	18.57
64	6.31	25.62	50.59	14.27	3.20
72	1.74	8.14	40.16	42.27	7.69

如表 6-22 所示，42.55% 的被调查对象担心研究伦理审查机构会要求自己调整研究内容（第 37 题），没有此担心的被调查对象占 11.71%。不清楚研究伦理审查委员会评审流程（第 39 题）的被调查对象占 59.65%，仅有 10.24% 的被调查对象清楚相关流程。有 17.47% 的被调查对象认为研究伦理审查制度对自己的研究造成了阻碍（第 64 题），持不同意见的被调查对象占 31.93%。担心由于研究伦理审查时间长，不能按时开展田野调查（第 72 题）的被调查对象占 49.96%，没有此担心的被调查对象占 9.88%。调查对象中对这四个观点持中立态度的比例较高，分别为 45.75%、30.1%、50.59%、40.16%。

6.4.2　访谈调查结果

从访谈中得知研究伦理审查周期过长会引起研究者的焦虑。例如，姚老师用了将近一年时间获得伦理审查批准。在这漫长的申请过程中，她感觉非常紧张。社会科学研究非常复杂，能找到一个理想的研究场域并不容易，错过之后就意味着要再等一学期，这让在美国留学的她不可避免地产生了焦虑的情绪。

　　非常紧张，我当时不知道它什么时候能下来。严格说来，它（伦理审查批准书）不下来我就不能开始，但是别人的课要开始了。如果它不下来，我第一堂课不能录，这个珍贵的数据就没有了，还要再等一个学期。所以其实我在里面有灵活的处理。而且有的老师跟我说："你先去课堂上听，回来再让你改什么就按照它的改，但是不能因为这个没有下来

你就不去了。"所以实际操作上没有严格地按照流程。（Y04_深入访谈）

此时，姚老师作为一名学习者了解课堂情况，不是为了开展数据采集。这部分数据虽然在论文中不能用，但是可以帮助她了解背景情况。由于刚刚接触这一制度，姚老师也对其在研究中的指导作用持有怀疑态度，尤其是她所在高校伦理审查的缓慢与在国外留学的压力，增加了她的焦虑感。

> 其实我不是全身心地相信这个系统是完全好的，我一半的中国大脑在告诉我说，这里面都是无用的、表面的。因为美国社会好多东西需要填表，有很多很多要求写得特别清楚的条例，但我觉得很多时候这些都是很虚的东西。我就在想 to what extend they will actually apply or follow this（他们多大程度上会应用或者遵照执行）。所以我在做的时候，可能也有一点那种"我大概知道就行了，不用太追究这个事情"的想法。就有点不够 professional（专业），我觉得在 professional 方面没有达到他们那种学者的 rigorous（严谨）。但我真的不想完全按照他们的那种去做，一方面我觉得中国之所以搜集数据这么容易，就是因为没有前面这些条条框框的东西。但是在国外本来就是留学生的情况下，还要做这么多去把自己框住的东西，以至于你的论文都不知什么时候才可以开始，随时都有一种焦虑感，我觉得这方面是一个 disadvantage（不利因素）。（Y04_深入访谈）

在英国完成博士研究的燕老师认为在中国社会科学领域建立研究伦理审查制度，"有点多此一举的感觉"。

> 咱们国家伦理审查的状况我不是很清楚，但是医学肯定是有的。用人做实验的，肯定是有的。但是社会科学这一块是不是一定要按照西方来做？有的时候我觉得他们在程序上，有点多此一举的感觉。（Y03_深入访谈）

燕老师在英国开展博士研究时，发现知情同意书容易让她的参试者产生戒心，不利于数据的搜集（详见 5.5.4 节）。但是在之后的访谈中，燕老师对在学生中进行研究伦理培训的建议持赞成态度。

> 这方面的一些培训还是有必要的。咱们在硕士研究生和博士生培养方面，我感觉都没有涉及这个问题。我去教科文组织参加考试的时候，有篇文章是关于科技伦理的，我第一次看到把科技和伦理放在一起，我当时觉得这是什么东西啊。不能想发明什么就发明什么。一想这个东西感觉太复杂了。（Y03_深入访谈）

燕老师提到制度的推进要依托大学和研究机构来进行，提升从业人员意识，避免形式主义，进行广泛论证，在全社会达成共识，让大家意识到制度建设的意义所在。同时，燕老师认为保护隐私要让位于公共安全，研究者对制度的信任感需要在制度建设中慢慢建立起来。因此，建立让研究者"放心"的制度应该是制度建设的目标之一。

> 我觉得他们（西方）对弱势群体的保护意识，比如保护隐私啊什么的还是挺强的。中国人现在也开始谈隐私方面的。但是我觉得隐私相比公共安全来说，我更倾向公共安全。若要选择和取舍，还是 public good（公共利益）比 privacy（隐私）更重要。我觉得西方对弱势群体的保护，我是特别赞同的。有时候我们没有征得别人的同意，做一些事情或者发表一些东西，我觉得是不合适的。那同时，西方对人权的过度保护吧，我也觉得有点过了。个人的权利，怎么跟公共利益相比？包括国家利益啊。一定有文化因素，但是对大多数人有好处的事情，需要公布就要公布。在挽救生命和保护隐私之间，生命还是有 priority（优先权）。这些东西应该有一些共识。哪个地方有摄像头？是，我们都应该有知情权，都应该告诉我们。有的时候，你就觉得这种知情权，我还是希望由特别明白的人来做这件事情。把我们的东西交

到放心的人手里面。(Y03_深入访谈)

对于一些学者认为"这项制度是一种障碍,多了一个关口"的观点,在北京某高校分管科研工作的艾校长认为制度的建立利大于弊。他结合自己的经历做了解释。

> 有些情况下研究者可能会觉得小题大做,增加了烦琐的 paper work(日常文书工作),但是这是一个利大于弊的问题。从管理的角度,这样来要求是名正言顺的,个人没有理由抵制。它会增加环节,但是任何好的东西都要付出代价。我们要保护个人的权利,我们增加这样的环节是有意义的,这是一个学术文明提升的问题。我第一次碰到这样的一个场景,是多年前我有一个学生到了美国读博士,他暑假回来做调研,了解中国高校改革的问题,来采访我。事先通过邮件、通过电话和我联系了,说希望能够见到我,看看老师,顺便采访采访我,因为我作为院长对国内高校的情况很熟悉。我当时觉得很好啊,也是校友,答应了。当他到我办公室,见到我,我自然非常高兴,我们的校友回来了,看他还在读博士,做研究,非常高兴。然后呢,他说在采访你之前先签一个协议。我当时感到很惊讶,说:"你采访我,采访我呗,还要签什么协议啊。我从来没见到过这样一个协议,给我看看。"我拿过来看了看,之后恍然大悟,哦,我第一次知道在西方学术界从事学术研究对它的研究对象还有这么一个细致的考虑。实际上从我个人的角度,作为一个研究对象来讲,我感到我的权利受到尊重,我的个人信息会受到保护,所以我感觉这是一个很好的做法,自然很乐意签字。而且从这个经历里面,我开始意识到,从事人文社会科学的研究,我们的研究对象不仅仅是冷冰冰的文献,如果涉及活生生的人,我们作为学者确实有义务、有责任尊重研究对象,保护他们的权益,我想任何一个人有这样的一次经历,他就会接受,能够理解,认识到这样做的必要性。尽管好像麻烦了一

点，增加了一个环节，但是，是能够被接受的，而且可以顺利地被接受。（M01_深入访谈）

正如艾校长所说，在中国社会科学领域建立研究伦理审查制度是一个学术文明提升的过程，体现了对参试者权利的尊重。在英国获得博士学位回到中国南部某高校任教的李老师从一个研究者的角度分享了自己对制度建设的理解。

> 我觉得大家首先会讨厌这个制度。比如要去做某个研究，对一些研究者收集数据造成不便，对他的研究进程造成不必要的损害，导致这些研究者对这些制度有一定的排斥，我认为会有。但是我觉得一个人，一个研究者，对一个新事物的出现，都是有排斥的。比方说生活习惯，你住习惯一个地方了，或者你已习惯某些东西了，忽然让你改变某些东西，你会不会排斥呢？你肯定会排斥。很多人生气呀，排斥呀，做出一些不可思议的事情，这是肯定的。但是我觉得你需要坚持下去，一个好的制度、好的想法，你需要坚持下去。中间可能会损害到一些人的利益，那没办法，牺牲大环境而照顾一小部分人的利益，那不是一个国家要发展的方向，我觉得要做一些调整。（Y01_深入访谈）

李老师提到对于新生事物，要做好被"排斥"、被"讨厌"的准备，即使暂时触动一些人的利益，也要坚持下去，因为它们代表了一个国家发展的方向。

6.5　参试者对制度建设的需求与认为目前存在的障碍

6.5.1　问卷调查结果

如表 6-23 所示，问卷用以下五个题目调查了参试者对制度建设的需求与认为目前存在的障碍。

表 6-23　被调查对象对制度建设的需求与认为目前存在的障碍调查题目

题号	题目
42	在国内做社会科学研究主要靠研究者个人自觉遵守研究伦理
43	在我国建立研究伦理审查制度在价值观念上不存在抵制
60	根据现阶段的国情需要制定详细的规范措施来提升研究伦理意识
61	研究伦理审查制度是对研究者和被研究者的双向保护
68	建立研究伦理审查制度的首要障碍是人们的伦理意识水平不够

表 6-24　被调查对象对制度建设的需求与认为目前存在的障碍题目相关调查结果

（单位：%）

题号	强烈不同意	不同意	中立	同意	强烈同意
42	1.74	10.25	28.45	42.91	16.65
43	4.12	17.66	40.16	29.64	8.42
60	0.46	1.65	18.39	52.79	26.72
61	0.55	1.92	17.93	48.49	31.11
68	1.60	7.60	31.30	45.70	13.80

如表 6-24 所示，59.56%的被调查对象认为在国内做社会科学研究主要靠研究者个人自觉遵守研究伦理（第 42 题），11.99%的被调查对象不赞成此观点，持中立态度的被调查对象占 28.45%。研究者提高伦理意识与完善的监督和支持体系的结合才能推动研究伦理审查制度建设。38.06%的被调查对象认为在我国建立研究伦理审查制度在价值观念上不存在抵制（第 43 题），不认同这一观点的被调查对象占 21.78%，持中立态度的被调查对象占 40.16%。由于刚刚开始建立研究伦理审查制度，研究者、管理者和执行者对相关程序还处在学习摸索阶段。79.51%的被调查对象认为根据现阶段的国情需要制定详细的规范措施来提升研究伦理意识（第 60 题），不支持这一观点的被调查对象仅占 2.11%，持中立态度的被调查对象占 18.39%。在制度执行过程中，研究者慢慢意识到制度对研究的作用，会逐渐增强对制度的认同感。79.60%的被调查对象认为研究伦理审查制度是对研究者和被研究者的双向保护（第 61 题），不同意该观点的被调查对象仅占 2.47%，持中立态度的被调查对象占 17.93%。59.50%的被调查对象认为建立研究伦理审查制度的首要障碍是人们的伦理意识水平不够。

6.5.2　访谈调查结果

有的被调查对象认为在国内做社会科学研究主要靠研究者个人自觉遵守研究伦理，制度起到的约束作用很小。谢同学在国内某高校读书时也开展过实证研究，遇到了与研究伦理相关的问题。

> 肯定也有，但是我们没有受过这方面的教育，都忽略掉了。我在国内的感觉就是，实验设计全凭自觉。如果你是一个意识很强的研究者，在这个过程中可能会更体贴一些，considerate（体贴）一些；相反如果不是的话，也并不会遇到什么问题，大家全凭自觉。（Y08_深入访谈）

谢同学认为单凭研究者自觉是不够的，需要建立研究伦理审查制度来规范社会科学研究，提升学术共同体伦理意识。

> 在国内开展实证研究的时候，也会遇到研究伦理相关的问题。中国的社会科学研究领域，需要建立伦理审查制度，因为我觉得它将成为一个统一的规范，这是一件好事。大家全凭自觉的话，不利于建立一个行业的整体研究规范。毕竟统一的道德标准，不仅使全国广大的被试都得到公平的对待，而且也是影响整个领域研究设计或者方法的一个总结。如果建立这样一个统一机制的话，对这个领域的研究本身也有好处，有一个统一尺度和标杆。当然我觉得主要还是说，这个凭自觉是很难的，研究者非常容易去过度地用被试的，大部分研究者，我不科学地说就是 aggressive（侵略性强）吧。就是说 exploit（过度采集数据）是一个非常自然发生的行为，哪怕没有意识也是会发生的。所以我觉得是需要的，这样才能保护被试。（Y08_深入访谈）

在研究过程中，研究者为了搜集数据，很难避免过度"剥削"参试者情况的出现。例如，延长访谈时间、增加观察次数等。建立研究伦理审查制度有利于规范研究者的行为，制定统一的伦理标准，为中国社会科学研究提供"统一尺度和标杆",切实保护参试者利益。在制度建立的同时,对在校生进行研究伦理教育十分重要。

> 在研究生一入校就提供相关的培训,他知道有一个东西在这里,在尽可能地达到这个尺度和标杆的过程当中,能够培养他伦理方面的意识,这还是有必要的。这样也可以很快和国际接轨。但是我承认社会科学在这方面是所有领域中做得最好的,国内更是这样。毕竟大家做人文做社科还是有情怀的,相对来说做得还是比较好的。当然还有不足,这也是一个过程嘛。我觉得如果社科能够提高,建立一个统一的道德审查制度,提高我们的研究设计伦理道德水平的话,也是给其他领域做一个模范或者表率。(Y08_深入访谈)

姚老师从美国获得博士学位后,在北京某高校任教。她认为建立研究伦理审查制度可以使经历审查的研究者增强对参试者自主参与和隐私保护权利的认识。

> 我觉得这个步骤是需要的,是需要有人来审查是否符合伦理要求的,至少程序上要走一下。作为被试,对他们来说也比较公平,不会出现被迫加进来,后来却发现自己的故事被传得到处都是这种情况。(Y04_深入访谈)

在谈到制度建立的障碍时,在新西兰攻读博士学位的吴同学认为首要问题是研究者是否能认识到遵守研究伦理的重要性,并在应对繁杂的审查过程中进行详尽的思考并采取相关措施。与此同时,校方能否对此做到严格监管也至关重要。

> 我们学校是这样,我和我的老师写完初稿以后,院系里面专门有一个做 ethic application(伦理申请)的 adviser(顾问),他会去给你审,审完以后把意见发给你让你再修改,最后他提交给学校的 committee(委员会)。学校专门有一个 ethic committee(伦理委员会)的组织,你的这个 ethic

application（伦理申请）是拿到那个 committee 去进行讨论的。据我了解它还是比较认真的，一条一条过，给我反馈回来的信息，一条一条的非常细，所以学校的 committee 就抓得非常严。所以我觉得一方面是 researcher（研究者），另外一方面就是你的组织上或者管理上有这样一个机制，必须严格执行。因为我知道国内有的时候是有这个政策，但是没有严格执行。（Y09_深入访谈）

研究者提高伦理意识与完善的监督和支持体系的结合才能推动研究伦理审查制度建设。问卷调查发现一部分被调查对象认为在我国建立研究伦理审查制度在价值观念上不存在抵制，然而，对这一观点持中立态度的被调查对象占到 40.16%。作为管理者，艾校长认为在我国建立伦理审查制度大的障碍不存在。

大的障碍我觉得并不存在，实际上是我们意识到和没意识到这样一个问题存在的问题。无论是科研的管理者还是学者个体，我想明白了这个道理，都会接受这样一种规范。而对于研究对象来讲，毫无疑问有这样一种保护，是一个好事情。依我个人来看，它没有观念上的障碍，这种障碍并不存在。保护隐私啊，尊重个人权利啊，都已经成为中国社会普遍的价值认同。所以在价值观念上不存在抵制。可能唯一的是在操作层面上增加了一个环节，要有一个宣讲啊，普及啊，让大家接受。（M01_深入访谈）

艾校长认为在中国保护隐私和尊重个人权利已经成为社会普遍的价值认同，研究伦理审查制度在观念上不存在障碍，但是在操作层面上，需要对制度建设的意义进行宣讲。

在试行过程中，科研管理部门要建立这样的制度，有这样的要求。学者层面，让他们意识到自己有这样一种责任，他们有义务这样做。有义务告知他的研究对象在研究过程中将可能面临什么样的危险，他将采取什么样的措施来保护研究对象。所以，实际上对研究机构的管理者和学者本身有一个启蒙，有一个普及教育的过程，使它成为管理的行为、学者自觉的行为。这项工作将来还可以从学生做起，尤其是在本科生、硕士研究生、博士生的培养环节里，把这项机制引进去。这样使未来的学者一代一代在出发的时候就已经了解了这样的规则，他们自觉遵守这样的规则。我很乐观，认为这样一种机制的引入，不会有太大的障碍。（M01_深入访谈）

艾校长认为制度建设首先对科研管理部门提出要求，同时，在学者层面增强保护参试者的责任感。除了对管理者和研究者进行相关启蒙、普及、教育和培训外，还应该包括在校学生。如艾校长所说，当"未来的学者一代一代在出发的时候就已经了解了这样的规则"，遵守制度规则已经成为个人的自觉行为时，制度的建立和推广一定会取得成效。

由于刚刚开始建立研究伦理审查制度，研究者、管理者和执行者对相关程序还处在学习摸索阶段。79.51%的被调查对象认为根据现阶段的国情需要制定详细的规范措施来提升研究伦理意识。吴同学认为在中国建立这种机制，一是要培养研究者的意识，二是要在管理上建立相关机制，三是要在过程中严格执行。

其实我觉得，意识和态度的培养，是需要制度导向的，就是有了这个制度，你是不得不去遵照执行的。无论你是出于自愿还是被动去做这件事，只要严格按照规章制度去完成，然后他也意识到你的把控和管理是非常严格的，那么在这种情况下，我觉得他的意识和态度是可以慢慢培养起来的。不是说你必须立刻要有态度，马上就能出来。可能自己本身意识不到，但是有这个制度作为导向，或者作为一个门槛，使他不得不这样做。包括期刊，它至少是应该要求作者去 claim（声明）他已经取得了学校的 ethic application approval（伦理申请批准）才可以发表。我觉得一个是学校层面的，一个是学术 community（共同体）本身需要有这样的

一个规范，是一个各方联合的事情。（Y09_深入访谈）

吴同学提到加强制度建设的重要作用在于以制度为导向培养研究者的伦理意识和态度。制度作为"门槛"，研究者在"不得不"去遵照执行中意识到制度的"把控"，慢慢培养伦理的自觉意识和态度。包括期刊在内的学术共同体的导向和把控，会起到殊途同归的作用。在制度执行过程中，研究者慢慢意识到制度对研究的作用，会逐渐增强对制度的认同感。79.60%的被调查对象认为研究伦理审查制度是对研究者和被研究者的双向保护。例如，于老师在新西兰工作时开展过一项研究，她发现制度在考虑到保护参试者利益的同时，也对研究者的安全等问题做出了指导。

> 后来我就发现，如何保存你的数据，如何保护他们不受到伤害，比如说他的隐私泄露呀。后来跟导师商量，他们说这个他们都是放在办公室的抽屉里头，抽屉是锁着的，多少年之后，比如说完成博士论文之后要把它销毁。有一项是关于研究者安全的，我没有想到，因为我想研究者还会有不安全吗，后来一想，确实是，因为你不知道你访谈的是什么人。还有参与式的，你不知道你去的地方，什么时间去等。比如我当时的研究方法叫伴随性访谈、参与式访谈，就是他去做活动的时候，我会跟着去做活动，去问。在这种情况下，研究者如何保证自己是安全的？它不仅仅是保护被访谈者。（Y06_深入访谈）

贾同学的博士研究课题需要回国进行数据采集，在接受伦理审查时，学校对其海外研究阶段进行了额外审查。

> 我们大学的 ethical review（伦理审查）是在第一年的年末，大概五月份的时候进行，跟着 Mphi（研究型硕士）转 PhD（哲学博士）进行的 first year review（第一年评估）同时进行。如果你的 fieldwork（田野调查）要在海外进行，比如说我是要回国来做的，他们会要求你做第二个伦理审查，

要直接跟 committee（委员会）的负责人面谈。然后他会给你介绍可能会发生什么样的问题，如果要去海外做 fieldwork，他会要求你每隔一段时间跟系里取得联系，然后他们尽量要求你不要去危险的地区，比如打仗的地方。然后在正式开始做 fieldwork 之前，如果要到海外去做的话，系里会要求你再作一次伦理审查，就是把你的 consent form（知情同意书）和课题 information sheet（信息表）再提交给 committee，让他们再看一遍，是第二轮里面的最后一个步骤。他会见到你，跟你面谈，告诉你海外作 fieldwork 的风险在哪里，其实就是说学校没办法保护你，他把可能遇到的问题全都告诉你。（Y07_深入访谈）

按照要求，贾同学需要直接与学校伦理审查委员会的老师见面，了解到海外进行田野调查有可能遇到的危险，并对风险进行评估，做好防御措施。李老师也认为伦理审查制度对研究者和被研究者都有好处。对于受试者，制度的好处是保护其利益让其"心安"；对于研究者，制度使其获得所在机构的背书，可以增加其研究的可信度。通过这种正规的仪式感，让参试者心安的同时，达到积极配合的目的。

第一个对采访者是有好处的，比方说让你意识到作这个东西的神圣性，真的你是在作这些东西，搞一套仪式出来，也是让人感到挺正规的。第二点是被采访者，我觉得搞这个制度首先是保护他们自己了，确实有法律约束，有规则约束，他们的东西不会被传出去，让他们感到心安。第三点就是如果有机会的话，创造一个氛围，让他们可以积极地去配合，配合咱们这些研究者一起做这个研究，去营造一个特别好的研究气氛。我个人觉得好的研究气氛更好，但凡以后还有什么问题的话，他有政策，这都不得了。（Y01_深入访谈）

李老师博士毕业后和导师一起开展研究，回国搜集数据的过程中遇到参试者不配合、不信任的情况，他认为整个社会的研究伦理意识有必要通过制度建设来提升。

　　我个人觉得整个社会对学术采访的接受程度不是那么重视，我个人有三四次的经历。比方说你去问他们，问卷调查，他可以随便帮你选一下，因为我当时在旁边站着，你哪个题不会，我可以给你解释，那样的话他不好意思给你瞎选，这是第一种情况，从问卷调查角度来说。第二点我是从 interview（访谈）的角度。你肯定要把人约到给你好好谈。当时我用的是 telephone interview（电话访谈），约一个老总。我约了他 17 次，从年前约到年后，然后约到以后，他还没接受我的采访，给了他手下一个副经理。更可气的是什么，比方说我第一次邀请你采访，你要是不愿意，就说不愿意嘛，无所谓，我再换另外一个人。你不要跟我说："我现在特别忙，明天吧。"那我明天来采访你，又说现在特别忙，过两天吧。等过了两天来找，就这样一直推推推，推了我 17 次。为什么我火特别大，就是推了你 17 次以后，最后还是没有接受你的采访，把你安排给副经理，让副经理接受你的采访。所以这个社会上一些商人、一些普通人，他们对你作为一个学者，对做学术的态度是特别不重视的。你去采访他，他觉得根本就是可有可无的，觉得这个东西有用吗？其实我觉得是有用的，我个人觉得是有用的，因为你可以找出行业到底问题存在哪，然后你给他找出解决方法。当然了，我们发文章是我们自私，是我们自己的东西，但是确实对这个社会，我们有一个 contribution（贡献）在里面，我们也是给你们做 contribution 嘛，对不对？所以他们这一点不太好。还有一些人就是一直推，到现在都没有接受采访。这是浪费我的时间，也是浪费他的时间。（Y01_深入访谈）

李老师高中毕业就到英国留学，没有猜透对方"高语境式"的拒绝，对社会上一部分人不愿意参加学术采访，对学术研究的意义不认可的现象感到愤怒。

因为我当时没办法，当时我是从国外回来的。我不知道人家给我说这个，我听不出来，我就一直这样追着去采访他，约了17次，从春节前到春节后，最后也没接受采访，是让手下人接受采访的，这个没办法。（Y01_深入访谈）

李老师在跟这位经理承诺保证匿名时，对方"不信任""无所谓"的态度也让他感到懊恼。

他就是不信任你，觉得无所谓，他认为就是走个形式。"你说你不会告诉第三方，你转身就把这东西卖给第三方了，对不对？"问卷调查问 background（背景信息），一般在问卷调查的最后。比方他的教育水平呀，特别是他的收入这一块。我觉得一般教育水平和收入这两块是他比较避讳的、敏感的。要不就空着不填。当然，如果是博士毕业吧，他当然就填博士毕业了，要是小学水平，可能就思索一下。特别是收入这块，他比较敏感，太高了不会告诉你。因为比方说，我们做研究分析的时候，做一个 group comparison（组间对比）：高收入、高背景的人是什么样的行为态度，低收入、低背景的人是什么样的行为态度。比如采访了500个人，做一个对比，这是一个贡献。（Y01_深入访谈）

由于参试者对研究者的承诺不信任，在提供数据时有所保留，导致研究者无法进行分组比较。结合自己的经历，李老师认为在中国建立研究伦理审查制度要从三个方面进行关注。

我个人觉得，第一是咱们的文化问题。这个不单单是指一个人的意识问题，我指的是研究者和被研究者。一个是研究者，作为一个大学下面的研究者，一些老师，或者一些博士生导师、一些硕士生导师，他们可能都没有形成这样的一个意识，或者咱们的大学里没有这样的一种氛围，让人去做这个东西；另一方面是被研究者，他们也没有形成一种意愿和你去配合做这样一种东西。比方说他认为这东西无所谓

了，这东西不重要，反正你也不给我钱，无论这东西能转换
成钱的速度有多快，他也不愿意特别去配合。当然有一部分
人是很愿意配合的。这是一个，我觉得是社会和文化的态度。
（Y01_深入访谈）

李老师提到第一个关注点是文化问题，包括研究者的伦理意识和
被研究者对社会科学研究的重视及参与程度。需要在科研机构及整个
社会培养文化氛围，这就涉及制度建设。

> 国家要采取一些行动。比如国家要建立一些制度，把它
给束缚起来，大家都按照这个制度走。潜移默化的时间长
了，我个人觉得就是那个三步走：不敢、不能、不想。什么
意思呢，首先你用制度——法律制度来约束这些事，他就不
敢了，对不对，因为你要用法律惩罚他呀，他要是泄露了会
被惩罚。第二个，有了制度，他就不能。有了制度约束，他
就不能做这些东西，你必须按照步骤走，有条款的。然后按
照这个走一段时间，就成了不想了。形成制度比方说20年，
或者10年，这个东西咱不能这样做了。所以我觉得按照三步
走：不敢，不能，不想。我个人觉得外国人，他也是走过这
三个步骤过来的。外国人也是法律健全以后，规定得特别
死，慢慢的人的行为潜移默化就不能不这样做了，这是制度。
（Y01_深入访谈）

国家通过制度建设培育社会文化，提升相关人员的伦理意识。通
过制度的强制性和规约性让人"不敢、不能、不想"。李老师认为形成
氛围需要注意宣传教育。

> 制度建设需要的时间比较长一点，如果想即时见效，就
是教育。比如开一些培训会宣传，这是很重要的。比方在大
学里、在不同的教室里去宣传这些东西。而且宣传是宣传，
一定要执行，不要总宣传口号。口号谁都会说，但是一阵风
过去了，大家各忙各的事，一点用都没有。所以我觉得宣传

起来以后，除了一些相应的监督制度，还需要一些制度，归到制度上来。（Y01_深入访谈）

在制度建设的同时，通过长期有效的宣传培训，进行研究伦理教育，起到立竿见影的效果。三个关注点最终的落脚点是制度建设。正在英国攻读博士学位的贾同学从解决学术不规范问题、学术发展的不均衡和推动实证研究三个方面论述了制度建设的必要性。

> 我觉得在中国社会科学研究领域还是有必要建立伦理审查制度的。我们国家在这几年学术尤其是文科比较迅猛地进步，但是里面其实有很多地方需要改进。第二个是有很多不足，发展不够均衡。比如实证研究，很多是为了拼凑数据而做实证研究，就是说他是为了做一个很好看的数据摆在那里，而不是为了用这个数据来干什么。所以我觉得无论是从发展的不均衡、学术的不规范，还是人们对于做实证研究的误解来说，这个 ethical review（伦理审查）都能起到积极的作用。首先如果你学术不规范，ethical review 能从一定程度上帮助你将学术变得规范起来。另一个，我们对使用一些数据有什么误解的话，ethical review 实际上能帮助你更清楚地认识到你为什么要做实证研究，你的这些数据可以干什么。然后就是对于学术发展的不均衡，尤其是文科，起码我们学校是不重视实证研究的。如果伦理审查已经有，并成为一种必要的话，就会引起我们的一个反思。没有实证研究，但是我们有伦理审查，这就反过来说明实证研究是非常有必要的，学术不是拍脑袋能做出来的东西。（Y07_深入访谈）

谈到伦理审查制度对推动中国社会科学研究的具体作用，李老师从四个方面进行了论述。首先，他认为在中国社会科学领域建立伦理审查制度可以帮助研究者开展数据采集工作。

> 我肯定觉得需要。这没什么好说的。一方面能让你的数据收集执行得更快一点，更顺利一点。比方说要去采访一个

公司或个人，你拿着审查表或证明信，这至少说明不是你一个人在战斗，后面有一个单位或东西在证明你这个人确实在做。我个人觉得就是一个第三担保人，担保你在做，所以你有更大的说服力。（Y01_深入访谈）

科研机构伦理审查委员会专家的审查、把关和批准，无疑可以增加研究者的可信度，帮助研究者邀请到更多的参试者自愿参与研究。

第二方面，当在填这个道德表的时候，我个人觉得，会潜移默化地影响个人的行为。比方说，你作为一个研究者，填了这个表格，多多少少会意识到自己做的东西，表格上说的条条框框呀，比方说研究对象呀，研究目的呀，或者研究用途呀，打算用这个研究干什么呀，研究内容呀，这一类的东西，对你自己我认为是规范的作用。（Y01_深入访谈）

与贾同学所在的大学一样，李老师攻读博士学位的英国大学制定了详细的伦理审查申请表帮助学生获得伦理批准。为了满足"条条框框"的要求，申请者需要认真思考研究过程中涉及的伦理问题，这会"潜移默化"地影响自己的行为，以此起到规范学术行为的作用。李老师同时从保护参试者的角度进行了阐述。

比如被采访人的信息被泄露，会影响到被采访人的利益。如果这个情况出现的话，他的第一反应是我的信息是如何被泄露出去的。如果是因为接受采访信息被泄露出去，我觉得甚至以后会对研究的环境造成一定的影响。比方说再有第二个研究者来采访你，你就不相信了。我的信息已经被泄露出去了，你说得再天花乱坠，你再有一个什么制度，但这个氛围已经变得越来越差，被采访者再也不相信了。或者会使你获得的数据的真实性越来越小，他就随便欺骗一下。反正你欺骗我，我也欺骗你了，对不对？这个真实性会越来越打个叉号。我个人觉得，这个必需，甚至政府部门、学校部门要建立一个强有力的规范制度，这样才能让研究者和被研究者双方的利益全都得到保证。因为如果被研究者报复你的话，研究者的利益也会受到损害。你得到的东西肯定不是正确的，不是好的，你会受到损害。所以我认为保护被研究者的利益其实就是保护你自己。（Y01_深入访谈）

一旦发生信息泄露，参试者会对整个学术界产生怀疑，参与研究的自愿程度会降低，极端情况下会敷衍或提供虚假数据。因此，研究者要清醒地认识到研究伦理审查制度是对研究者和参试者利益的共同保护，正如李老师所说"保护被研究者的利益其实就是保护你自己"。

第四点，就是整个社会为科学的 research（研究）营造一个很好的氛围，不要被不好的氛围给毁坏了。举个很简单的例子，比如当时我去做调研的时候，就是把所有的东西给人家看。他们一部分就是这样认为的，他的第一反应是这是什么，他说："我不相信你是从大学过来的，我不相信你是 research staff（研究员）或者 research student（研究生）什么的，我不会相信你的这些东西。我相信什么呢？我相信你是一个公司的人，一个市场调研员。"我当时说："你为什么会认为我是一个公司的人？"他说："哪有一个人会像傻子一样一份一份问的呀？跑到北京跑上海，跑完上海跑广州，还是你自己出的钱，学校还不给你 funding（资助）。除非后面是一个奶业公司来指派你作市场调研员，给你钱，你才干这个活呢！你绝对不是义务的。"这个我当时觉得挺不好的。所以我觉得这个制度对整个氛围的营造有必要。（Y01_深入访谈）

完善的研究伦理审查制度可以促使研究者采用标准、规范的调查研究流程，在全社会逐渐营造共同遵守严谨的学术伦理的氛围，增强参试者对学术研究的认同度和参与度。

6.6　参试者对制度建设的推进与建议

6.6.1　问卷调查结果

如表 6-25 所示，本研究问卷调查部分用以下十个问题搜集了参试者对制度建设的推进与建议的信息。

表 6-25　被调查对象对制度建设的推进与建议调查题目

题号	题目
36	在社会科学领域建立研究伦理审查制度需要靠行政手段推进
40	研究伦理审查制度需要政府来推动
45	研究伦理审查制度不要与基金立项相关联
46	建立研究伦理审查制度要在研究伦理的普适性和中国特殊情形之间寻找一个平衡点
50	可以结合各个专业建立研究伦理审查制度
58	研究伦理审查制度需要根据中国国情进行调整
59	高校和学术共同体应该联合推动研究伦理审查制度建设
67	在社会科学领域建立研究伦理审查制度需要基金立项部门进行监管
69	与生物医学伦理审查相比，社会科学研究伦理审查可以简化程序
70	高校可以根据部门架构自己决定研究伦理审查制度的管理部门

关于推进伦理审查制度建设的主体问题，我们设计了四个题目：第 36、40、59 和 70 题。如表 6-26 所示，在推动制度建立的方式上，按照被调查对象认同程度高低排序依次为高校和学术共同体联合推动（80.23%）、政府来推动（61.84%）、高校可以根据部门架构自己决定研究伦理审查制度的管理部门（56.09%）和靠行政手段推进（49.49%）。在调查伦理审查制度与基金立项的关系时，62.77% 的被调查对象认为在社会科学领域建立研究伦理审查制度需要基金立项部门进行监管（第 67 题），反对者占 6.50%，持中立态度的占 30.74%。30.38% 的被调查对象认为研究伦理审查制度不要与基金立项相关联（第 45 题），持不同意见的占 29.28%，持中立态度的占 40.35%。66.79% 的被调查对象认为建立研究伦理审查制度要在研究伦理的普适

性和中国特殊情形之间寻找一个平衡点（第 46 题），不赞成这一观点的被调查对象仅占 5.12%，持中立态度的被调查对象占 28.09%。认为研究伦理审查制度需要根据中国国情进行调整（第 58 题）的被调查对象占 72.37%，持反对意见的被调查对象占 4.67%，持中立态度的被调查对象占 22.96%。73.65%的被调查对象认为可以结合各个专业建立研究伦理审查制度，反对者仅占 3.48%，持中立态度的占 22.87%。40.25%的被调查对象认为与生物医学伦理审查相比，社会科学研究伦理审查可以简化程序（第 69 题），持反对意见的占 25.44%，保持中立的占 34.31%。

表 6-26　被调查对象对制度建设的推进与建议题目调查结果（单位：%）

题号	强烈不同意	不同意	中立	同意	强烈同意
36	5.31	9.42	35.77	38.79	10.70
40	2.47	6.31	29.37	45.01	16.83
45	6.22	23.06	40.35	21.23	9.15
46	2.10	3.02	28.09	49.13	17.66
50	1.01	2.47	22.87	53.06	20.59
58	1.56	3.11	22.96	48.95	23.42
59	0.64	1.56	17.57	51.78	28.45
67	1.28	5.22	30.74	45.75	17.02
69	5.22	20.22	34.31	32.20	8.05
70	2.56	9.70	31.66	9.06	47.03

6.6.2　关于伦理审查制度建设推进办法的访谈调查结果

采用工作职责作为自变量，对在社会科学领域建立研究伦理审查制度需要靠行政手段来推进这道题目的调查结果进行交叉分析，发现管理者对此建议认同率最高，达到 64.47%，其他依次是专职研究员（53.84%）、教师（52.54%）、学生（36.28%）。笔者对此类问题也进行了相关访谈，在北京某高校负责科研工作的艾校长认为建立研究伦理审查制度可以采用政府推动或高校自建两种方式。

　　由上而下、由下而上都可以做。由上而下，由教育部主
　管学风建设的有关部门发布一个红头文件，就是要求各个高

校在科研管理方面，无论是对硕士研究生、博士研究生，还是对教师，做出这样一条规定，提供一个标准的范本，供各高校参考使用。因为学科不同，可能还有差异。教育部可以提供一个基本的模板，各高校根据自己的情况制定自己的文本。这种做法可以作为一种普遍的要求。这是由上到下的一种推动。如果教育主管部门认为这样做太行政化的话，可以由教育主管部门做出一种提倡，通过对教育管理者进行培训来倡导这样一种做法。当有些高校，特别是重点高校开始采纳这样的一种制度的时候，就会像滚雪球一样滚向全国。后面一种做法会更加渐进一些，但是可能会花很长时间。有些高校可能认为多一事不如少一事。（M01_深入访谈）

艾校长提到由教育行政部门强令推行，要求各个高校逐一建立；或者仅以提倡的方式，由重点高校做示范，在全国以"滚雪球"的方式进行。后一种方式即靠学术共同体自然慢慢地演进，需要较长的时间。

从我个人来讲，我觉得好的事情、正确的事情，而且已经在西方试行了这么长时间，在当今学术规范里面，世界普遍遵循的有效的做法，作为教育主管部门，通过行政的方式来推行，我觉得是有必要的，也是一件好事，不太会遇到抵制。就像我们教育主管部门，要求各高校制定学风责任制的有关规定，要求有具体的执行办法，都是在用行政的办法约束高校学术管理方面的行为。大家也能理解，因为现在存在学术腐败、学术不正之风的现象。如果没有行政的推进，要靠学术共同体自然地慢慢地演进，那要花很长的一段时间。西方是怎么过来的？西方已经走过来了，找到了这样一种有效的做法，我们没有必要再花很长的时间慢慢地去培育，可以像先进技术一样去引进。（M01_深入访谈）

对于伦理审查这样的制度，艾校长认为可以引入中国，由行政手段进行推进。在中部某高校从事教学科研工作的晋老师则认为我国社会科学研究伦理审查处于初级阶段,需要政府来推进。

> 我认为社会伦理学在我们国家还处于一个初级阶段。我觉得这个方面是非常重要的。首先我觉得向政府倡议,政府一定要重视社会伦理学以及社会伦理学的一些审查。因为人构成社会的一个基本单元,从作为政府的一个决策来说,要考虑到这一点。所以我觉得你做这个课题是非常有意义的。首先,我们向政府建议,在以后的决策中一定要有伦理学的一些审查的制度,而不是说拍拍脑袋就定下来了。我觉得对以后的社会化治理还是非常有帮助的。(Y11_深入访谈)

在研究的基础上,学者向政府提出倡议,重视社会科学研究伦理审查制度的建设。贾同学在英国经历过伦理审查后,建议在中国推动社会科学研究伦理审查制度建设需要加强研究伦理教育,并采取一些具体措施来避免形式主义。

> 我觉得在平时的上课之中,就开始一步一步对它进行强调,而不是说把它变成一个形式主义的东西。有一天突然说全国所有高校都开始建立伦理审查,但是大家谁也不知道伦理审查是什么、干什么。我觉得平时的学术训练之中就要开始进行这个东西,而且要强调。如果你的学术不端没办法纠正过来,那么伦理审查我觉得也会化成一个形式主义的东西,所以我觉得要从根源上就开始纠吧。(Y07_深入访谈)

制度的建设需要有一定的伦理意识基础,这就需要在日常教育培训中涉及相关内容。纠正学风,从根源上提升伦理意识。贾同学认为在中国社会科学领域建立研究伦理审查制度需要思考政府的参与程度。

> 我觉得如果在中国推行伦理审查,如果你真要认认真真搞,不让它最后沦为一种形式主义的话,你是要给你的被试

带来一种安全感的。首先要有安全感的建立，才能使伦理审查不会成为一个彻头彻尾阻碍你学术发展的东西。不仅是被试，我就是觉得如果我作为一个普通的被试，我并不了解伦理审查这个东西，我就会有一种惊慌，变成了被试的签字就变成了一个类似签字画押的东西，就是我承认这个东西就是我说的。（Y07_深入访谈）

贾同学的经历说明我国在数据隐私保护方面的建设还需要进一步加强。经过不断努力，2021 年 6 月 10 日，十三届全国人民代表大会常务委员会第二十九次会议通过了《中华人民共和国数据安全法》，自 2021 年 9 月 1 日起施行。国际学术界也是因为曾经不断出现有违伦理的实验，慢慢对研究伦理进行了规范，才逐渐形成了伦理审查制度。无论在中国还是在国外，怎样让整个社会信赖一个研究共同体，是学者们需要集体关注的一个问题。

这个是不是要把它提高到法律层面？因为法律层面是有依据的。国外都有个人信息法，是有一个法律的。毕竟中国现在的发展方式没有先例，没有参照点。你是要一步一步建成，建成过程中会遇到什么问题，之前的任何经验都没有办法参考。（Y07_深入访谈）

姚老师建议一方面注意和教师及管理者沟通，另一方面先从开展实证研究比较多的专业来建设。

这方面我的经验也不太多，我只能想到操作上。比如对老师们，告诉他们要有这个事情了，他们会不会有一些抵触的心理？或者说首先要让他们知道这个东西为什么是重要的，然后跟领导的沟通我觉得可能是更困难的。我在想是不是有些学院，比如教育学院、社会学学院，还有心理学学院，也许他们会更熟悉这方面的东西，可以依靠他们的力量，或者跟他们合作。（Y04_深入访谈）

姚老师强调结合案例对学生进行相关培训的重要性，让学生理解研究伦理缺失会对参试者造成的伤害，以及对研究共同体发展的影响。

我觉得建立这样一个制度，需要有一堂课让学生专门讨论这个问题，让学生更理解为什么要有这个东西。在中国建立这样一个东西，会不会遵循我们文化里的一些特点？我不知道，可能和国外不太一样。可以给他们举一些例子。比如没有经过伦理审查，里面有伦理问题，之后产生了什么样的问题。那天学生答辩，说到口述史，访谈偏远村子的老人，就讲了一些非常 private（隐私）的问题，如一妻多夫制。一个没有受过训练的研究者，给那个村子照了很多相，还给一些国家地理什么杂志写了一些文章，把这个故事说出来了。这个村子就被知道了，给他们带来了很多负面的影响。他们说以后再有人来，他们再也不讲这些东西了。所以这就是没有经过伦理审查，带来的一些负面影响。如果学生知道的话，他可能就会知道为什么要有这个制度。（Y04_深入访谈）

谢同学建议以高校为主体推动制度建设，这样能够涵盖绝大多数研究。

可能因为绝大部分研究都发生在高校，所以我想 IRB 的机构覆盖了所有的研究。任何需要在学术期刊发表的研究，其实基本上都是 affiliated with university（以大学为附属单位）。通过高校的话，就是 IRB 说了算。我不排除社会上，比如公司、NGO 这样的组织，也会搞一些自己的研究，IRB 确实管不着。这时候可能只有法律能管得到，我猜这大概就是为什么法律要写得很详细、很清楚的原因，它肯定跟法律没有分开。比如说在我留学的那个州的法律里，也有很繁杂的关于我们行业，无论是研究还是临床工作的规定。因为我不学法律不清楚，我觉得它们是互相影响的，高校这套系统肯定是独立于州运行的机制，但是肯定和州里的法律是对应的。首先它不会违反法律里面的任何一条，可能比法律更严格，更 flexible（灵活）的同时更严格、更繁杂、更具体。（Y08_深入访谈）

在伦理审查制度建设过程中，高校的规章制度要与法律相互配合。同时，应该给高校充足的自主权，依据自己的架构来确定研究伦理审查制度的管理部门。

> 每个高校作为一个独立的个体，学术委员会、道德委员会、伦理委员会，谁来做，谁来组织，让它自己决定。学术委员会之下有个道德委员会主要负责对学术不规范时的剽窃等进行审查。每个单位根据自己的研究需要、分工需要、组织需要来承担责任。10 万人，科研上分四个部门，都会出现这种问题，可能会成立一个独立的伦理委员会；而有的学校小，它可能就在科研处组织了，不用一定放在哪个单位。（M02_深入访谈）

建立一个完整体系不能一蹴而就。齐校长认为需要切合实际，结合中国伦理思想，梳理典型案例，借鉴国际通行的做法，在研究的实施和管理层面提出操作规程。在操作实施方面，在我国东部某高校任教的张老师建议加强信息化建设，加快审查进度。

> 我觉得我国香港有些东西是可以借鉴的，比如他们的信息化非常发达，很快，流程都是系统设置好的，有很强的这样一个体系。信息化的基础建设能节约很多时间。如果没有这样一个基础设施的话，会很费时、费人、费力。信息化可以让流程高效运转。一个 application（申请）上去，form（表格）都是一样的，你就填写，信息就在不同部门流转，最后得到一个决议或者一个反馈。（Y05_深入访谈）

除了信息化建设之外，张老师认为还可以借鉴香港一些大学鼓励研究人员开展学术服务工作方面的有益做法。每位教授要承担不同委员会的工作，因此参与伦理审查是其学术服务的一部分。

> 为什么在香港可以开展得这么好，因为它的每一个 staff（教师）都有 multiple roles（多重角色）。比如他有他的 academic identity（学术身份），他也有他服务学院的 identity（身份）。我们有各式各样的委员会，分别由不同的老师来承担。这个我们管理者在当前语境下推进是很难的，因为我们有的老师就是盯着考核。你考核我科研，我就要写文章，没有时间做其他的，有点功利。他要看到这个 outcome（结果）是什么，如果这个 outcome 不被认可那我就不做。（Y05_深入访谈）

张老师认为这种做法在当前难以推进的原因是一些高校以考核为指挥棒，在开展学术服务方面存在较为功利的现象。因此，对于制度推进，要在加强信息化基础建设的同时，健全管理体制方面的建设。在建设过程中与现有的管理体系做好对接，减少烦琐的程序，做好制度建设的宣传。

> 我觉得就是像我说的，有些东西在国外是好的，到中国也是很有必要的，怎样和现有的管理机制、管理体系对接起来，是我最大的 concern（担心）。很多东西，我们引进来是好的，但在操作层面会变得很烦琐，大家都不知道它的意义所在，然后就变得最后大家都不愿意去做，所以我觉得从根本上需要解决的就是基础设施。我觉得作为 protocol（指南）可以看一下，但是作为 institutional practice（机构实践）推进，目前是有障碍的。学院在研究者管理方面，我觉得可能会有问题。你让谁来做？做多长时间？做出来的效果怎么样？这是一系列问题。我觉得这个必须是学校做的，有可能是科研处牵头比较好。如果你说老师做研究都要做这个，我感觉在中国很多人是不理解的。因为这个确实很烦琐。我不

> 知道如何精简，但是他们那些 item（项目）就是很烦琐，方方面面都要考虑到。（Y05_深入访谈）

可见，制度得以建立和推行不仅需要对其建设意义的理解与认同，更需要对其可行性的科学论证，尤其是在操作层面的简约、流畅和高效。在北京某高校从事教学科研工作的于老师建议在伦理审查成熟模板的基础上进行改造。

> 可能会涉及大学里面的人事管理问题。但是我们的大学有学术委员会呀，学术委员会的框架下面，或者研究生院的框架下面，可以有一个小的部门，就是增加一个职能。因为伦理申请也不是完全的天外来客，现在有一些成熟的模板，可以拿来做些改造。（Y06_深入访谈）

随着"一带一路"建设，我国的国际合作项目越来越多，许多学者需要到国外搜集数据，急需建立研究伦理审查制度。于老师建议摸索出样板，归纳出可行的模式和路径，进行推广。

> 先让它 available（可获得），如果我需要去国外调研，是可以申请到的。有一个渠道，在某个机构里，把这个东西变成可以申请的，哪怕是一个第三方的机构也可以。我特别好奇，"一带一路"出来之后，有很多大学都申请了跟"一带一路"相关的语言政策的研究。他们那个研究，除了大数据之外，还要做调研，我不知道他们是如何获取数据的。做一个样板出来，或者在哪个地方成立一个试行的。比如全国哲学社会科学工作办公室是一个纯学术的机构，不做教学，在它下面的科研分出一个小职能，建立一个网上的东西，就可以做这个事情。（Y06_深入访谈）

如 2.4 节所述，英美等国通过国家立法或大型资助机构将伦理审查作为接受资助时的必要条件。目前我国研究者申报国家自然科学基金项目时必须首先获得研究伦理批准，但是社会科学基金项目申报目前还没有相关要求。在调查伦理审查制度与基金立项的关系时，大多数被调查对象认为在社会科学领域建立研究伦理审查制度需要基金立项部门进行监管。

6.6.3　关于伦理审查制度的普适性与中国国情的特殊性的访谈调查结果

关于伦理审查制度的普适性，在中部某高校负责科研管理工作的齐校长认为在生物医学研究领域可以建立全球范围内的伦理审查制度，是由于生物医学研究在生命伦理学价值观上的共性。

> 西方这套制度是建立在传统的价值观的基础之上的。社会科学研究的社会属性与一个区域的社会意识和社会文化，以及文化道德准则有关。伦理学有其共性问题，存在共同价值观。我们国家的医学研究已经经过十几年的发展，建立了一套完整的体系。包括实验伦理学，在医院里对患者进行实验，使用患者的样本，必须经过伦理委员会，包括进行心理模式和新的探索、价格机制，等等，医院伦理委员会都要进行审查。但是社会科学研究有其复杂性，有方方面面的课题，你看看每年国家社科基金申报的门类特别多。（M02_深入访谈）

与生物医学不同，社会科学有其复杂性，基金项目申报类别繁多，在中国对其进行全面审查的可能性较小，要依据我国的国情进行调整。

> 我倒是觉得西方也是抓典型学科，进行可靠性操作。它也是从与伦理学结合比较紧密的学科、关注的方向和领域开始。如果每一个社会科学专业都进行审查，那就不可行了。就包括我们自然科学，我们也是只有医学伦理学和动物伦理学。物理、化学、信息科学等都涉及伦理问题，但是还不是重点。抓重点，比如对妇女、儿童或特殊人群进行的大规模实证研究，简单操作，又能针对性强。选取重点，进行突破。

（M02_深入访谈）

在制度建设的初期，齐校长建议可以从研究伦理问题较为突出的典型学科方向和领域推进，重点关注以易受伤害人群为研究对象的科研项目。

> 在新的情况下要与时俱进。我们国家现在出现了一些案例。从正的方面、反的方面看看是因为制度的缺失，还是我们对研究的人的培训不足导致的。首先，在培训访谈上，要注意访谈的技巧，循循善诱，不揭对方的伤疤。研究方法要培训，研究课题要承诺，这是一个自律性的条例，加上一个强制性的监管的条例，才能先建立起来。（M02_深入访谈）

在信息化时代的今天，进行伦理审查制度建设面临新的挑战。知情权和知情渠道发生改变以及新媒体的出现都使研究中的数据采集、保存和分析等环节不确定性增加。通过对典型案例的分析从制度和培训两个方面找原因。同时，针对我国科研课题繁多的状况，齐校长建议分层次、划范围、分类别，重点关注敏感领域，使制度建设更具可操作性。

包括政治、经济和社会学等主要学科在内的社会科学与文化传统和文化价值紧密相连，因此，不同文化因价值体系不同其敏感点也不尽相同。社会科学研究伦理审查制度是一个系统工程，从保护易受伤害人群入手，结合国内外案例，撰写可操作规范，对基金项目立项提出伦理承诺要求，在研究者继续教育中增加研究伦理相关的学分。同时，研究者的自律和自媒体规约也是保护参试者利益的重要内容。

> 我提醒你关注在互联网经济时代，自媒体高度发展的伦理意识。这个主媒体采访发出来，自媒体断章取义，为了某些特殊需要故意引起 attract（关注）、conflict（冲突），构成焦点和热点。采访者的意识和被采访者信息公开到什么程度，完全自律。（M02_深入访谈）

在问卷调查中，大多数被调查对象认为建立研究伦理审查制度要在研究伦理的普适性和中国特殊情形之间寻找一个平衡点，认同研究伦理审查制度需要根据中国国情进行调整观点的被调查对象占到72.37%。在南部某高校从事教学科研工作的李老师认为，我国的伦理审查制度不能照搬国外，不能搞"一刀切"，要做适度调整，操之过急会导致水土不服。

> 我觉得有必要建立像西方那样的制度，但是不是照搬人家的。可能咱中国的大学、咱中国的问题，存在一定的差异，这没什么好说的。你要像人家那样建立审查制度也好呀，签字制度也好呀，也没问题。问题是一定要做一定的调整，不能搞"一刀切"。我就害怕搞"一刀切"的话，可能会出现一些问题。比方说，咱们初始的目的是好的，是为了营造一个良好的学术环境，但是你可能操之过急，全盘照搬西方的一些制度，可能在中国导致水土不服，可能会导致出现一些问题。另一方面，我个人觉得，制度建设要严谨，要防范有些人钻空子。（Y01_深入访谈）

李老师提到"钻空子"的问题，提醒我们在制度建设中要尽量完善制度设计，同时也要保持一定的弹性，在不断发现问题的过程中对制度进行改进。在北京某高校负责科研管理工作的艾校长认为这也正是需要进行深入调查、比较研究的原因之一。

> 这个我认为就是你的研究的必要性之所在了。由于中国的情形与文化的差异，人们对隐私的理解，对权利的理解啊，会有一些不同。所以呢，要做一些比较研究啊，做一些调查，这样来找到基于中国文化、中国国情的一些特殊的考量。但是总体来讲，我认为基本的精神、基本的原则，应该是相通的，不会有根本的差异。所以，这个中间，中西方高校学术伦理方面的相通性是可以预期的。而且随着中国高校学术研究越来越国际化，在学术伦理方面遵循的规则是必需

的，中国特色的规则的余地是很小的，不然无法展开国际合作了。（M01_深入访谈）

艾校长认为，随着中国高校学术研究越来越国际化，在学术伦理方面遵循共同的规则，过多强调中国特色则难以开展国际合作。在西部某高校负责科研管理工作的德院长提出国内目前在诚信建设上还需要很长的一段路要走。因此，在制度建设上要制定更加详细的规范来防范"不按规矩"办事的行为。

> 在国外可以推行的东西，在国内不一定行。有几个方面的原因，一个是意识形态，一个是价值观，还有我们的历史。要提出更细措施来防范。（M03_深入访谈）

在我国北部某高校从事教学科研工作的司老师认为依照中国国情建立研究伦理审查委员会，制定学术共同体统一的行为准则，对老师的学术行为进行约束是参与国际对话实现中西学术平等的重要步骤。

> 我觉得很有必要成立这样一个委员会，或者是在现有的学术道德委员会加一个这样功能，非常有必要来强调，这样可以在某种程度上，对老师的学术行为能够有一定的约束力。这种数据，你用于科研，没有必要去公开个人的信息、学校等，还是要有一定的规矩。但是具体做法可能也要考虑国情，具体问题具体分析，就是完全把国外照搬过来也不一定是最好的办法，但是这种意识、概念我觉得我们应该有，而且现在要跟国际接轨，community practice（共同体实践），大家都是做学术研究的，都是高等教育工作者，大家可以说都是平等的。如果你去参加国际学术对话，不管是会议交流还是以期刊等方式去交流，大家的 community（共同体）也有一个统一的行为准则，做这件事很有意义。（Y12_深入访谈）

在问卷调查中，73.65%的被调查对象认为可以结合各个专业建立研究伦理审查制度，40.25%的被调查对象认为与生物医学伦理审查相比，社会科学研究伦理审查可以简化程序。姚老师在美国读博时所在高校采用与医学院同一标准进行审查，步骤烦琐，文本繁多。

> 当时我对这个东西有点 critical（批判），是因为我们培训的时候，有人说我们这个 IRB 是 notoriously difficult（出了名的困难）。因为我们所有的院系都是按照一个标准来执行的，而这个标准是最严格的院的标准，就是 medical school（医学院）。但我们学校的 medical school（医学院）是全美最好的，是 top（第一），他们的要求就非常非常严格。我们的人文学科，在我看来根本没有威胁到人的生命呀，但是为了fit（符合）他们的标准，也要写那么一大堆报告，我觉得有一点浪费时间。那个步骤可以更简洁一些。（Y04_深入访谈）

在英国某高校的伦理审查委员会成员霍普教授提到在社会科学伦理审查中采用医学伦理审查标准引起了问题和抱怨。之后，英国大学普遍依据学院或者专业建立了研究伦理审查委员会。

> 英国的伦理审查越来越严的主要原因是 20 世纪八九十年代，研究伦理成为社会问题。英国高校陆续建立研究伦理审查委员会（Research Ethics Review Committee）。我记得那个时候我们请了一个外部评审，他是一个医院的医生。他非常严格，采用了非常严格的医学伦理审查标准。工作量非常大，引起许多问题和抱怨。因此，学校在不同学院依专业设立了自己的审查委员会。（S01_深入访谈）

这些经验教训可以为我国的制度建设提供参考。李老师建议按照国外高校的审查指南和步骤，在某些高校开展一些试点研究，广泛征求意见。

> 应该制定一份这样的东西，然后结合加拿大、美国、英国的这些东西，挑出来结合咱的背景，然后制作出来，发给一些高校。比方说做一个 pilot study（试点研究），像那种实

验性的东西，发给不同的人群呀，发给教授呀，副教授呀，一些讲师呀，不同的人，因为他们所处的社会关系不一样，社会资源也不一样，所以我觉得发给他们，让他们修改。甚至我觉得不单单发给一些高校，比如"985""211"高校，还可以给一些地方性的大学，一些二本、三本的大学。因为这个制度有可能是全国推行的，所以有必要让各个层次的研究人员提些意见，做一些修改。（Y01_深入访谈）

在不同类型的高校进行试点，积极汲取不同人员的意见和建议。在修改过程中保留伦理审查的核心原则，以制度建设为指引，带动研究伦理的提升。

我还有一个观点就是，别到最后把最核心的东西给修改没了。我认为你要保留最有价值的东西在里面，你不能这个改，那个改，到最终搞成四不像了，那也不太好。要保留你认为的核心部分。我个人觉得，如果是一个真正的 researcher（研究者）的话，这个东西其实对你是有好处的当然开始会不适应，但从长远来看，是好的东西。（Y01_深入访谈）

吴同学也从渐进的角度建议以提供基础的伦理审查申请表为开端，让研究者从伦理的角度审视自己的研究，从保护人的权益出发增强对研究和研究对象的责任感。

我觉得从渐进的角度，当时做这个 ethic application（伦理申请）的时候，都还没什么概念的时候，我是先拿到了那个表格。看到那个表格的时候，我立刻对 research（研究）肃然起敬。我会用另外一种眼光去看待这个问题，它不仅是我收数据写论文，而是真正对人，对你的研究负责，对你的研究对象负责，是这样一个学术的态度。从这个角度去讲，我觉得是非常值得国内来借鉴的。因为它这个本身其实是 academic integrity（学术诚信）的一部分。这一点让我觉得至少会慢慢地培养中国的研究者在这方面的一个意识和态度，

这个我觉得是可以借鉴的。（Y09_深入访谈）

开展制度建设，需要制定严谨的管理流程，从研究者提出申请开始到院系审核，再到学校审批，层层把关。

> 真正的管理流程，确实从 researcher（研究者）本身，然后再到院系，再到学校，一层一层把关。好处就是会有多方人帮你审这个东西，然后会有更多的角度来严格把关。为了提高效率，所以他在院系层面先把了第一道关，到学校是第二道关。我觉得这个过程很严谨，但有一个问题就是时间确实非常长，我印象中就是，不知道什么原因，一般都是一个月两个月才能出来 result（结果），时间比较长。（Y09_深入访谈）

为了从伦理审查委员会内部获得有关制度建设的建议，笔者最后采访了两名在英国高校担任伦理审查委员会成员的英国教授，同时采访了一名国内某高校附属医院医学伦理审查委员会负责人。其中一名英国教授采用英文进行访谈。访谈问题聚焦他们在伦理审查委员会中的责任、审查的关注点和审查案例，以及伦理审查委员会运行机制和他们对中国社会科学研究伦理审查制度建设的意见。

6.7　从审查者的角度看制度建设

6.7.1　霍普教授

英国高校独立运营，每所院校都有自己的研究伦理审查委员会，并且审查的力度越来越大。霍普教授在英国工作的高校是一所研究型大学，他指导多名国际学生完成研究项目。国际学生和英国学生一样要经历同样的审查经历。

> 英国每所大学都是独立自主运营的，但是我确信每所大学都有自己的伦理审查委员会。在我们大学，审查的标准越

来越严格。现在尤其是社会科学专业每个系都有了自己的委员会。（S01_深入访谈）

在霍普教授任教的大学，社会科学专业的学院都设有自己的伦理审查委员会。从本科生到博士研究生，所有学生开展的每一项研究都必须通过委员会审查之后才能开始进行。霍普教授所在的教育学院，许多本科生的研究项目以儿童为研究对象，审查非常严格。委员会成员承担了大量的相关工作。

　　每个项目开始前必须经过委员审批，甚至包括本科生的项目。本科生的项目一般都是小项目，但是在我们教育学院参试者往往是儿童，所以会受到严格审查。我所在的伦理审查委员会需要大量的工作。现在依然是提交纸质的申请表，大家传看。（S01_深入访谈）

每个项目通常由 2—3 名评审专家负责审查，待专家认可后签字获批。如果发现问题则组织整个研究伦理审查委员会开会深入讨论。审查委员会成员由各个院系的老师兼任，每次会议规模在 6—7 人。

　　一个完备的委员会要举行会议，做会议记录，对讨论的内容逐一记录在案。这个委员会的一些工作属于形式审查，在会前完成。一些案例需要在会上讨论。每个细节要在伦理审查报告中详尽记录。（S01_深入访谈）

审查的程序分为申请、审查、修改、复审、通过五个步骤。首先由研究者撰写伦理审查预案，完成伦理审查报告，从学校网站上下载并填写审查表，递交给伦理审查委员会办公室秘书。秘书进行格式审查后转发给 2—3 名评审委员，若审核后没有问题，则由秘书直接通知可以进行数据采集工作；若审核发现问题，则召集委员会成员进行会议评审。结果通常有两种，一种是请申请者继续补充材料，增加具体的细节；另外一种就是委员们认为该项研究无法完成，不能通过伦理审查，需要重新进行研究设计。

作为评审，霍普教授在开展这项工作的时候，对于应该仅关注研究伦理问题还是要对研究方法同时进行审查感到困惑。

> 我记得早期的审查更加细致。其中一个问题就是评审委员对研究方法的介入有多深：应该对研究方法的优劣进行评审还是应该聚焦其中的伦理问题，又或者坚持研究者应该获得正确的知情同意，等等。我认为在对研究方法提出建议和仅对伦理问题提出建议之间界限很模糊，因为两者的确有时候存在交叉。（S01_深入访谈）

如 6.3 节中的案例显示，参试者在准备伦理审查申请时，需要详细写明研究方案，也因此改进了研究设计。贾同学求助于自己的导师，共同完成申请。

> 这是通常的做法。我的学生会请我帮助完成申请表。导师和学生共同努力为伦理审查做准备。这也是研究生指导过程中的一个常规步骤。（S01_深入访谈）

研究项目涉及多个研究领域，审查者很难对每一个专业领域了解得特别清楚，所以研究题目通常由研究生与自己的导师商量来决定。在审核过程中，审查者主要对研究过程中涉及的伦理问题进行仔细审查。

> 教育涉及的题目很广。有可能审查的题目我一无所知，所以在审查时我只能严格审查他们描述的研究过程，聚焦数据搜集、数据分析、发表时对参试者匿名保护等等。选题通常留给导师来处理。我们也对同事开展的基金或非基金项目进行评审，他们也要走相同的程序。（S01_深入访谈）

英国高校的研究伦理审查通常在学生完成开题报告后进行，此时学生通常已经确定研究选题。委员会成员在审查时主要关注研究设计中的相关伦理问题。基于我国国情，可结合选题进行同步审查，将价值正向原则与伦理考量结合在一起。在对研究项目进行伦理审查时，评审在研究方法和伦理问题之间选择一个恰当的关注点并不容易。

> 这是一个挺难的选择。我记得有一次参加伦理审查会议，不得不跟一位同事说："你可能不一定同意，但是那不是一个伦理问题，所以不在我们的审查范围内。我们不是导师，只要导师对研究方法满意，我们对伦理考量满意就可以了，我们不能干预研究方法的选择。"但是如果方法论或者部分研究方法在伦理上有问题，那我们就要对研究方法给出改进或更换建议。所以有点难处理，但是还好。（S01_深入访谈）

因此，通常由申请者的导师在研究方法上进行把关，伦理审查委员会则主要从研究伦理的角度评估研究方法对研究对象的影响。在本研究中，多名研究者提到其所在高校提供的伦理审查表格对指导申请的重要性，霍普教授也谈到了详细的申请表格在审查中的重要作用。因为表格非常详细，霍普教授在审查过程中会依照表格中的列项逐一审核。申请表是研究伦理审查的关键所在。研究者按照表格中的要求，对即将开展的研究从伦理的角度进行详细解释。在谈到伦理审查过程对研究生在研究方法方面的帮助时，霍普教授认为详细的审查表会迫使研究者思考在研究过程中的细节，同时审查者的反馈对他们也会十分有帮助。有时候这些细致的反馈可能会影响到研究的如期进行。

> 会有这种情况发生，因为你必须把要用的研究方法详细地解释清楚，包括申请之前可能都没考虑过的一些细节。如果申请表特别详细，会逼迫你思考所有的细节。反馈也会对你的方法论部分有很大帮助，可能有时候帮助太过了会干扰到研究，但是整体来说许多人都会觉得有收获有用。（S01_深入访谈）

在研究伦理审查过程中，审查者对研究者在实际研究过程中的行为是否遵守伦理采取信任的态度。研究伦理审查之后，一项研究是否符合伦理取决于研究者的伦理意识。霍普教授指导了许多国际学生，这些学生要经历同样的研究伦理审查。在海外搜集数据时，研究者需要将知情同意书翻译成参试者的本国文字。

> 我们只能相信他们这么做了。其实如果他们在英国做研究，你在某种程度上也得相信他们这么做了。你又不能到处去检查是不是每个人都签了，再说检查起来更困难。是不是每个人都进行了相应的检查这个问题很有意思。你说你会那样做，真的那样做了吗？你说会把数据保留五年然后销毁，会有人五年后去查吗？（S01_深入访谈）

研究者的自律是保证制度真正发挥作用的关键，尤其是对易受伤害人群的保护。霍普教授所在的高校需要申请者提供警察局出具的无犯罪记录证明。在审查中，审查者会特别关注数据采集过程给参试者带来的潜在危险。例如，20世纪80年代晚期霍普教授所在的研究团队对英国10岁大的儿童进行了研究。

> 我们当时只要征得学校校长的同意，就可以对在校的学生进行一对一采访，允许一个成年的研究者在一个密闭的房间里采访一个儿童。我认为在现在的伦理审查体系下，这是不可能发生的。那是30年前，今天为了研究者也为了儿童的利益考虑，不会让两人在密闭的空间内进行采访。必须采取措施，确保有第三人在场。所以在伦理审查中，如果要单独采访儿童必须谨慎小心做出相应的安排。（S01_深入访谈）

谈到研究者在研究过程中如何处理遇到的与伦理相关的两难问题，霍普教授举了自己的亲身经历的例子。他认为面临这种两难境地时，要铭记自己作为研究者的责任是什么。在针对海外学习安排的一项研究中，一名采访者的行为因不符合研究者的身份，被解职并终止研究。

> 我遇到过一次这样的情况。我有一个项目研究成年大学生。项目组有个研究人员在采访中偏离了自己作为一名访谈

者、一名研究者的身份，转而鼓励学生就遇到的问题采取行动向学校抗议。这是后来从采访录音文字稿中了解到的，非常清楚。当时的访谈内容是留学安排。所以，那个时候她偏离了自己作为访谈者的角色。幸好项目组还有一位同事。我们不得不做出决定，认为她的行为不妥，告诉她停止研究，退出项目。这和参试者没有关系，是研究者的问题。她在研究中偏离了她的角色做了错事。（S01_深入访谈）

对于质性研究者来说，很容易和参试者建立起比较近的关系，因而经常遇到类似的两难境地（Hou & Feng，2019）。在这个案例中，采访者忘记了自己作为研究者的身份，有意将自己的身份转换，鼓励被采访的留学生采取行动向学校抗议。在这种情况下，她从一个研究者转变成了类似于学生服务中心的咨询人员，做了与研究不相干的事情。

问题是你作为研究者的职责是什么。我的观点是最大限度保护受访者利益，不论是儿童、学生还是成年人。所以，她可以去和学校的人谈这件事，不一定匿名，但是对方会为此事保密，这样更合适正确。（S01_深入访谈）

作为国际期刊的评审，霍普教授期待在论文中有相关描述，同时也相信每一篇期刊论文中的研究都已获得研究伦理审查批准，因此，研究伦理会是评审考虑的一项内容。

你期待看到那样的内容。每一篇期刊论文都说他们有伦理批准，你得相信他们。即使你看不到相关内容，也要在脑子里面有那样的标准。不是说编辑会给你定什么标准，当然有的给，有的不给。有的编辑给你提供非常详细的标准，有的就留给你自己决定。（S01_深入访谈）

至于一项研究的伦理考量是否会影响期刊发表，霍普教授认为社会科学研究虽然不如医学研究那样严格，但是研究者在研究前及研究过程中都要不断评估对参试者造成的伤害。评审者在审查申请报告时，也会不断地对研究者描述的研究设计中有可能存在的伤害进行评估。

> 在医学领域，生物及生命科学必须非常严格。一些我审过的论文或者项目都是社会科学领域的，通常不用通过对人进行干预或者实验什么的来搜集数据，但是仍然需要保证没有伤害。这是你必须回答的一个问题。你也必须评估对人带来的风险。非常难，但是这是程序的一部分。（S01_深入访谈）

研究者在撰写伦理审查申请报告时要注意每个部分的格式及语句，努力达到审查者的标准。作为一个审查者，霍普教授向研究者提出了一些建议。

> 你得看他们怎么说，还得看你对他们说的满不满意。如果准备通过问卷搜集数据，在研究风险和风险评估部分他们需要写出具体哪种风险。这会让他们更加留意平时不怎么能想到的东西。社会科学研究题目问题不会很大，如果是精神健康方面的题目就是另外一回事了。如果只是搜集语言态度方面的数据，那没什么大不了的。但是你也得学会怎样撰写这些东西，怎样撰写让伦理审查委员会满意的风险评估措施。（S01_深入访谈）

由于风险评估是近十年才出现的评审要求，霍普教授建议对多个学校的伦理审查申请表格进行分析，比较风险评估的不同要求。对于在中国社会科学领域建立研究伦理审查制度，霍普教授提了一些建议。他提议首先考虑中西文化的差别。

> 我觉得非常有趣的是应该思考中国文化在多大程度上与西欧的道德规范有冲突。（S01_深入访谈）

霍普教授认为将其他国家的伦理审查制度直接拿来可能会不适用，建议以比较的方法，以现有制度为启发，制定适合中国的研究伦理审查制度。

　　能不能直接借用这个问题非常有意思。你当然也能直接
拿来，但是不是最好的办法。做比较研究时，你应该借用那
些能在不同境况下同样适用的东西。我们也总是那样讲，你
可以用那些作为启发。（S01_深入访谈）

他特地强调采用"国际标准"进行制度建设，而不是"西方
标准"。

　　这些不是西方标准，是国际标准。有可能要做出一些修
改。但是没关系啊，在东欧也这样，那里对伦理控制很少。
无关东方西方，无关文化，主要是社会传统、态度、政府、
人的权利那些。各地都缺人手，所以得确定哪些是紧急重要
的。（S01_深入访谈）

欧洲有些国家伦理审查制度尚未健全，同时包括泰国在内的一些
亚洲国家已经开始伦理审查制度建设。正是在此背景下，中国更应该
加快研究伦理审查制度建设，参与全球治理，参与制度标准的制定。

　　上周我在泰国。我们详细地进行了讨论。一个学生说他
们学校建立了伦理审查委员会，他们告诉我他们经过了伦理
审查。所以，他们已经建立了。我猜是借用了欧洲或者美国
体制，因为他们有许多老师到欧洲或者北美攻读了博士学位。
（S01_深入访谈）

6.7.2　萧教授

萧教授是英籍华人，在英国某高校任教多年，担任学校伦理审查
委员会成员。因在国内外开展了多项实证研究，对研究伦理审查制度
无论是从研究者的角度还是审查者的角度都有亲身经历。

　　我觉得国外和国内很不一样。但是国内近年来开始借鉴
国外的一些方法来健全伦理系统，这是好的方向。经历上，

国外的我讲两个部分。一个是程序。其实国外的很多大学是非常不一致的，比如英国的大学非常严谨，但很多欧洲的大学是没有伦理道德审查的。比利时一流的大学，我跟他们有合作，都不需要做伦理审查，还有一些法国的大学、德国的大学，都不需要做伦理审查的，不是所有的大学都做。但是英国这一点非常一致，我不知道美国怎么样，我估计会有的。但是英国的大学，你做任何一个研究项目，只要涉及人，涉及隐私，都要做这个。（S02_深入访谈）

萧教授提到国外的大学在要求和程序上很不一致，英国高校较为严谨，只要以人为研究对象都需要做伦理审查。学校排名高低与伦理要求高低没有必然关系，而且高校通常从本科阶段就开始对学生进行研究伦理方面的相关培训。

因为我们做了很多训练，每年都培训，从本科生开始，有这样的课。从本科生开始，你要做任何的研究，必须填伦理表，得到伦理委员会批准你才能做。所以这个程序是非常清楚的。之间的差异在什么地方呢？做得好的大学，不是说好大学，是做得好的大学就非常严谨。而且伦理委员会的人非常认真，做出来的文件非常规范，面面俱到，这是做得好的大学。做得差的学校相对来讲比较松散，没有那么严格的要求，有的事情可能混过去。作为课堂活动，就不要求大家作伦理申请。还有的伦理委员会的人并不专业，就忽视了。这个和大学排名好坏一点关系也没有。有些排名低的大学非常严格，有些排名高的反而比较轻视这方面的事情。（S02_深入访谈）

萧教授提到每个大学的伦理标准要求不一，在前期的访谈中也发现有的高校填表画钩即可，有的高校要申请者撰写详细的申请书并进行层层审批。这也与专业相关。萧教授的研究方向是语言学，因为和健康与生命科学在一个学院，经历了比较严谨的伦理审查，所以在自己的研究和指导学生的研究中特别关注这个方面。

　　再一种类型，要求比较高的，是跟英国其他部门有关系的。如果你是搞跟生命科学有关的，或者搞医学的，这方面伦理要求非常高。你要对人体作任何实验，要求就很高。像我们这样搞社科的，在这种环境下，他们对我们的要求是一样的。比如，我们大家都公认搞心理学的，对伦理要求都非常高。我原来工作的地方是健康与生命学院，我们要跟患者打交道。凡是跟患者打交道的，伦理要求是最高的、最严谨的。所以我们当时的培训是，每年老师、工作人员都要做培训，学生培训是通过上课，我们老师是专门有培训的时段给你加强这方面的培训。走程序怎么走，还有就是我们的伦理道德委员会在每一个系里面专门有一个人去负责，以后你有什么疑问都可以去问。有什么问题出现了，这个人都可以去处理，会去处理学生的，也会处理老师的，很严谨。（S02_深入访谈）

萧教授认为对中国社会科学研究伦理审查制度进行研究和建设有助于提升中国研究者和被研究者的伦理意识。在提升意识的同时，建立规范，并设立执行单位。

　　我回到中国以后发现对中国的老师来讲，或者对中国的受众来讲，对伦理道德的规范要求并不明确。所以你做这个课题很重要，因为可以对中国伦理道德的规范化起到很大作用。我们需要有这样的意识。中国需要：第一提高意识，第二建立规范的条例，第三有执行单位。我觉得在西方，有些西方人利用中国并不是太了解做研究伦理的程序，会在中国收集 data（数据）。我们中国人也不知道，崇拜他们或者是认可他们的情况下，盲目地就把数据交出去了。（S02_深入访谈）

萧教授认为中国目前对数据保护的意识较弱，许多外国学者来中国采集数据。她举了与研究伦理相关的例子。

> 最近一个例子，就是我们团队有一个人，他要求我们对他的一个教材进行评估。但这个教材，我们每个人拿到就试用了一下，在课堂上课十分钟，他就让我们填一个表，对他的教材进行评估。他说会把这个数据将来做出来以后，拿到某一个会议上去做 presentation（发言）。但是他用的名头是什么呢？因为我们是一个团队，这个教材是上面一个研究项目的教材。我们现在的研究项目是基于上一次的研究项目研究下来的。因此，我们所有在一起的人都有义务要做评估。当时我就没有做，我们团队都没做，但是其他中国老师就做了。因为我们团队都是受过西方的相关教育，知道伦理道德是怎么回事。（S02_深入访谈）

上述案例中的研究者申请了伦理审查，也发放了知情同意书，但是萧教授判断该研究者的行为不符合研究伦理。第一个原因是他将这项研究嵌入团队项目之中，团队参与者并不知情，以团队项目为由强迫大家参与。

> 这个伦理的内容都是正确的，但是做法是错的。为什么错？我跟他讲，第一个我没有填你的表，没有参与。因为我就上了十分钟，你让我全面地评判你的教材，我不是 informed（知情的），这不是 scientific（科学的），我给你的数据也是无用的、无效的。如果我做了，我自己的情况是违反伦理的，所以我不能参与。他说：'就是因为这个原因呀？'我说还有第二点，因为你是以我们做项目的名义，让我们感到我们不得不做。这也是违反伦理的，我们应该是有选择性的，I can withdraw anytime（我可以随时退出），I can choose to participate（我可以选择参与）。但是你用这个方式，说我们每个参与这个项目的人都必须要填，这和伦理要求的本质是互相矛盾的。（S02_深入访谈）

第二个原因是该研究者没有尊重参试者自由参与和退出的权利，同时，隐瞒了自己利用数据进行发表的用意。

> 他说："这是对我们目前的研究项目非常重要的，我们要知道上次的教材不合适，才能在这次的教材提高呀。"我说："你说的是对的，但是这两个观念混淆了。为什么混淆呢？因为你有下一步，你会拿我们的东西出去做 presentation（展示），这就有个 output（产品），有个产品出去了。"实际上在西方是两样的，第一种，只要没有 publication（发表），只要为了我们这个团队用，就不需要伦理道德批准，因为是为了团队内部去 evaluate（评估），是可以不用申请伦理批准的。因为这个事情不会去公开，只是在我们这个团队里面去用。但是你把一个内部用的东西和外部用的东西混淆，借此机会让我们去为你填表，至少其中的一个目的是 publication，在这个问题上本身就是违反伦理道德的。所以你申请的伦理是不符合要求的，在我们学校是不会被批的。（S02_深入访谈）

在萧教授提供的这个案例中，虽然研究者已经获得了伦理审查批准书，但是在执行过程中并没有完全告知参试者研究的真实目的，而是利用合作项目研究的名义让参试者提供信息，这样的做法是不符合研究伦理的。

> 当时我说完以后，他才不得不面对这个事情。他说他在他们学校是伦理委员会成员之一，他是我们那个欧盟研究团队的，但是我一提出来之后，他就有点傻了。说："我是不是要重新来？"我说："没有必要重新来，你就考虑用不用作为你的下一步。"他说："那这样吧，我重新把表再发一遍，同意签了我就去用他的 questionnaire（问卷），不签的就不用。"我团队另一个成员，也是在西方受的教育，原来就是我们学院里的 ethical officer（伦理负责人），所以他非常懂得这个程序。他当时在我之前，就直接跟我们欧盟团队的负责人

写了一封长邮件提出抱怨，说你这是不对的。但是欧洲的这个人，他自己也不懂，因为他们学校没有伦理的训练，也没有伦理的要求，他也不懂。所以我们正式提出来以后，对他是一个非常好的提醒，以后他就不敢轻易地再这么做了。所以，从西方来的人也会利用我们中国老师的盲区。第二个中国人觉得我们是一个团队的，不好意思，有人知道碍于面子不敢提出来。我是一个刺头，凡是觉得不符合的，一定会讲的。(S02_深入访谈)

萧教授提到的这个案例中老师们或者没有意识，或者碍着面子没有对该研究者的行为质疑。正如 6.5 节中在新西兰攻读博士学位的吴同学的观点，即在国内做研究有时候是"熟人"之间的互相帮忙。因此，在中国加强研究伦理审查制度建设有助于研究者提高研究意识，在国际合作项目中增强辨别力和竞争力。

这种跨国的合作，很多时候在中国，不是因为中国没有伦理审查(他们也要在国外拿到伦理审查)，而是中国比较相信团队的成员，也不会跟他们计较。所以他当时说，我是拿到伦理审查的，伦理审查通过了，但他的行为没有按照伦理审查的来，这一点中国人是无法分辨的。所以做这个工作很好，让中国的老师有意识。因为很重要的一点，一旦有一天有问题，若干年后有问题，我们是要承担这个责任的，对吧？你如果违反了伦理道德，十年二十年以后，大家知道伦理道德是什么了，他会回来告你的。(S02_深入访谈)

萧教授目前所在高校的每个学院都设立了伦理审查委员会。一个学院至少有两个伦理审查人。如果有争议，再递交给学校的伦理审查委员会。

我们现在一个 faculty (学院) 至少有两个伦理审查人，他们俩相当于委员会的成员。我们把所有的有关伦理的东西交给他们后，两个人要同时看，同时同意。万一有什么问

> 题，我们学校还有一个伦理委员会，就交上去。学校的伦理
> 委员会是由每个学院伦理委员会的 members（成员）组成
> 的，有问题的时候，我们会有一个团队去讨论的。还有一个
> chair（主席），可以做做 chair action（主席行动），英国其他
> 大学也是这样做的。（S02_深入访谈）

萧教授提到的"chair action"是指主席在其他委员建议的基础上决定修改后的申请是否达到标准。对于霍普教授提到的他所在的学院曾经因遵循生物医学伦理审查标准而产生麻烦，萧教授的学院也存在这种情况。

> 我们这里也有这种情况，但是我原来的 faculty（学院）
> 是健康与生命科学学院，我们是逃不掉的。但是经过了他们的
> 洗礼之后，我现在到哪儿都觉得很轻松了。（S02_深入访谈）

因此，萧教授建议委员会成员由该专业有相关经历的学者担任。对于目前在中国社会科学领域进行研究伦理审查制度建设，萧教授建议在梳理各国伦理审查程序的基础上，研究不同模式，根据中国国情进行调整，最大限度保护研究者和被研究者的利益。同时，做好宣传，多方理解制度建设的意义，赢得研究者的支持。

> 第一点，可能做的时候要把国外各种不同的伦理道德的
> 程序了解到，还有不同的模式，仔细研究他们那些文件，知
> 道哪些是最适合中国国情的，而且是最能保护双方的。第二
> 点是要作很多宣传，让所有的研究者、被研究者都理解它是
> 什么东西、起什么作用，等等。第三点，就是希望每个研究
> 者都支持这个。这个应该放到国家的基金要求中，必须要说
> 这个研究要得到伦理审查，而且结题的时候，这些伦理审查
> 的文件都具备，随时可以被查到，我觉得国家应该建立这个制
> 度。第四点，很重要的，执行当中，的确应该有一个机制来检
> 查这个执行是不是真实的。（S02_深入访谈）

萧教授建议与基金立项和结项挂钩，健全过程监督机制。在审查之后，研究者的伦理意识对保证研究在合乎伦理的要求下展开起着非常重要的作用。霍普教授提到学术互信问题，萧教授也提到这一点。

> 我觉得国外有一个情况是，它首先建立在一种学术信任的情况下。除非有人告发你，一般是认可的，相信研究者的能力，你不能首先认为他是有问题的。但是在这儿我发现有这种现象，在英国我没有发现过。在这儿比如说，这是不伦理的，但有的老师为了得到数据，可以说"你帮我去找 10 个受试者，你做了这份工作我会给你 10 个学分"什么什么的。目前，我觉得在西方，因为大家都知道这是违反伦理的，所以一是大家不会去做，二是学生有勇气去报告。而中国学生还是没有很强的意识，他即使报告，也不知道从何做起。所以，中国老师当中没有伦理审查批准，老师一说他还是得做。这个还是慢慢地要培养意识。（S02_深入访谈）

在学术信任的前提下，一方面相信研究者的自律，另一方面通过研究伦理意识的提升，加大监督力度。在国内要建立这样一个审查制度，首先要充分理解制度建设的意义。

> 推行一项政策一开始可能会有一些阻碍，就会有跟我一样的反应：又多了件事，又多了张表要填。所以，最大障碍是能否让人家完全明白它的意义。（S02_深入访谈）

明确意义之后，尽量简化手续，符合国情的同时起到保护参试者的作用。作为博士生导师，萧教授要求她的学生边设计研究方案，边考虑伦理问题，待两方面完成后，再去申请伦理审查批准。

> 我觉得有个办法，我原来的学校做得很好，以前学生不把 research method（研究方法）全部设计完，整个研究方案设计完，包括分析方法设计，我是不让他去申请伦理道德的。这样做的用意是，他在设计当中非常仔细地考虑到伦理

的问题。他先把伦理放在他要考虑设计当中的一个很重要的
环节，等他全部设计完了以后，他心中才有数。从伦理这个
角度我的研究能不能够通过，我设计完了以后，我就把它给
发出去，再去申请伦理批准，这个时候就会比较有把握。
（S02_深入访谈）

在对研究的每个环节涉及的伦理问题进行充分考量之后，学生的
研究设计会比较容易满足伦理审查的要求。如果研究方法没有完全设
计出来，很难保证具体环节中的伦理问题不出偏差。

我现在做的一个项目，道德伦理申请不是我去申请，是
我团队的。我们这个课题是要跟小孩打交道的，非常重要。
但是我最近发现我们的研究设计都没做出来，他已经把伦理
批准拿到了，那你怎么能保证你现在的设计是符合伦理道德
的呢？所以，我最近发了一个邮件询问我们是否应该重新申
请伦理审查，他说不用，他说："因为我的伦理申请是一个概
括性的，包括我们后面的变化都包括在内了。"我现在还没有
说任何话，因为我在看他们做的 methodology（方法论）里
面有没有违反伦理的现象，如果有我肯定是要他们重来的。
（S02_深入访谈）

对于"黄金大米"事件中的美方研究人员在研究中没有给予参试
者完全知情同意问题，萧教授提到她在进行此类项目评审时，除了关
注研究目的和研究设计是否符合伦理，还会考虑是否有隐性忽略参试
者权利的情况。

我关注的，第一个是你说的那个 objectives（研究目的）
和你的设计是不是相符合。还有一种情况就是，你的
objectives 是这样写的，但设计的东西又是关于别的，这也是
不符合伦理的，因为这不是假的吗？假的本身就不符合伦
理。第二个是有没有隐性地忽略被试的权利，比如说要老师
同意就行了，那老师和学生是有 power relationship（权力关

系）的。家长跟孩子之间是亲情，他会保护他的儿女，而老师和学生，学生必须听老师的，老师不能听学生的，这是打个比方，所以得要注意这个问题。一般我不赞成只要这个班的老师同意就行了，不行的，家长一定要有知情权。（S02_深入访谈）

对于为了改进教学而进行的教育研究是否需要进行伦理审查，萧教授强调要看实施者的目的是什么，只要以发表为目的的，都要进行伦理审查。

看他的 product（产品）明不明确，将来的结果是什么，这个结果是走向什么方面的，你申请了伦理批准没有，你在知情同意书里面告诉了对方没有。其实平时的伦理是没有要求的，但有的时候我会要求学生这样做。有一点就是我同意你做研究来提高什么，但我不同意你去发表，那也是可以的。但是这个要求太高了，有的人就是为了发表，只做这一步他就不愿意做了。所以要分开。如果是为了提高我这个班上的学生的能力，那是没有关系的。只要不是为了发表，你爱做什么做什么，只要提升学生能力，只要不去公开为你自己的利益。但是你要是公开，必须要得到大家的知情同意。（S02_深入访谈）

在访谈中，萧教授建议伦理审查制度要靠行政干预来推动，另一方面提议伦理审查委员会聘请多名委员进行匿名审查，以应对所谓的人情文化。

实际上在伦理这个问题上，西方也是用的行政干预。我不批准你就是行政干预，就在学院这个层面就给你卡住了，我不批准你怎么做？你做就是违法。但是如果一个学院存在人情文化，如果这个做伦理的不给你批准，不就把同事都得罪了？所以这个也需要考虑多一点，搞这个的，用匿名或者抽签，抽到谁就由谁来申，但必须保证是保密的。（S02_深

入访谈）

萧教授提醒我们要避免"人情""面子"等危害伦理审查的公平公正。应采取多种措施，切实将制度建设落到实处。

6.7.3　米博士

米博士在南部某高校附属医院从事医学伦理审查工作已经有十多个年头，是国内为数不多拥有生命伦理学博士学位的专职人员。

> 一般伦理委员会的专职人员都是护士或者药房的人来兼任，慢慢变成专职的。但是，我那年毕业回来的时候，要做临床认证，他们的院领导说必须要拿国家级的。因为我们医院有一个国家重大专项课题，另外，医院也想走在前列，正好需要这样一个人，所以我就去做了。学药学的，学护理的，他们做不了这样的事。从开始筹备，到通过认证，就是一个很长的过程，基本上都会经过两三年的时间，但是后续相对会简单一些。（S03_深入访谈）

国家级科研项目认证要求和医院领导的推进催生了米博士所在医院的伦理审查委员会的建立。这是一个常设机构。有 15 位委员，其中 8 个院内委员、7 个院外委员，里面有律师和社区代表。对于为什么需要社区代表，米博士是这样解释的。

> GCP（《药物临床试验质量管理规范》）里面并没有规定要求有社区代表，但是我们过了美国一个最高级别的临床研究体系的认证，里面都有社区代表。包括美国的一些伦理委员会，全部都有社区代表。他代表的其实就是普通民众，来看一下这个知情同意书，看能不能看得懂，这个补偿的金额合理不合理、能不能接受，大概是以这样的一个角色存在的。其他的都是专家。专家看的话可能很多专业术语都能看懂，但这个知情同意书最终是给患者或者普通民众看的，所以新加了社区代表这个角色。另外就是我们国内的一些医院

基本上都在慢慢地增加这样一个角色。（S03_深入访谈）

社区代表检验知情同意书中的专业术语是否能被患者理解。伦理审查委员会成员的数量可以根据医院的情况调整。如果委员承担的工作量太大，可以再增加委员，或者增设新的伦理审查委员会，分组进行会议审查，超过半数的专家参加就可以进行会议评审。伦理审查委员会成员的选取并非随意邀请，一般采用推荐制。

> 首先是伦理委员会先明确它需要一个什么样的人。根据法规，我们首先是遵循GCP，然后可以再参考一下国家卫健委，然后再看一下国际上有哪些指南，它们里面的人员组成是怎样的。比如说需要某一个临床专业的委员，我们就把他纳入进来。非临床专业的，比如医学伦理学的专家，我们就从我们大学公共管理学院找医学伦理学的专家，把他纳入进来。像社区代表的话，我们申报国际认证发现是一个硬性要求，就在会上说，我们需要一个这样的人，大家有没有合适的推荐，那么我们就可以把推荐的这些人的简历搜集起来，选择一个合适的人进行任命。每个医院由自己组合，根据自己的情况，只要符合大的要求，超过7个人，需要的身份都有就可以了。（S03_深入访谈）

通常研究者如果要做临床相关的实验，则要先写伦理审查申请，报到伦理审查委员会，获得伦理批准之后再开始研究。药物临床试验项目的审批程序较为复杂。

> 药物临床试验项目一般都是由申办方参与进来，就是药厂。如果有很多方，那么很多方案是先联系医院的研究者，即某一个医生。他们如果有兴趣，就开始洽谈这个项目，同意接之后就开始递交伦理委员会。递交伦理委员会的时候，从方案到知情同意书再到招募广告，所有的文件都是很齐备、很完整的。伦理委员会审查通过之后——首次一般都是会议审查——就可以开展他的项目了。（S02_深入访谈）

米博士所在的医学伦理审查委员会对研究项目的审核有严格的程序化的流程，同时对研究项目全程进行伦理监管，审查严重不良事件和违背研究方案的行为。

> 但是在开展的过程中，如果发生了严重不良事件，比如导致住院呀，导致死亡啊，导致残疾呀，等等，他就需要24小时内上报伦理委员会。还有一些就是方案违背，就是不是按照伦理批准的方案来执行的话，也要报告伦理委员会。后续的方案跟知情同意书有修订的话，等于这个实验过程中任何一个文本的修订，跟他的实践操作想要做出一定更改的话，都要再次报告伦理委员会审查通过。一个药物临床试验开展的时间是不等的，从一年到十几年的时间。直到结束的那一天，他还需要向伦理委员会递交结题报告。结题报告通过之后，整个实验流程就完成了，比如说一个二期的研究，下面就可以开始三期了。（S03_深入访谈）

在颁发伦理批准书后，伦理审查委员会对该项目进行跟踪审查。遇到不良事件、方案违背及方案修改等情况均需及时上报。

> 一个是研究者主动上报，对于 SAE 国家有规定，24小时之内必须上报伦理委员会，同时上报国检局。SAE 就是严重不良事件。还有其他的方案违背呀，方案偏离呀，药检报告呀，以及任何文件的更新等。比如有的药品的批号过期需要更新，这种更新也是要到伦理委员会备案之后才能使用的。就是各方面的、整个过程的一个审查，直到结题为止。我们有结题审查报告，我们这边的委员审查签字，签完字他就可以拿走，一式两份。我们所有的文件都是一式两份，伦理审查办公室一份，他们一份。（S03_深入访谈）

研究者在结题时要提交结题审查报告，由审查委员签字，双方各自保留一份，证明已完成研究，可以向国家质量监督检验检疫总局（现国家市场监督管理总局）申报下一个阶段的研究。因为在国内委员多为兼职，受经费和委员工作量的制约，委员会规模相对国外来说较小。为了应对繁重的审查任务，米博士向领导申请增加了两名助理，专门成立了伦理审查委员会办公室，对项目进行形式审查，减少委员的工作量。

> 一般外院的都有一些小小的报酬，本院的委员，你这个学期担任伦理审查委员会的委员，学校会给你一些优惠的政策，比如免去一些教学工作量，等等。这些全部都是你额外的工作。一个是没有专人作这个事，即便是医院里很多专门的伦理委员会，像我没有去之前就是兼职的。而且包括我们中国在内大部分老师都是身兼数职，专职比较少。人落实之后，相对来说工作就比较好开展了。要有一个办公室。所以我们那会儿，我首先就跟领导说，人家国外一个办公室二三十个人，独立的伦理委员会一个办公室两百个人，你们要考虑先配备人员。因为伦理委员会办公室会在前期做一些委员的基本职能工作，除了比较重大的伦理问题由委员来把关，其他的全部做完了，所以会上讨论的问题是有限的。所以你问我只有十几个委员，每周开一次会，而一周上会的项目可能都是十几项、二十几项，人员够不够，我们这边够，就是因为在前期的时候，很多问题都已经处理掉了。（S03_深入访谈）

由此可见，米博士所在的伦理审查委员会之所以能够高效运转，首先得益于办公室在每个月审查会议前对所有申请项目进行的形式审查。

> 我们每个月15号会开一次伦理委员会的会议。伦理委员会办公室前期会对所有项目进行一个形式审查，就是你要按照国家相关的伦理委员会的要求进行修改修订。形式审查通过之后，就安排你的项目上会。那么每个月的这次会议的时间是固定的，都会提前通知委员。统计一下到会人数，如果

说到会人数超过一半，会议就可以正常举行，每个月一次会。
（S03_深入访谈）

同时，伦理审查委员会办公室通过网络系统组织会议审查，并借用新媒体等途径加强与委员的沟通，加快审查速度，提高审查效率。

> 每个项目的初始审查基本都是会议审查。我们现在利用网络系统，在系统里面创建会议之后，他们在家里就可以登录电脑看到项目。对一些新药、医疗器械，还有一些安慰剂对照，以及其他一些风险比较大的研究，就会每一个分配主审。比如这次有 20 个项目，有 5 个需要分配主审的。分配完之后，我们会通过邮件或者微信群这些新媒体的途径，来告诉他你有几个需要主审的。其实只是提醒，因为只要他进入系统，就能看到主审有多少个项目、会审有多少个项目。这个主审就是会审里面的其中一个。主审委员需要用更加充分的时间看一下项目，也要给出主审意见，在会议讨论的时候，供其他委员参考。（S03_深入访谈）

由此可见，程序化的流程是米博士所在的伦理审查委员会能够高效运转的第二个原因。第三个原因是她与企业合作开发了在线评审系统，按照伦理审查的步骤和要求进行系统设计，便于专家在网上进行评审。

> 自从用了网络系统，效率就比以前提高了很多。因为会议上的时间有限，我们所有的资料，以前要跑来跑去给每个委员送过去，甚至要跑到很远的地方。现在有了系统，大家只要一登录就没问题。但是这个系统很难做，刚开始的时候我觉得不要做，只有少数的医院做了。有的公司是专门做系统的，但它不懂伦理。我们的系统，就是我一步一步跟着把它研发出来的，一定要符合我的本意。就是想起来不难，但是你要让它按照你的想法去做，一直沟通还是比较花时间的。（S03_深入访谈）

中国从 2003 年颁布《药物临床试验质量管理规范》（GCP）之后，开始要求医院和研究单位成立审查药物临床试验的伦理委员会，以便申请 GCP 的机构认证。

> GCP 是国内需要遵守的规范，与国外的规范没有完全接轨。2017 年颁布了一个修订稿，它主要根据目前国际上的 ICH-GCP 的改变做出了相应的修订，比如区域伦理委员会的建立，还有社会行为学方面的一些审查，都做了一些强调，包括以后所有的药物临床试验都是伦理职能前置，全部由伦理委员会审查之后再经过国家来审查。因为以往的临床试验全都是拿到国家食品药品监督管理总局的批件之后才能上临床，才能经过伦理委员会的审查。以后的趋势所有都是伦理先审，再递交国家备案或者认证这样的。那么，在审查方面的话，特别是社会行为学的研究，在 GCP 的概念里，其实是只有药物临床试验的概念的，之后国家卫计委在 2016 年有个文件，里面就涉及到了社会行为学的研究。非临床药物的研究要规范伦理审查，就是药物之外的，心理学的一些干预呀，其他方面等，但是没有一个具体的操作指南，或者一个像 SOP 一样的东西。从医院来讲，大部分医院主要还是遵循 GCP，就是 2003 年的那个版本，以药物为主、临床为主。（S03_深入访谈）

如 2.6.1 节所述，我国伦理审查在 2016 年之后开始涉及生物医学研究中的社会行为学方面的审查，和药物临床试验一样，伦理职能前置，但是，目前缺乏具体的操作指南，需要制定 SOP。

> 具体操作的话，如果你想做得规范，有很多细节可以推敲。包括我现在每个月会对国内外出了什么新的法规呀，指南呀，或者一些做得比较好的单位有什么更新呀，动作呀，都会做一个了解，都会及时更新。你必须跟着指南走，如果你不跟着指南，你的 SOP 是有问题的，相当于没有跟国家的

要求相一致。所以，一定是一个不断学习的过程。包括我们每一次会议审查，都会给委员做一个这样的培训。就是每一次我给你拟定一个会议资料，比如上个月伦理审查方面更新了什么东西，大家学习一下，或者 SOP 哪里更新了，大家学习一下。就是每个月都会学，要不然确实不行。（S03_深入访谈）

SOP 制定之后要及时更新，并及时为委员们进行培训。因国际合作的需要，三年前米博士曾帮助学校的两个学院建立了社会行为学方面的伦理审查委员会，最初采用和医学伦理审查委员会相同的流程，后来发现不能完全参照同种模式。

当时我们这里所有的流程类资料都给了他们，但是发现因为药很详细、很复杂，所以不能完全参照这种模式。基本上他们用的是美国的一个社会行为学伦理委员会的表单和模板。因为相对来讲，社会行为学，一个是干预小一些，另一个是风险也没那么大，它的途径、审查程序上可能会简化一些。社会行为学研究伦理审查委员会的构成不是按照 GCP，而是按照国家卫健委的文件来组织的，但是大同小异，差不多。（S03_深入访谈）

这两个学院最终按照国家卫生健康委员会的文件建立了社会行为学伦理审查委员会，借鉴美国的社会行为学伦理审查委员会的模板，简化程序。审查豁免仅限于使用之前已额外签署知情同意书允许未来的研究继续分析的数据，或者制定国家政策时搜集到的与个人信息剥离的数据，最终是否可以免除审查，依然由伦理审查委员会决定。

国家卫健委的文件里面有两条，所以现在很多医院有生物样本库。我参加这项研究，我在签署本身需要我签署的知情同意书的情况下，再额外签署一份知情同意书，就说我愿意把我的样本或者已收集到的数据，用于你未来的比如心血管领域的研究。像这种情况，他之前已经签署了这样一个知情同意书，就可以豁免了。另外一个就是完全公共行为，政府部门发起的一些公共数据的收集，为了卫生政策的制定呀什么的。或者说你个人的信息，一个是我完全追溯不到，另外一个是我发表的论文里面完全不会透露出个人信息，只是一个总体的数据分析而已。这种是可以申请豁免的，但是豁免不是自己说了算，要伦理委员会同意豁免才可以。总之就是你绕不过伦理委员会。（S03_深入访谈）

谈到国际合作项目相关的伦理审查，米博士首先解释了双方审查制度的区别。

有些地方不太一样。全世界普遍遵循 ICH-GCP，我们要做国际认证，就会调整我们的制度。有冲突的时候，我们会写上我们首先要遵守本国的，因为我们在本国开展研究，像美国的企业在中国开展研究，首先要遵循中国的 GCP。因为中国的 GCP 也是参照了 ICH-GCP，只是没有那么多，而且我们也不是成员。但是去年的时候，我们成了 ICH 成员，以后的趋势是我们全部会按照 ICH-GCP 的标准来审查。其实在伦理这块就审查的严格性和规范性来讲，我看了一下它的条款，并没有太大的差别，可能在于比如社区委员，中国 GCP 没有要求，但是他们有要求，还有就是利益冲突的管理呀，研究过程质量性的、规范性的、有电子化文档的，大多都集中在这一块，对于伦理这一块都还好。伦理委员会的基本组成呀，审查职能呀，审查哪些东西等，这些基本上还是一致的。（S03_深入访谈）

ICH-GCP 的全称是 International Council for Harmonisation of Technical Requirements for Pharmaceuticals for Human Use-Good Clinical Practice，即国际人用药品注册技术协调会临床试验管理规范，是发达国家药品监管的最低标准。我国在加入 ICH 之前，药物政策法规很大程度上是遵照世界卫生组织（WHO）的标准制定的，而 WHO 的标准被认为是全球最低标准。自 2015 年 5 月开始，中国加强对食品药品安全的监管，2017 年中国成为 ICH 成员。中国的 GCP 多为原则性条款，ICH-GCP 条款更为具体，实际操作指导性强，解读空间较小。随着中国成为 ICH 成员，审查标准趋于一致，统一采用国际标准。

随着国际合作的加强，越来越多的外国研究者来中国做科研，米博士所在的伦理审查委员会开始接收国外研究者的伦理审查申请。

> 有一些美国大学的学生会来我们医院做科研。他们在美国的时候，先是拿到了那边大学伦理委员会的批件，之后再来我们这里走我们伦理审查的流程，他们是两个都要拿的。因为他们首先是那所大学的人，所以他们要从他们本单位拿到伦理委员会的批件，另外到我们单位申报伦理批准，就是来看一下我们认为他们的研究适不适合在我们医院做，或者有一些数据是不是适合他们来用，基本上就是这样。（S03_深入访谈）

中国学术共同体与外国学术共同体要建立起互信，伦理审查是其中重要的一环。由于目前我国伦理审查水平还有待改进，一些外国学者因此感觉中国学术不够规范。

> 要么是没有，要么就是你审查的他们不相信，质疑你的审查职能有没有尽到，认为你缺乏这样的能力和水平。营造这样一个氛围也是很重要的，在一个学院或医院营造社会行为学的研究也要通过伦理审查的氛围。然后怎样更规范地开展研究，包括一些科研诚信问题，其实都可以涵盖在里面。因为国家指南都是泛泛的，没有很具体的一个东西。（S03_深入访谈）

在具体操作层面上的指导缺失导致国内的伦理审查委员只能靠经验摸索开展工作。米博士所在的伦理审查委员会在申请国际认证过程中提升了审查水平。

真的好复杂，我们申请认证的时候，都是国外的，它的细则都是按照国外的弄的。我们就一个个抠，看哪个是符合美国要求的，哪个是符合中国要求的，哪个是中国美国都符合的，或者说怎样怎样。要不然没有办法通过它的认证。纸质版的资料分两步，第一步是你的制度SOP，第二步是国家近两年对你有没有进行检查，检查反馈的意见是什么，还有一些其他的，要求你提供的一些文件。我们今年9月份就要接受三年的复核了，纸质版的资料已经准备一年了，就等9月份的复核。如果复核通过了就万事大吉，不行就还需要修改。从医院的名誉上来讲，肯定是在国际上有知名度了，全球只有不到三百家通过。外企就会首选通过了他们国家认证的单位，他们相信你有足够的临床研究能力跟审查能力，就会选择你来作临床研究，这种高精尖的项目会越来越多。我们国内有8家通过了。这个必须要有人去做，还要有比较大的团队去把整个医院的各个部门都打通才能够完成，是个很庞大的工程。有的医院面临领导换届什么的，就很难开展，而且还要有持续性。（S03_深入访谈）

由于需要通过国际认证，米博士所在的伦理审查委员会加强了对研究人员的伦理培训。他们申请国际认证，一方面是由于国家对伦理审查的要求逐渐提高，二是想通过以评带建，提升业务水平。为了通过国际认证，伦理审查委员会健全了各项制度操作规范，高度重视国家审查，高标准迎接周期复核，以证实具有国际水平的研究能力和审查能力。这些工作得益于成立了专门的办公室，协调医院各个部门。建设高水平的伦理审查委员会，不能仅仅依靠委员会自身，还需要多个部门紧密配合。

平时我们认为做审查都是伦理委员会的事情，这种受试保护体系是整个医院的事情，过这个认证是医院的事情。像北京那边的一些医院已经成立了临床医学研究中心，就把这个变成了整个医院的事情，每一个人都要做科研。比如说以前大家的理解是伦理委员会审查项目。现在就是比如医疗基础新技术项目，我们会经由医务部审核通过之后，再转至伦理委员会。伦理委员会主要来审查伦理的问题，而不会更多地关注医疗技术的科学性。还有一个科学审查委员会，如果遇到一些很复杂的项目，比如放射性研究之类等，就会由科学审查委员会先审，他们审完之后再转至伦理委员会。还有一些利益冲突，就是有一些研究者，以及伦理委员会的委员等，都可能有利益冲突，他们要声明利益冲突。像研究者的利益冲突都是由伦理委员会管理，像一些领导层面的利益冲突，都会由医院的监察办来管理。就是说它会从一个更加全面的途径，让研究做得比较细，比较符合伦理，对受试也有更多的保障。因为单单通过伦理委员会这一个部门，是做不了那么多的事情的。（S03_深入访谈）

国际认证的通过将大大提升米博士所在伦理审查委员会的知名度。他们因此收到了更多国外学者的伦理审查申请。在实际工作中，米博士发现国内外研究者在研究伦理意识上有一些差别。

我觉得文化差异还好，倒是认知方面的差异更大一些。国外的人明显在伦理方面的认知是非常强的，每一个环节都会很主动地找到伦理委员会，或者根据伦理委员会的意见来修订。像药师的项目肯定完全按照伦理委员会的来做，但临床研究者自己有的时候有个小课题想发起一个研究，可能就没有那么强的伦理意识，从细节上完全就可以看得出来。（S03_深入访谈）

剖析其中的原因，米博士认为国内研究者和研究生在学校里接受的伦理培训不足。

常规的，在读书的时候，有一个医学伦理学的课程。像我们现在的新进人员会有一个一节课的医学伦理学的培训，基本上培训这块是比较欠缺的。我们这块做得好也是因为要通过国际认证，所以我们培训这块就加强了，时不时要对他们进行培训，包括院内的临床研究辅助人员，每个月都要对他们进行一次培训。（S03_深入访谈）

在谈到如何与研究者进行沟通，消除他们认为研究伦理审查是对学术研究的障碍的观念时，米博士分享了她的经验。

我们在医院做培训的时候，首先会告诉他们伦理委员会是干什么的。就是伦理委员会肯定不是一个监督管理的部门，而是一个为临床研究服务的部门。本身方案的设计，如果欠缺伦理的话，你的项目是不能去做的。伦理委员会的职能是帮你把方案做得既科学，又符合国际上伦理的要求。因为研究者做科研的目的，也是为了能够有更好的科研成果，或者发影响因子更好的文章。国际期刊也是要求伦理这块，越重视这块才越有可能发影响因子高的文章。（S03_深入访谈）

米博士在培训中强调了伦理审查委员会的服务职能，即可以帮助研究者完善研究设计，做出符合国际伦理要求的科学方案，完成伦理向善的高水平成果，促进国际期刊发表。然而，我国伦理审查委员会在职能完备和伦理审查水平上与国外同行还存在较大差距。

我觉得中国伦理委员会可能跟国外的差距还是比较大的，因为国外更加全面一些，一个是人员足够，另外是知识的储备、审查的能力。可能也有很多研究者诉苦，包括国外研究者也是觉得很头痛。但是即便是头痛，他们也知道必须要走这一程序，需要按照他们的要求走。我觉得在非医学院校会是一个比较大的挑战。只要是涉及医药都会好一些，如果大家意识很强的话，衡阳"黄金大米"事件也不会发生。（S03_深入访谈）

关于在高校建立伦理审查制度，米博士认为首先需要明确的制度来要求科研单位成立研究伦理审查委员会。其次，需要确立审查要点，借鉴国外成熟经验，结合中国语言思维习惯进行改良。再次，开展相关培训，提升研究者伦理意识。最后，需要营造浓厚的重伦理的氛围。

> 首先我觉得，从制度方面来讲，要有一个明确的制度来要求每一个科研单位，或者几个科研单位可以共同成立一个这样的伦理委员会。就我目前所知，社会行为学这方面的伦理委员会在国内是非常少的。第二是它们即便成立之后，也不知道怎样下手去审查项目。它的观察要点、审查要点跟药物和临床是完全不一样的。我觉得可以参考美国或者英国的，它们确实做得比较成熟，有很多现代比较成熟的模板可以参考，只是结合我们中国的语言思维习惯来做一些改良。第三方面我还是觉得培训很重要。一个是领导要重视，另外就是培训。有的伦理委员会成立了，但一年只有十个人去递交审查申请，但并不代表这个单位只有十个科研项目。因为可能很多人没有意识要上报，就不会主动地去过伦理。有的是等到发论文的时候，因为国外的期刊现在都要求必须要有伦理委员会的批件，哪怕是一个社会行为学的研究，甚至是一个单纯的观察性的研究，都要有伦理委员会的批件，这时候他们就会说要来补。因为你前面没有做规范，后面就没有办法去修正这个问题，就会越来越不规范。（S03_深入访谈）

米博士认为未来伦理审查委员会的发展会向区域合作型发展。

> 以后我们的趋势，可能是首先在这个省建立一个区域性的伦理审查委员会。如果建立区域性的，三家医院就不用一家一家过。只要你这个研究在本省做，你只要过一次伦理就行了，就是区域伦理。这相当于是一个互认，有效地提升了效率。就一个伦理委员会过了就行了，只要你认可我，就没有问题。大家可以签订一个协议，或者形成一个联盟。（S03_深入访谈）

对于伦理审查委员会的财政收支，米博士建议按照各个大学的情况进行设定。

> 我们国家目前没有很明确的标准说你可以收多少钱，但基本上都有一个大家公认的。比如你在北京，可以参考北京某大学医学部，他们有一个社会行为学的伦理委员会，都有一定的收费标准。对于药厂的话，全球都一样，收费是远远高于科研临床项目的。目前我们临床科研项目一个是一千，他们可以从研究经费里面支出专家咨询费。（S03_深入访谈）

米博士所在的伦理审查委员会已经形成了良好的财务制度，以在审查制度中确保收支平衡。

> 伦理委员会是可以盈利的。比如说我收了一个项目这么多，那么我发的话，是给每一个委员，如果学校不能减免他们的课时或者给予其他优惠，我就相当于给他们的额外工作量一个适当补偿，但不能高了。其他的费用用在办公室的运行，包括纸张、消耗、打印、电话。办公室人员的工资是学校发的。另外可能就是培训的费用。我们医院在财力上还行，我们的一个委员去美国接受培训，基本上一个委员的培训费用就是五万到十万。所以我们整个账本，每年会做一个年度的财务收支评估。它一定是平衡的，如果说完全盈利的话，可能会被国家时不时来查，你若保持收支平衡，按照财务政策来，国家就不会。（S03_深入访谈）

伦理审查委员会按照学校制度及国家纵向和横向课题的标准来制定专家咨询费的发放标准。

> 每人每天中级不超过600元，高级不超过800元、1200元之类的。你只要按照这个制度，还有你们大学的制度去制定就不会出错。财务制度制定后，又有了独立的办公室了，就可以开始做事情。有钱才好做事，制定SOP。具体这个伦理

委员会要如何来运行，整体上你们刚成立的话，应该五个人就差不多了。比如会议审查、快速审查、财务制度肯定要有的，还有其他的职责方面的规定都有。关于 SOP，会议审查是怎么做的呢？比如我要是收到五个项目，我们每个月开一次会，你来负责所有的形式审查，然后资料再分发给每个委员，是送到他们手上还是需要再开发一个系统，都是很具体的事情，一个一个都要把它落实到位。（S03_深入访谈）

由此可以看出，一个高效运转的研究伦理审查委员会的建立需要充足的经费支持、独立的部门运作、专业的专职人员负责、详细的操作规程制定和便捷的网络系统保证。当然，委员会审查水平的不断提升也离不开委员专家的学术服务精神以及申请者日益提升的研究伦理意识。

6.8　小　　结

本章结合深入访谈和问卷调查结果，分类梳理了参试者对中国社会科学研究伦理审查制度建设的认识与态度、困惑与担心、需要与认为目前存在的障碍、推进与建议，获得的主要发现与结论总结如下。

1. 建设现状

（1）国内大部分机构还没有建立伦理审查制度，大部分访谈对象和问卷调查对象都认为有必要建立这样的伦理审查制度。而具体由什么样的机构来进行伦理审查存在一定的分歧，但成立专门的伦理审查委员会认可度最高。

（2）学术共同体规约是国际通用的伦理规范的主要方式，这一点在国内问卷调查中达成共识。国际上很少有全国统一的伦理规范，而这次调查中有 2/3 的被调查对象认为有必要全国统一伦理规范和伦理审查，表明在伦理审查制度建设方面可以发挥我国社会主义制度的优势与特色，在未来建设伦理审查制度中予以考虑。

（3）在中国建立研究伦理审查制度有一定的困难，但是从长远来看值得推进。进行广泛的调查研究并制定出简单可行的审查流程是关键。

2. 认识与态度

（1）研究伦理审查过程有利于提升研究者的伦理意识，有助于在实证研究中规范研究者的行为，帮助其改进研究设计。研究伦理审查制度有利于研究者国际论文发表，帮助研究者开展的科学研究符合国际标准的研究伦理要求，得到国际同行的认可，进入国际学术界。

（2）中国建立研究伦理审查制度是国家法治建设的需要，是规范社会科学研究的需要，有助于提升学术共同体伦理意识。研究伦理审查制度的建设是我国参与国际合作研究并提升话语权的重要途径之一，也是国家治理体系和治理能力现代化建设的一部分，有助于提升中国的学术声誉。

（3）研究伦理审查制度有助于建立中西方平等的学术关系，外国研究者要来中国做科研，应该经过中国伦理审查委员会的审查才能进行数据采集。目前因为国内没有伦理审查制度和相关经验，很多中国学者和学生在海外开展研究时无法进行数据搜集。这种不对等的现象随着国际合作研究的增多，将成为中国学者从事国际学术研究的重大障碍。因此，必须尽快建立对等的制度，以保证国际研究合作和学术交流的畅通。

（4）随着对相关制度的了解，国内的老师对伦理审查的态度正在发生改变，制度建设受到广大研究者的欢迎。在制度建设过程中，要提升审查效率，在为研究者提供具体指导上下功夫。

3. 困惑与担心

（1）大部分被调查对象认为研究伦理审查制度不会对自己的研究造成阻碍，但有近一半的人担心研究伦理审查机构会要求自己调整研究内容或担心由于研究伦理审查时间过长，无法按时开展田野调查。

个别被调查对象认为社会科学的复杂性使得理想的研究场域稀缺，若错过则无法开展研究，而伦理审查制度则为研究增加了关口。

（2）近 60%的被调查对象不清楚研究伦理审查委员会的评审流程，担心审查过程过于烦琐。个别访谈者认为没有必要在中国社会科学领域建立研究伦理审查制度，认为在中国国情下不应过度强调保护隐私。

（3）管理者认为在我国不存在价值观念上对于建立研究伦理审查制度的抵制，但在操作层面上应加大宣传力度。主要问题聚焦在科研管理部门和学界对制度建设的重要性是否有充分认识，同时在制度建设的初始阶段，研究者、管理者和执行者对相关审查程序有一个学习摸索期。

4. 需求与认为目前存在的障碍

（1）根据现阶段的国情需要制定详细的规范措施来提升研究伦理意识。一是培养研究者的伦理意识；二是管理上要建立相关的机制并要严格地执行。意识和态度的培养需要学校层面和学术共同体本身制度和规范的导向。

（2）研究伦理审查制度是对研究者和被研究者的双向保护，对双方都有好处：一是对研究有正面的促进，将保护参试者利益放在首位；二是从长远来看可以为研究者的研究行为提供辩护。该制度从伦理的考量上保障了双方的利益。

（3）整个社会的研究伦理意识有必要进行提升，营造为人类知识增长共同合作的氛围，培养相互信任的基础。参试者对研究的认同、对研究者的信任、在研究过程中的配合是顺利开展社会科学研究的前提。在研究中违背伦理的事不敢做、不能做、不想做，就要靠认识、靠教育、靠制度、靠约束。

5. 推进与建议

（1）在社会科学领域建立研究伦理审查制度的推进方式有多种。根据中国的特点，需要政府来推动，靠行政手段来推进，同时需要资助机构和相关部门进行监管。高校和学术共同体联合推动也是重要的力量，高校或研究机构可以根据部门架构自己决定研究伦理审查制度管理部门。因此，建立研究伦理审查制度可以采用政府推动或研究机构自建两种方式。以研究机构为主体推动制度建设，同时与法律相互配合，给研究机构充分的自主权。

（2）在中国推动社会科学研究伦理审查制度建设需要加强研究伦理教育，采取一些具体措施来避免形式主义。特别需要强调对学生进行相关教育和培训的重要性，制度建设的最终目的之一也在于培养研究者的伦理意识和素养。

（3）建立研究伦理审查制度要在研究伦理的普适性和中国特殊情形之间寻找一个平衡点，需要根据中国国情进行调整，不能搞"一刀切"。与生物医学伦理审查相比，社会科学研究伦理审查可以简化程序，步骤可以更简洁一些。建立一个完整的体系不会一蹴而就，需要切合实际，结合国际上普遍关注的社会问题，分析伦理相关的典型案例，加强信息化建设，加快审查进度。

（4）建设初期，一方面注意与研究者和管理者沟通，另一方面先从开展实证研究比较多的专业来建设，同时可以从特殊或弱势群体参试者的保护开始进行，结合各个专业建立具体的研究伦理审查制度。建议在建设过程中借鉴伦理审查的成熟模板进行改造，先参照各国的研究伦理审查表，制定出一份符合中国国情的样本供大家参考，然后在实践中逐步改进。

第7章 中国特色社会科学研究伦理审查制度建设的建议

7.1 导　言

本章结合文献综述和实证数据研究发现，对我国社会科学研究伦理审查制度发展现状、研究伦理意识现状和研究伦理审查制度建设现状给出主要研究结论，并在此基础上提出中国社会科学研究伦理审查制度建设的核心原则和基本框架。针对目前国内社会科学研究伦理现状和伦理审查需求，本章提出了研究伦理意识教育和培养的相关建议。最后对本研究中存在的不足之处进行了反思，提出了可进一步深入研究的方向。

7.2 研　究　结　论

7.2.1 社会科学研究伦理审查制度的发展进程

本书对社会科学研究伦理审查制度发展进程进行梳理和审视，得到两个重要结论。

（1）研究伦理审查制度是随着人类研究伦理意识的逐步提升和在对科学研究行为本身以及对科学技术成果的应用的反思基础上逐步建立起来的。研究者在开展研究增进人类科学知识，为社会公益做出贡献的同时，有义务保障他人的权利不受侵犯。研究伦理审查是维护相关人员合法权利和保证学术诚信的主要制度保障手段。以伦理审查委员会为主要执行者和形式的科学研究伦理审查制度经历了从无到有、从不完善到比较完善的发展过程。

（2）我国虽然还没有在国家层面建立一套确保负责任研究的伦理和法律框架，但相关研究日趋活跃，部分研究机构特别是大学、研究院所和杂志编辑部等开始建立相应的伦理审查制度，但基本上是参照国际标准进行的，如何适应中国国情和发展现状，急需相关的研究和制度设计支撑。2019年年中发布《国家科技伦理委员会组建方案》，组建国家科技伦理委员会，目的就是加强统筹规范和指导协调，推动构建覆盖全面、导向明确、规范有序、协调一致的科技伦理治理体系。至此，中国社会科学研究伦理体系建设有了基本的法律依据和准绳。

7.2.2 中国社会科学研究伦理意识现状

伦理意识是处理人与人之间关系的基本准则，不同国家、不同文明存在着不同的伦理发展脉络。本研究梳理了国外四种主要的规范伦理学，并对它们的主要论点及其对研究伦理意识和审查制度建立的影响进行了分析。笔者通过调查发现我国社会科学研究伦理意识需进一步提升，同时发现初步尝试引进国外的伦理审查制度有"水土不服"的现象。本研究的主要发现如下。

（1）道德和利益的关系问题是伦理学的基本问题，研究伦理规范科学研究中各个利益相关人之间的关系，调解个人利益与研究共同体这一集体乃至社会整体利益的矛盾。在研究共同体中，各利益相关方之间存在利益上的矛盾。例如，研究者作为个体的研究自由要受制于参试者对个人隐私的保护，受制于管理者对科研项目质量的要求。研究者的伦理意识对研究共同体的维护和发展起决定性作用。研究的开展需要研究者个人的高度自律，也需要其他利益相关人的监督，思考参试者的权利和利益如何得到保护，特别是对易受伤害人群保护的特殊措施。管理者在对研究项目进行管理的过程中，既要考虑研究是否具有价值正向性，又要考虑研究的效用问题。研究共同体本身具有与外在社会重叠的道德直觉与道德公理，同时又有各利益相关方持久的基于理性反思自主构建的独特的伦理规范。

（2）研究伦理属于应用伦理学的研究范围，其主要任务在于从伦理的角度分析以人为对象的研究带来的问题，为解决这些伦理问题提供有理论依据的解答。本研究从义务论、功利主义、契约主义和德性论这四个规范伦理学分支的核心思想，分别汲取其对本研究的启示，从研究共同体中的主体之间的利益关系协调角度来综合论述各理论对伦理审查实践的影响。

（3）国内社会科学研究伦理意识现状需进一步关注，有超过 50%的被调查对象没有意识到在研究过程中存在的相关伦理问题，或者可能做出不利于受试者的判断。受学术研究无禁区思想的影响，多数被调查对象认为社会科学研究可以包括人类社会的各个方面，而对研究选题阶段的伦理问题的审视有忽略的倾向。

（4）从调查结果来看，是否参与过研究、受教育程度和年龄对伦理意识程度有明显的区分度，表明相关研究经历的增加、受教育程度的提高和年龄的增长都有利于研究伦理意识的提升。但是，在深入访谈中发现我们在系统进行伦理教育和培训方面还存在不足，研究者的伦理意识的感知和获得主要是通过在研究实践过程中出现伦理冲突后进行反思实现的。亟须在青年学生及其指导教师，以及初次从事研究工作的群体中加强伦理的教育与培训。

（5）由于中外伦理思想的差异，套用国外提出的伦理原则在执行中需要有更深入的思考，如中国传统文化中有强调和而不同的伦理思想，同时，对于个人和团体的关系，也不是一味地强调个人的利益，有时个人会考虑为群体利益做出牺牲。又如中国文化中很看重签字的责任意识，更注重感情和信任，而国外强调免责意识，更注重形式和证据。另外，中外对于隐私权的保护的需要和认识也有很大的不同，一个典型的案例是知情同意的实施方式，中国人对于签字同意看得很重，认为签字是一种责任，而外国人认为签字是一种免责，这样国内外对于这一过程的理解不同可能需要的处理方式也不同。研究者对一些已经在社会科学研究中常用的方法，如隐蔽式观察法、教育研究中的分组对照等方法中存在的伦理问题的认识分歧较大，说明我们对于隐私保护和公平原则的理解还有很大的差距。

（6）社会科学研究本身特别关注易受伤害人群的研究，如妇女、儿童、老人、学习障碍者、有心理和精神问题的人群等。一方面，该类研究本身的目标就是为了这类人群更好地发展；但另一方面，这样的研究可能会对这类人群造成伤害，特别需要关注在研究中对这类参试人员进行保护。

7.2.3 中国社会科学研究伦理审查制度建设现状

本研究关注的焦点是中国社会科学研究伦理审查制度本身，通过深入访谈和问卷调查，对我国研究者、管理者和潜在受试者在社会科学研究伦理审查制度建设现状、认识与态度、困惑与担心、需求与认为目前存在的障碍、推进与建议等五个方面的观点进行了归纳和分析，得到的主要结论如下。

1. 制度建设现状

问卷调查发现国内大部分科研机构还没有建立研究伦理审查制度。大部分访谈对象和调查对象认为有必要建立这样的伦理审查制度。就审查机构而言，成立专门的伦理审查委员会认可度最高。研究伦理审查制度的建立方式依次是学术共同体规约、全国统一、第三方独立机构、单位自建和项目资助机构。学术共同体规约是国际通用的伦理规范的主要方式，但国际上很少有全国统一的伦理规范，而调查中有 2/3 的被调查对象认为有必要全国统一伦理规范和伦理审查程序，表明在伦理审查制度建设方面可以发挥我国社会主义制度的优势与特色。

研究伦理意识不强和包括立题审查等环节在内的管理制度的缺失是目前国内社会科学研究领域出现有违伦理问题的主要原因。在国内做社会科学研究主要靠研究者个人自觉遵守研究伦理，多数高校目前在研究伦理方面采取的是被动支持方式。在中国建立社会科学研究伦理审查制度存在一定的困难，建设过程任重道远，需要进行广泛的调查研究，采取循序渐进的方式，并且在初始阶段制定出简单可行的审查流程。

2. 认识与态度

本研究发现如果所在机构成立了研究伦理审查委员会，多数被调查对象愿意参与审查工作。但是相当多的被调查对象认为在中国对所有社会科学专业研究进行伦理审查没有可操作性，认为研究伦理审查制度过于复杂。但是，对有留学背景的社会科学研究者进行深入访谈发现他们对研究伦理审查制度有很强的认同感，认为研究伦理审查过程有利于提升研究者的伦理意识，有助于在实证研究中规范研究者行为，帮助其改进研究设计，同时有利于国际论文发表，帮助研究者开展符合国际伦理标准的科学研究，得到国际同行的认可，成为国际学术共同体的一员。这些观点在问卷调查中也得到广泛认同。

在中国社会科学研究领域建立研究伦理审查制度，是我国参与国际合作研究并提升话语权的重要途径之一，也是国家治理体系和治理能力现代化建设的一部分，有助于提升中国的学术声誉。国内的管理者认为在社会科学领域建立研究伦理审查制度是一个学术文明提升的过程，体现了对参试者权利的尊重，利大于弊。多名国内高校管理者在深入访谈中提到研究伦理审查制度的建设是研究本身遵守伦理规范的内在要求，也是国际化的外在标志之一。研究伦理审查制度可以规范研究者的研究行为，督促其自觉接受伦理审查，完善研究设计，并在研究过程中尊重参试者利益，体现人文关怀，提升国际合作研究中的伦理意识。这些观点在问卷调查中也得到积极回应。

本研究发现研究伦理审查制度除了保护参试者利益、规范研究本身之外，对于提升研究者的伦理意识作用明显。经历过研究伦理审查的被调查对象均提到研究伦理审查过程对自己伦理意识的提升，他们在经历研究伦理审查的过程中经历了由排斥到认同，再到自律的转变过程。发生变化的内在原因主要是研究者在撰写审查申请书时对自己即将开展的研究从研究伦理的角度进行再三审视，在理论上提升了自己的研究伦理意识；在实证研究中规范自己的行为，时刻注意保护参试者利益，尤其是处于伦理两难境地时的不断反思和选择，进一步提升了他们在研究伦理方面的实践能力。随着研究伦理意识的提升，他们对作为研究者身份的认同感逐渐建立，对研究共同体及社会的责任感增强，对作为研究者保护参试者权利的责任认识逐渐全面。尤其是当发现审查过程帮助其完善了研究设计，在研究过程中开展了符合国际伦理标准的研究，并且随着相关论文在国际期刊上发表，自己成为国际学术界的一员时，研究者对研究伦理审查制度的认可度逐渐增加。

研究者对研究伦理审查制度认同发生变化的外在原因主要在于所在高校要求与系统支持相辅相成。学校严格要求以人为对象开展研究的项目必须获得研究伦理审查批准，在此之前不得开始实证数据采集工作。申请者必须填报涵盖所有研究环节的申请书，对涉及的伦理问题进行仔细审视。同时，学校也为这些研究者提供了系统支持。

研究者严守伦理的行为让参试者在这一过程中感受到了尊重，但是存在参试者被动参与，对待知情同意"很随意"，对个人在研究中应享有的权利了解不足，没有意识到自己的主动权，在研究开始后，对可以随时退出的权利也不清楚的情况。参试者的这种顺从和被动参与是否会影响研究结果的可靠性和有效性需要做进一步思考。一些国内研究者没有意识到知情同意的重要性，随着对相关制度的了解，国内研究者对伦理审查的态度正在发生改变，制度建设受到广大研究者欢迎。在制度建设过程中，要提升审查效率，在为研究者提供具体指导上下功夫。

3. 困惑与担心

制度建设的最终目的之一在于培养研究者的伦理意识和素养。有必要了解其对制度建设的困惑与担心，以便在制度建设中有针对性地进行解决或者化解。在调查中发现，仅有少数被调查对象清楚伦理审查委员会评审流程。被调查对象主要担心的问题包括研究伦理审查机构会要求自己调整研究内容，因研究伦理审查时间长而不能按时开展田野调查等。在实际研究中，有的研究者发现知情同意书容易让参试者产生戒心，不利于数据的搜集。一部分被调查对象认为研究伦理审查制度对自己的研究造成了阻碍。过长的审查流程会使研究者产生焦虑，因此，在制度建设过程中提升审查效率十分重要，同时应给予专业帮助和详细指导。相对自然科学研究来说，社会科学实证研究更加复杂多变、难以操控，研究者在实际研究过程中会进行一些灵活操作，在求善与求真之间找到平衡点。

4. 需求与认为目前存在的障碍

研究伦理审查制度的缺失导致国内学者无法在国外进行数据搜集，成为中国社会科学研究者开展国际研究的阻碍。研究伦理审查制度有助于建立平等的中西学术关系，外国研究者来中国做科研，也需要经过中国伦理审查委员会的审查才能进行数据采集工作，建立研究伦理审查制度已经成为中国社会科学研究者开展国际合作的迫切需求。除了建立相关制度，对接审查标准也是与国外伦理审查委员会进行审查互认的重要环节。特别强调研究者要遵守当地法律，尤其是当地有关隐私和数据采集的法律。如何让国外伦理审查机构承认我国的审查标准还需要深入考虑。

建立研究伦理审查制度可以使经历审查的研究者增强对参试者自主参与和隐私保护权利的意识，规范研究者行为，制定统一的伦理标准，为中国社会科学研究提供"统一尺度和标杆"，切实保护参试者利益，提升学术共同体伦理意识。制度建设同时需要保证政策的严格执行，研究者提升伦理意识与完善的监督和支持体系的结合才能推动研究伦理审查制度建设。研究者认为研究伦理审查制度帮助自己提升了对参试者利益的保护意识，同时，知情同意让参试者与研究者建立起信任关系。作为学术规范，严谨的知情同意流程除了让参试者知情，隐私和尊严得到保证之外，会使他们与研究者之间的权利与义务置于学术研究之内，使学术更加专业。

提升研究者伦理意识与完善的监督和支持体系的结合才能推动研究伦理审查制度建设。在我国建立研究伦理审查制度在价值观念上不存在抵制，保护隐私和尊重个人权利已经成为社会普遍的价值认同，研究伦理审查制度建设在观念层面不存在障碍，但在操作层面还有许多问题需要解决。制度建设首先对科研管理部门提出要求，同时在学者层面要增强保护参试者的责任感。需要对制度建设的意义进行宣讲，对在校生和初次进行研究的研究人员开展研究伦理教育十分重要。加强制度建设的重要作用在于以制度为导向培养研究者伦理意识和态度。

完善的研究伦理审查制度可以促使研究者采用标准规范的调查研究流程，在全社会逐渐营造共同遵守严谨学术伦理的氛围，增强参试者对学术研究的认同度和参与度。研究者要清醒地认识到研究伦理审查制度是对研究者和参试者利益的双向保护。

5. 推进与建议

在社会科学领域建立研究伦理审查制度的推进方式有多种，根据中国的特点，需要政府来推动，靠行政手段来推进。另一方面高校和学术共同体联合推动也是重要力量，高校或研究机构可以根据部门架构自己决定研究伦理审查制度管理部门。在推动制度建立的方式上，主要包括靠行政手段推进、政府推动、高校和学术共同体联合推动等。新体制的建立不仅需要考虑到监管体系等的建设，同时也要考虑到社会文化的认同度，以及一线研究者的工作压力。在完善制度建设的同时，切实加强对伦理意识的文化引导，并且从一线研究者的实际困难出发，简化程序、提供指南、辅助申请。通过加强信息化建设，提高审查效率。

在社会科学领域建立研究伦理审查制度需要研究项目和基金的立项部门或主管部门进行监管。与生物医学伦理审查相比，社会科学研究伦理审查可以简化程序，步骤可以更简洁一些。要分层次、划范围、分类别，重点关注敏感领域，使制度建设更具可操作性。建议可以从研究伦理问题较为突出的典型学科方向和领域开始推进，重点关注以易受伤害人群为研究对象的科研项目。

需要切合实际，在研究的实施和管理层面提出 SOP，加强研究伦理教育和培养，提升对制度建设的认同感。制度建设初期可先从开展实证研究比较多的专业来建设研究伦理审查制度。在建设过程中可以借鉴伦理审查的成熟模板进行改造，可以参照各国高校的审查表制定出样本供高校参考，为申请者提供详细的流程指导，并在不同类型的研究机构进行试点，积极汲取不同人员的意见和建议。此外，还需要注意在修改过程中保留研究伦理审查的核心原则，以制度建设为指引，带动研究伦理的提升。建立研究伦理审查制度要在研究伦理的普适性和中国特殊情形之间寻找一个平衡点，需要根据中国国情进行调整，不能照搬国外的研究伦理审查制度，不能搞"一刀切"。在制度建设中要尽量完善制度设计，同时也要保持一定的弹性，在不断发现问题的过程中对制度进行改进。

通过对中国社会科学研究伦理审查制度的缺失及建构等问题的系统研究，本研究提出三点建设性意见。第一，研究伦理审查制度的建立是当代中国特色社会主义文化建设亟待解决的一个问题，也是当代中国治理体系和治理能力现代化建设不可或缺的重要内容；第二，研究伦理审查制度具有本土适应问题，具有中国特色的社会科学研究伦理审查制度必须与中国现有的法律制度、伦理规范、行政管理相适应；第三，刚性的制度必须与柔性的管理及人的素质提升互相支撑、互相适应，具有中国特色的社会科学研究伦理审查制度建设必须与学者素质的提升与管理水平的提高相互动。

7.3　中国社会科学研究伦理审查制度建设的建议

7.3.1　核心原则

结合第 5 章中国社会科学研究伦理意识现状和第 6 章中国社会科学研究伦理审查制度建设现状的主要研究结果，特别是结合我国社会主义制度的优势，本研究尝试构建适合中国社会科学研究伦理审查的四个原则：价值正向原则、保护弱者原则、学术独立原则和尊重权利原则。

1. 价值正向原则

无论研究出于什么目的，都要以有益于人类社会发展、有益于所研究领域知识的创新、有益于指导实践、有益于改善人民生活水平、有益于满足人民对美好生活的向往为宗旨。这样的研究和人类文明前进的方向一致，能对国家、民族和人民产生积极的影响。为适应中国国情，社会科学研究的伦理审查必须与建设中国特色社会主义的方向一致。因此，伦理审查报告中要详尽地撰写研究的背景、原因、目的、方法、拟参试人群、创新点等，以便伦理审查委员会了解课题性质，评定其社会效应和影响。该原则另一个重要的方面是强调研究者有责任和义务平等公正地对待所有参试者。研究不应损害任何人群的利益，也不应忽视他们享有研究成果带来的好处的权利。

2. 保护弱者原则

与生物医学研究伦理审查相比，大多数社会科学领域的研究因风险级别较小可以加快进度，但在以易受伤害人群为研究对象时则必须谨慎对待。平等公正地对待人群并不意味着机械式绝对公平地对待所有的人，这就要求遵循约翰·罗尔斯的"差别原则"，恰当照顾和保护弱势人群或易受伤害人群。若不采取差别原则将导致不平等的加强。易受伤害人群主要是指儿童、老人、妇女、犯人、精神病患者，以及那些由于能力有限而无法做自我决定的人群。这些人由于能力的限制、渠道的限制或信息的不对称，往往无法获得相应的社会资源，如权利、机会及权力。对这些人群在研究中要给予特殊关注和照顾，以保证研究的公正和平等。

如果参试者是易受伤害人群，他们可能无法完全理解研究项目的和内容，也就难以理智地签署知情同意书（Robson，2002）。因此，有这样的人群参与研究时，知情同意书的签署人不仅要包括参试者，还应包括其所在组织或团体的负责人以及未成年人的监护人。到学校去做采访，要获得学校相关负责人的允许；到教室去做观察，也要征得教师的同意；对儿童进行采访时要征得当事人及其监护人的同意。

3. 学术独立原则

学术独立原则要求研究者在研究项目进行中尊重学术的客观规律

和研究的真实结果，不受非学术因素的干预，不受资助方显性或隐性的影响，以保证学术研究的公信力。不能因为接受资助而影响研究过程和结果。强调研究的独立性，在伦理审查报告中必须详细注明任何可能影响研究独立性的利益冲突和偏差。

不符合伦理的行为包括：资助方告诉研究人员选择什么样的研究方法、寻求有利于自己利益的研究结论、隐瞒不利的研究结果、隐瞒资助方情况及研究的真实目的（Cohen et al.，2011：101）。与之相应，研究人员不应屈从于资助方的压力，泄露参试者的隐私、篡改数据、有选择性地报道研究结果、提出与研究结果相悖的建议，以及不遵守协议随意使用研究结论。因此，研究人员必须有权自己决定研究方法及进程，同时也必须具备诚实正直的品质。我国的科学研究资助相当一部分源自企业和其他组织，所以资助方的伦理意识的增强也十分重要。同时，研究伦理审查也应该将资助方资助研究的目的纳入审查范围。

在中国目前的科研评价体系中，在项目的立项、评价、结题过程中同行评议开始发挥越来越重要的作用。在这一过程中，圈子文化正在浸入这一重要领域，使科研项目的立项、评价、结题和成果的发表过程受到负面影响，项目资源有过分集中的现象，甚至出现所谓的"学霸""关系"现象，对科学研究鼓励原始创新和学术独立产生不利影响，这一现象显然不符合学术独立原则，值得在未来设计伦理审查制度时予以关注。

这一原则强调研究者对自己所从事的学术事业的忠诚，对科学方法及结果的尊重和对人类进步事业的责任。不应因一时之利，做出违背学术道德、损害参试者利益的行为。这样的行为不仅自毁声誉，也有悖于科学精神。

4. 尊重权利原则

尊重权利原则首先是恪守不伤害原则。整个研究都应保证不伤害参试人员，无论是生理的还是心理的，甚至包括个人以后的发展。决不允许在明知会对参试者造成伤害的情况下继续进行研究。在伦理审查中按研究可能造成的伤害进行风险分级，采取不同的审查程序。尊重参试者的权利，还包括坚守不欺骗原则，因为研究者与参试者建立互信友好的关系对一项研究的成功至关重要。这种关系的基础是诚实、沟通、友好、开诚布公和信任（Brewer，2000）。如果研究确实需要在观察中隐瞒身份，要在伦理审查报告中详细阐述其原因及必要性，以便伦理审查委员会全面深入地审查（ESRC，2012）。这样的研究由于存在极大的违背伦理的隐患，因此审查的过程很长，需要全方位慎重考虑。尊重权利原则还有一个很重要的方面是合作者之间权利平等原则，就是有科学研究贡献的合作者应该有相同的成果分享权利。由于未来的研究越来越系统和复杂，需要更多的团队和个人的合作，这一原则显得越来越重要。

上述四大原则相互关联、相互支撑，可最大限度保护研究课题在伦理准则范围内进行。实行这样的原则，不仅是对参试者的保护，对研究人员及其所在院校或研究机构的声誉也是一种保护。从根本上说，这些原则是对社会科学研究在我国健康深入发展的一种保护，是对后继研究工作顺利推进的一种保护。原则的制定固然重要，但最关键的是研究者如何将这些伦理原则内化为自觉的意识，在研究中自觉运用这些原则，并在遇到伦理困境时，深入反思、灵活运用并做出正确判断。科学研究的特征之一就是不确定性，常常在研究过程中出现一些新的现象，甚至要调整研究方向、研究方法和研究对象等。在研究过程中，要持续地关注可能出现的新的伦理问题，并用上述四项原则进行判断，及时向伦理审查委员会报告。提出上述伦理审查原则，虽然是尝试填补我国社会科学研究管理中的一项空缺，但由于缺乏大量实践操作经验的支撑，这样的原则设计只能是初步的，它们还必须与我国的文化、社会规范及社会制度等方面进行磨合，并需要在未来的伦理审查实践中逐步完善和不断改进。此外，还必须在这些原则的基础上设计出具体的制度和规范。

7.3.2　基本框架

在对我国科技伦理发展进行政策文献分析和对研究共同体的研究

伦理及制度认识进行实证调查的基础上，结合以上四个原则，笔者尝试构建中国社会科学研究伦理审查制度的基本框架，详见图 7-1。

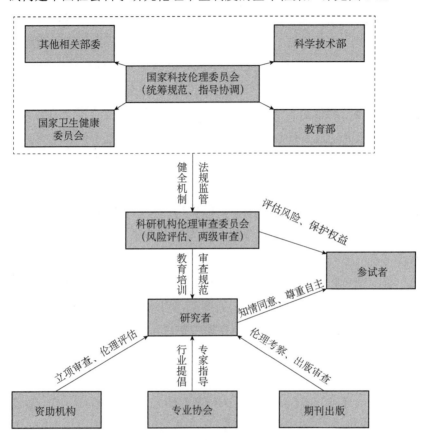

图 7-1　中国社会科学研究伦理审查制度的基本框架

1. 国家部委：健全机制，法规监管

在当前国家治理体系和治理能力现代化进程中，科技伦理作为科技活动必须遵守的价值准则得到高度重视。2019 年 7 月 24 日，中央全面深化改革委员会第九次会议审议通过了《国家科技伦理委员会组建方案》。在国家层面建立科技伦理委员会，目的在于"加强统筹规范和指导协调，推动构建覆盖全面、导向明确、规范有序、协调一致的科技伦理治理体系"。其当前主要任务在于"完善制度规范，健全治理机制，强化伦理监管，细化相关法律法规和伦理审查规则，规范各类

科学研究活动"。(新华社，2019)

　　未来在国家科技伦理委员会的统一协调下，建议拥有科研资助机构的部委制定相关法规，如科技部、教育部和国家卫健委等，也可以以联合发文的方式来统一规范。2019 年 5 月 6 日，国家卫生健康委员会宣布正在对《涉及人的生物医学研究伦理审查办法》进行修订。2021 年 3 月 16 日，将上述审查办法中行之有效的制度安排进行总结，并结合新的形势和要求，会同有关部门起草了《涉及人的生命科学和医学研究伦理审查办法（征求意见稿）》面向公众公开征求意见。该办法会扩充适用于伦理审查的研究活动范围。以人类参试者为研究对象的社会科学研究也会全面进入伦理审查适用范围。同时，教育部也应出台相关法规，指导高校及科研机构建立研究伦理审查委员会。期待在国家制定科技伦理法规的同时，各相关部委制定详细的伦理审查指南。

　　鉴于社会科学专业繁多，建议以研究方法和参试者人群作为是否进行审查以及判定风险级别的主要标准。对采用实验进行干预、开展隐蔽式观察、选题敏感的社会科学研究进行重点审查。2016 年版《涉及人的生物医学研究伦理审查办法》，在 2007 年版的基础上补充了"采用流行病学、社会学、心理学等方法收集、记录、使用、报告或储存有关人的样本、医疗记录、行为等科学研究资料的活动"。建议新的版本细化对容易产生伦理问题的研究方法的审查。对采用口述史、访谈、公共场合的观察、介入行动研究和以公开信息为数据的研究等确定审查的级别以便区别对待。

　　依照 2016 年版《涉及人的生物医学研究伦理审查办法》，国家医学伦理专家委员会负责对涉及人的生物医学研究中的重大伦理问题进行研究，提供政策咨询意见，指导省级医学伦理专家委员会的伦理审查相关工作。该办法适用范围为开展涉及人的生物医学研究的各级各类医疗卫生机构，没有包括从事社会科学研究的高等院校及科研机构。尽管强调了"知情同意"与"法律责任"的规定，但还是缺乏具体的操作规范和有效可行的监管机制。

　　《国家科技伦理委员会组建方案》和《中共中央关于坚持和完善中

国特色社会主义制度　推进国家治理体系和治理能力现代化若干重大问题的决定》加速了我国健全科技伦理治理体制的步伐。国家科技伦理委员会的组建，将成为制度规范完善、治理机制健全、伦理监管强化的领航者和监督者，大大推进我国科技创新体制机制的建设。

国家在法律层面应该制定颁布包括数据保护在内的科技伦理法；在法规层面颁布涉及人的科学研究伦理审查办法；在具体指南方面制定涉及人的科学研究伦理审查操作指南；建立专门的监管机构，在国家科技伦理委员会的领导下垂直下设独立的监管部门，在健全机制的同时，做到法规监管。

2. 科研机构：风险评估，两级审查

包括高校在内的科研机构，依照法律法规设立独立的研究伦理审查委员会。建议按照学院将社会科学研究、生物医学研究和其他学科研究的审查分开。现阶段可以在学术委员会之下增设研究伦理审查职能，设立专门委员会作为学术委员会的分支机构，但是必须保护其审查的独立性，委员组成的专业性、代表性和跨学科性。委员会对风险级别较高需要进行全审查的项目进行会议审查。学院推荐研究经验丰富、伦理审查经历丰富的专家学者担任学校伦理审查委员会成员。同时，成立院级伦理审查委员会，对风险级别一般或较小的项目进行审查。对于无风险项目由研究者自查、上一级管理者或导师审查以及学院伦理审查委员会核定。

3. 专业协会：专家指导，行业提倡

在专业协会内部成立松散型研究伦理审查建设小组，可在会员中挑选经验丰富的专家作为成员，为会员提供研究伦理审查指导和咨询，解答研究开展过程中遇到的伦理两难问题。在协会内部倡导遵守研究伦理的风尚。

现代科技伦理倡导的责任是一种集体性责任，即研究共同体作为科技行为的主体，其行为对整个社会和环境影响深远；在我国，科学共同体包括以共同专业为特征的科学专业共同体，以共同职业为特征

的科学职业共同体和以共同研究为特征的科学研究共同体（王学川，2009：47）。科学研究共同体可以根据专业特征以声明、公约、规范和守则等方式发布本研究领域应该遵守的基本伦理原则，以规范和约束科学研究共同体内部的科研行为。

4. 资助机构：立项审查，伦理评估

在项目立项时，需要出示所在机构研究伦理审查批准证明，同时在项目中期检查和结题验收时提交研究伦理报告。

在涉及以人为研究对象的研究项目立项评审、中期检查、结题验收和绩效评价时，在相应的专家组中应该包括有研究伦理审查经验的专家。

5. 期刊出版：伦理考察，出版审查

以人类参试者为研究对象的研究项目成果在期刊论文发表及著作出版时，应主动提交所在机构研究伦理审查批准证明，并在成果中专门撰写研究伦理考量。杂志编辑委员会和出版社将以上两点作为出版审查的一部分。

7.3.3 教育培训

从国外提供的科学研究伦理意识的提升经验看，教育与培训十分重要。多个有研究伦理审查经验的受访者也都不约而同地讲到了教育与培训在提高管理者、研究者和受试者的研究伦理意识方面的不可替代的作用。教育培训可以分为常规教育和专题培训两个方面。

1. 常规教育

科学研究伦理属应用伦理学的范畴，是马克思主义伦理思想的一个组成部分，建议将科学研究伦理的内容纳入思想政治理论课本科阶段教育的基本内容。讲授的主要内容包括马克思主义伦理观基本原理、中华民族伦理思想、国家观、集体观、易受伤害人群的权利和尊重原则、研究伦理的核心原则等。教学方式可以采用基本原理的讲授、案例教学、课堂研讨、实践模拟等方式，以增加学生对于伦理基

本原理和实践的理解，树立正确的伦理观念，并能对研究过程中存在的伦理冲突和伦理问题进行分析与判断。

在研究生阶段，将职业伦理教育纳入到研究生教育的培养方案之中。对于专业学位研究生，应该设立相应的职业伦理课程，如工程专业要学习"工程伦理"课程，新闻专业要学习"新闻伦理"课程，管理学专业要学习"管理伦理"课程，医学类专业要学习"医学伦理"课程，法律类专业要学习"法律伦理"课程，等等。对于学术学位研究生，必须学习"科学研究伦理"课程，除基本原理和原则部分外，其他部分可以结合不同的专业方向进行分类教学，让研究生在从事研究之前有比较基础的研究伦理意识。

2. 专题培训

对所有首次进行科学研究的研究者，需要进行专题培训。特别是涉及人和动物研究的学科，如生命医学、人工智能与大数据、教育学、社会学、心理学等学科领域的研究者，这样的培训应该贯穿整个研究生涯。

首次进行科学研究的研究者一般为学生，特别是研究生，一般都是在导师指导下，或者作为参加人参与到导师项目组中承担项目的部分研究。此时，指导教师和项目负责人有义务和责任对学生进行科学研究伦理的培训，将所在学科研究中应该关注的伦理问题、遵守的伦理原则和需接受的伦理审查要求和程序等作为培训的基本内容告知学生，要求学生在研究过程中保持伦理意识。同时，可以安排一位高年级的已经有过伦理审查经验的学生进行直接指导。

研究机构有对新进研究者进行培训的义务和责任，可以安排一位所在学校或学院的伦理审查委员会成员对学生进行系统的讲解，并且举行相应考试。考试内容可以包括研究伦理意识、研究伦理基本原则、研究伦理审查的一般程序和规范、本学科领域特定的伦理审查要求、研究各阶段的伦理审查要求、研究过程中碰到伦理冲突时的处理方法等。通过考试后才能进入研究伦理审查申请。

7.4　本研究的局限性

第一，对典型的研究伦理审查案例和研究机构伦理审查案例需要进一步深入分析。在深入访谈中，几位主要受访者都谈到自己在国内做研究不需要研究伦理审查，而到海外做研究需要接受研究伦理审查，甚至由于伦理审查时间过长且在海外时间不足而不得不放弃相关研究。有几位受访者谈到，他们经历了一个从不理解，觉得审查过于烦琐，甚至觉得只是一个形式，到后来认识到对自己的研究设计、研究实施以及研究结果分析有帮助而发生了转变。本书未将这样的访谈变成深入的案例分析。这样的案例可以包括一个完整的伦理审查过程、一个完整的故事，特别是动态的含有持续的跟踪检查管理的过程，比现有文本生动而更加贴近研究者的需求，应该更有价值，也更有参考性，这是本研究的一个遗憾。另外，国际上很多大学和研究机构都已经建立了社会科学研究伦理审查制度，并进行了多年的伦理审查实践。这些制度和审查实践的案例对于我国大学和研究机构建立相应的制度和研究伦理审查实践应该很有参考价值，但在本研究中笔者没有到海外搜集相关真实案例，对国际大学或研究机构案例进行的深入分析不足。

第二，由于我国尚未建立完整的社会科学研究伦理审查制度，缺乏对本研究成果的实践验证。本研究对国外伦理审查的发展到国外伦理审查的理论来源进行了分析，收集了中国学者对于我国社会科学研究伦理审查制度建设的思考和建议等，但由于我国的社会科学研究伦理审查制度建设刚刚开始，还没有足够的实践经验，所以，虽然本研究得到了很多有价值的成果，也提出了一些建设性意见，但在与相关的大学和研究机构进行讨论是否可以进行试点时，很少有大学愿意主动进行这样的实践活动。所以，这些研究成果还无法得到实践的验证。很高兴的是，最近有几个学校响应中央的号召，开始建立相应的社会科学研究伦理审查委员会，并开始进行相应的伦理审查实践。相信在这一实践过程中，会有不少问题需要分析与解决，并对本书研究进行有效的验证。

第三，对于如何将国外成熟的研究伦理审查制度和中国伦理思想相结合研究不足。由于国外的社会科学研究伦理审查制度建设早于我国，笔者从对国外的研究伦理审查制度的建立、发展的分析出发，并以国外的四种规范伦理学作为理论依据来开展本研究。随着研究的深入，许多被访谈者和被调查者都开始意识到直接照搬国外的伦理审查制度可能存在的问题。在建立我国社会科学研究伦理审查制度和进行伦理审查实践过程中如何将国外已经成熟的制度与我国伦理思想相结合，形成有中国特色的社会科学研究伦理审查制度，在本书研究中考虑得还不够充分。

7.5　未来研究方向

第一，系统梳理我国伦理思想的宝库，加强我国伦理思想中强调和谐、辩证、集体主义的思想与国外伦理思想中强调个人权利的冲突的研究。

第二，在国内有了一定的社会科学研究伦理审查实践之后，对国内的研究者、管理者、审查专家和受试者进行持续和深入的访谈，有利于了解我国在社会科学研究伦理审查中存在的问题而不断地完善我国社会科学研究伦理审查制度。

第三，未来要加强对不同层次的研究机构、不同学科方向、不同地区、研究中的不同角色，特别是对比较多地应用质性研究和行动研究的研究者、参试者开展更加广泛的问卷调查，增加更多的开放和主观的问题，以获得更丰富的研究数据，并进一步进行深入的数据挖掘和交叉分析，以分析上述不同参数对于伦理审查制度建设的影响，从而在建立和完善我国社会科学研究伦理审查制度的过程中提供更有个性的、细分的指导，分层次、分学科和分地区开展制度设计和实践。

第四，我国开始建立从国家到研究单位（高校和研究机构）的科学研究伦理审查委员会，并进行制度和治理价系的构建，部分高校和研究机构开始建立专门的社会科学研究伦理审查委员会，负责社会科学研究的伦理审查，这是一件十分有意义的事。未来应该加强跟踪国内社会科学研究伦理审查制度建设的情况，加强已经建立社会科学研究伦理审查委员会的研究单位的伦理审查实践研究，发现实践中产生的成功经验的同时，及时进行理论总结并推广，为社会科学研究伦理审查制度的设计与完善奠定更扎实的理论与实践基础。

社会科学研究伦理审查制度建设，还需与其他层面的治理方法和手段相结合。必须推行法律手段、行政管理、伦理审查与良知自律四位一体的综合治理理念与制度；用系统工程的思想方法纵览全局、协调推进，实现我国社会科学与研究工作的现代化；使我国社会科学研究工作与突飞猛进的自然科学研究工作并肩前进。这一点需要社会科学研究工作者共同努力，加强系统研究。

参 考 文 献

阿尔森·古留加. 1981. 康德传[M]. 贾泽林，侯鸿勋，王炳文译. 北京：商务印书馆.

艾凉琼. 2016. 对基因编辑技术伦理争议的思考[J]. 科学与社会，6（3）：53-59.

边沁. 1995. 政府片论[M]. 沈叔平译. 北京：商务印书馆.

边沁. 2000. 道德与立法原理导论[M]. 时殷弘译. 北京：商务印书馆.

卜玉梅. 2012. 虚拟民族志：田野、方法与伦理[J]. 社会学研究，（6）：217-236，246.

布尔克. 西方伦理学史[M]. 黄慰愿译. 上海：华东师范大学出版社，2016.

陈元方，邱仁宗. 2003. 生物医学研究伦理学[M]. 北京：中国协和医科大学出版社.

程孝良. 2017-02-16. 以学术伦理规范研究活动[N]. 中国社会科学报，1 版.

刁龙. 2018-10-23. 从伦理视角看科技生态创新[N]. 中国社会科学报，6 版.

杜丽姣，边霞. 2016. 美国教育研究伦理审查制度及启示[J]. 教育科学，32（5）：87-91.

范春萍. 2019-08-26. 科技伦理研究与教育的时代使命[N]. 光明日报，15 版.

方刚. 2012. 男公关[M]. 北京：群众出版社.

冯曼，胡惮. 2019-07-09. 发展语言智能 伦理关注不能缺席[N]. 中国社会科学报，3 版.

甘绍平. 2015. 伦理学的当代建构[M]. 北京：中国发展出版社.

龚群，陈真. 2013. 当代西方伦理思想研究[M]. 北京：北京大学出版社.

国家卫生健康委员会. 2020. 对十三届全国人大二次会议第 7190 号建议的答复[EB/OL]. http://www.nhc.gov.cn/wjw/jiany/202007/6cf80a2d2aa54445b860b0c129752c22.shtml[2020-09-03].

国家卫生和计划生育委员会. 2016. 涉及人的生物医学研究伦理审查办法[EB/OL]. http://www.nhc.gov.cn/fzs/s3576/201610/84b33b81d8e747eaaf048f68b174f829.shtml[2018-05-02].

韩跃红. 2019. 创新的道德边界：对基因编辑婴儿事件伦理规制的反思[J]. 昆明理工大学学报（社会科学版），19（2）：30-35，54.

郝梅，王方，丛翠翠，等. 2017. 伦理审查平台的应用探索[J]. 中国临床药理学杂志，33（23）：2468-2470.

侯俊霞，胡志雯，朱亚宗. 2013. 社科伦理审查制度的引进与文化适应性研究[J].
　　湖南大学学报（社会科学版），（5）：125-129.

侯俊霞，赵春清. 2018. 社会科学实证研究方法应用中的伦理问题剖析[J]. 伦理学
　　研究，94（2）：111-116.

胡林英. 2006. 临床均势原则辨析——对临床科研方法的伦理思考[J]. 医学与哲学
　　（人文社会医学版），27（8）：31-32，38.

胡明艳. 2019-08-07. 让科技伦理贯穿科技发展的全过程[N]. 学习时报，6 版.

霍布斯. 1985. 利维坦[M]. 黎思复，黎廷弼译. 北京：商务印书馆.

加勒特·汤姆森. 2002. 康德[M]. 赵成文，藤晓冰，孟令朋译. 北京：中华书局.

John I. Gallin, Frederick P. Ognibene. 2013. 临床研究规范与准则：伦理与法规
　　（第3版）[M]. 时占祥，冯毅译. 北京：科学出版社.

康德. 2012. 道德形而上学原理[M]. 苗力田译. 上海：上海世纪出版集团，上海人
　　民出版社

康德. 2013a. 道德形而上学的奠基[M]. 李秋零译//李秋零. 康德著作全集（第4
　　卷）. 北京：中国人民大学出版社：391-472.

康德. 2013b. 实践理性批判[M]. 李秋零译//李秋零. 康德著作全集（第5卷）. 北
　　京：中国人民大学出版社：1-171.

康德. 2013c. 道德形而上学[M]. 张荣，李秋零译//李秋零. 康德著作全集（第6
　　卷）. 北京：中国人民大学出版社：211-501.

科学技术部，财政部. 2019. 科技部、财政部关于进一步优化国家重点研发计划项
　　目和资金管理的通知[EB/OL]. http://www.gov.cn/xinwen/2019-01/31/content_5362
　　667.htm[2019-07-01].

李红英，陈旻，李振良. 2016. 机构伦理委员会能力建设与监管问题[J]. 医学与哲
　　学，37：22-25.

李久辉，王磊. 2015. 从"黄金大米"事件到西方伦理委员会制度建设的思考[J].
　　山东社会科学，（1）：164-167.

李玲. 2009. 论质性研究伦理审查的文化适应性[J]. 比较教育研究，（6）：7-11.

李伦. 2014. 译后记[M]//汤姆·比彻姆，詹姆士·邱卓思. 生命医学伦理原则（第5
　　版）. 李伦，等译. 北京：北京大学出版社：459-460.

李泽厚. 2007. 批判哲学的批判——康德述评（第六版）[M]. 北京：生活·读
　　书·新知三联书店.

刘晨，康秀云. 2018. 加拿大高校科研伦理规范的监管机制、政策体系及实践启思
　　[J]. 黑龙江高教研究，288，（4）：78-82.

陆航. 2019-08-05. 科技伦理引导科技良性发展[N]. 中国社会科学报，1 版.

罗国杰. 2014. 伦理学（修订本）[M]. 北京：人民出版社.

罗莎琳德·赫斯特豪斯. 2016. 美德伦理学[M]. 李义天译. 南京: 译林出版社.

罗志敏, 南钢. 2014. 高校学术伦理委员会设置探讨[J]. 中国高校科技, (9): 16-19.

迈克尔·斯洛特. 2017. 从道德到美德[M]. 周亮译. 南京: 译林出版社.

苗力田. 2012. 代序: 德性就是力量——从自主到自律[M]//伊曼努尔·康德. 道德形而上学原理. 苗力田译. 上海: 上海世纪出版集团, 上海人民出版社: 1-30.

邱仁宗, 翟晓梅. 2003. 生命伦理学概论[M]. 北京: 中国协和医科大学出版社.

沈栖. 2019-09-17. 国家层面科技伦理监管提上日程[N]. 上海法治报, B07版.

宋希仁. 2010. 西方伦理思想史 (第2版) [M]. 北京: 中国人民大学出版社.

孙君恒. 2015. 大学科研伦理对策论[J]. 武汉科技大学学报 (社会科学版), 17 (2): 198-200.

谭波. 2019. "深圳基因编辑婴儿事件"中伦理审查的法治考问[J]. 河南工业大学学报 (社会科学版), 15 (2): 25-29.

汤姆·比彻姆, 詹姆士·邱卓思. 2014. 生命医学伦理原则 (第5版) [M]. 李伦, 等译. 北京: 北京大学出版社.

唐钧. 2013-10-15. 科学研究伦理缺失害莫大焉[N]. 深圳特区报, B11版.

唐纳德·帕尔玛. 2011. 伦理学导论[M]. 黄少婷译. 上海: 上海社会科学院出版社.

托尼·霍普. 2015. 医学伦理[M]. 吴俊华, 李方, 裘劼人译. 南京: 译林出版社.

王海明. 2009. 伦理学原理 (第三版) [M]. 北京: 北京大学出版社.

王晓敏, 李伦. 2013. 均势原则的伦理辩护[J]. 湖南大学学报 (社会科学版), 27 (3): 132-136.

王星, 孟盛彬. 2012. 参与观察与研究者角色处理的伦理探讨——由《中县干部》谈起[J]. 阿坝师范高等专科学校学报, 29 (2): 61-65.

王学川. 2009. 现代科技伦理学[M]. 北京: 清华大学出版社.

王子辰. 2018. 新闻分析: 欧盟"最严"数据保护条例"严"在何处[EB/OL]. http://www.xinhuanet.com/2018-05/24/c_1122881389.htm[2019-12-03].

文雯. 2011. 英国教育研究伦理的规范和实践及对我国教育研究的启示[J]. 外国教育研究, 38 (8): 87-91.

新华社. 2019. 习近平主持召开中央全面深化改革委员会第九次会议[EB/OL]. http:// www.gov.cn/xinwen/2019-07/24/content_5414669.htm[2019-07-30].

新华网. 2021. 习近平主持召开中央全面深化改革委员会第二十三次会议强调 加快建设全国统一大市场提高政府监管效能 深入推进世界一流大学和一流学科建设[EB/OL]. http://www.news.cn/politics/leaders/2021-12/17/c_1128174996.htm[2021-12-17].

许宏晨. 2013. 第二语言研究中的统计案例分析[M]. 北京: 外语教学与研究出版社.

亚里士多德. 2003. 尼各马可伦理学[M]. 廖申白译. 北京: 商务印书馆.

杨斌，姜朋. 2018. 大学的学术伦理之维[J]. 学位与研究生教育，（5）：40-45.

杨祥银. 2016. 美国口述历史伦理审查机制研究[J]. 史学理论研究，（2）：86-97.

佚名. 2016. 关于《涉及人的生物医学研究伦理审查办法》的解读[EB/OL]. http://www.nhc.gov.cn/qjjys/s3580/201611/e83d2ecb1e6645999437506a4e060a27.shtml [2018-05-02].

约翰·罗尔斯. 2009. 正义论[M]. 何怀宏，何包钢，廖申白译. 北京：中国社会科学出版社.

约翰·密尔. 1952. 论自由[M]. 许宝骙译. 上海：商务印书馆.

张海洪，丛亚丽. 2017. 美国联邦受试者保护通则最新修订述评[J]. 医学与哲学，38（11A）：10-13，52.

张海洪，丛亚丽，沈如群. 2014. 伦理委员会持续审查制度建设探讨[J]. 医学与哲学，35（7A）：30-32.

张玲. 2016. 涉及人类研究科学基金项目的伦理审查——加拿大的经验与借鉴[J]. 伦理学研究，86（6）：115-119.

张田勘. 2013-10-19. 科研和伦理并非两张皮——谈塔夫茨大学就黄金大米人体试验致歉的意义[N]. 中国医药报，6 版.

赵纪萍. 2018-03-01. 大型数据公司如何影响社科研究[N]. 中国社会科学报，7 版.

郑昕. 2001. 康德学述[M]. 北京：商务印书馆.

《中国医学伦理学》编辑部. 2019. 中国的科学伦理、生命伦理反思与规制建设——访谈邱仁宗教授[J]. 中国医学伦理学，32（8）：969-971.

周辅成. 1987. 西方伦理学名著选辑（下卷）[M]. 北京：商务印书馆.

Academy of Social Sciences (AcSS). 2015. *Generic Ethics Principles for Social Science Research*[EB/OL]. https://www.acss.org.uk/developing-generic-ethics-principles-social-science/academy-adopts-five-ethical-principles-for-social-science-research/[2019-06-08].

Beauchamp T L，Childress J F. 2013. *Principles of Biomedical Ethics* (7th ed.) [M]. Oxford: Oxford University Press.

Beauchamp T L，Childress J. F. 2019. *Principles of Biomedical Ethics*（8th ed.）[M]. Qxford: Oxford University Press.

Beecher H K. 1966. Ethics and clinical research[J]. *New England Journal of Medicine*, 274: 1354-1360.

Bell L, Nutt L. 2002. Divided loyalties, divided expectations: Research ethics, professional and occupational responsibilities[C] // Mauthner M, Birch M, Jessop J, et al. *Ethics in Qualitative Research*. London: Sage Publications: 70-90.

Blaikie N. 2007. *Approaches to Social Enquiry: Advancing Knowledge* (2nd ed.) [M]. Cambridge: Polity Press.

Brewer J D. 2000. *Ethnography*[M]. Buckingham: Open University Press.

British Educational Research Association (BERA). 2018. *Ethical Guidelines for Educational Research, fourth edition, London*[EB/OL]. https://www.bera.ac.uk/researchers-resources/publications/ethical-guidelines-for-educational-research-2018 [2019-06-08].

Bryman A. 2015. *Social Research Methods* (5th ed.) [M]. New York: Oxford University Press.

Burr V. 2003. *Social Constructionism* (2nd ed.) [M]. East Sussex: Routledge.

Canadian Institutes of Health Research, Natural Sciences and Engineering Research Council of Canada, Social Sciences and Humanities Research Council of Canada. 2022. *Tri-Council Policy Statement: Ethical Conduct for Research Involving Humans, December 2022* [EB/OL]. https://ethics.gc.ca/eng/documents/tcps2-2022-en.pdf[2023-02-28].

Cartwright S. 1988. The Cartwright Inquiry [EB/OL]. https://www.womenshealthcouncil.org.nz/the-cartwright-inquiry-files/[2020-05-02].

Cohen L, Manion L, Morrison K. 2011. *Research Methods in Education* (7th ed.) [M]. Oxon: Routledge.

Council for International Organizations of Medical Sciences (CIOMS). 2016. *International Ethical Guidelines for Health-related Research Involving Humans* (4th ed.) [M]. Geneva: CIOMS.

Creswell J W. 2007. *Qualitative Inquiry & Research Design: Choosing Among Five Approaches* (2nd ed.) [M]. Thousand Oaks: Sage Publications.

de Wet K. 2010. The importance of ethical appraisal in social science research: Reviewing a faculty of humanities' Research Ethics Committee[J]. *Journal of Academic Ethics*, 8: 301-314.

Denzin N K. 2009. *Qualitative Inquiry Under Fire: Toward a New Paradigm Dialogue*[M]. Walnut Creek: Left Coast Press.

Duncombe J, Jessop J. 2002. 'Doing rapport' and the ethics of 'faking friendship' [C]//Mauthner M, Birch M, Jessop J, et al. *Ethics in Qualitative Research*. London: Sage Publications: 107-122.

Economic and Social Research Council (ESRC) . 2015. *ESRC Framework for Research Ethics 2015*[EB/OL]. http://www.esrc.ac.uk/files/funding/guidance-for-applicants/esrc-framework-for-research-ethics-2015/[2018-02-09].

Economic and Social Research Council (ESRC). 2012. *ESRC Framework for Research Ethics (FRE) 2010 (Revised September 2012)* [EB/OL]. http://www.esrc.ac.uk/_images/Framework-for-Research-Ethics_tcm8-4586.pdf[2012-12-23].

Festinger L, Riecken H W, Schachter S. 1956. *When Prophecy Fails*[M]. New York: Harper & Row.

Gregory I. 2003. *Ethics in Research*[M]. London: Continuum.

Hammersley M, Atkinson P. *Ethnography: Principles in Practice* (3rd ed.) [M]. London: Routledge.

Hock R R. 2012. *Forty Studies that Changed Psychology: Explorations into the History of Psychological Research* (7th ed.) [M]. New Jersey: Person Education, Inc.

Holdaway S. 1983. *Inside the British Police: A Force in Work*[M]. Oxford: Blackwell.

Hou J, Feng A. 2019. Juggling multiple identities: The untold stories behind a PhD ethnographic study[J]. *International Journal of Qualitative Methods*, 18: 1-12.

Israel M, Hay I. 2006. *Research Ethics for Social Scientists: Between Ethical Conduct and Regulatory Compliance*[M]. London: Sage Publications.

Kimmel A J. 1988. *Ethics and Values in Applied Social Research*[M]. Newbury Park: Sage Publications.

Kline R B. 2016. *Principles and Practice of Structural Equation Modeling* (4th ed.) [M]. New York: Guilford Press.

MacIntyre A. 2007. After Virtue: A Study in Moral Theory (3rd ed.) [M]. South Bend: Univerisity of Notre Dame Press.

McArthur D. 2008. Good ethics can sometimes mean better science: Research ethics and the Milgram experiments[J]. Science and Engineering Ethics, 15 (1): 69-79.

Nathan R. 2005. *My Freshman Year: What a Professor Learned by Becoming a Student*[M]. New York: Cornell University Press.

Robson C. 2002. *Real World Research: A Resource of Social Scientists and Practitioner-Researchers* (2nd ed.) [M]. London: Blackwell Publishing.

Robson C, McCarton K. 2016. *Real World Research: A Resource for Users of Social Research Methods in Applied Settings* (4th ed.) [M]. West Sussex: Wiley & Sons Ltd.

Rosenhan D L. 1973. On being sane in insane places[J]. *Science*, 179: 350-358.

Rosenthal R, Jacobson L. 1968. *Pygmalion in the Classroom: Teacher Expectation and Pupils' Intellectual Development*[M]. New York: Holt, Rinehart & Winston.

Seedhouse D. 2012. *Ethical Grid*[EB/OL]. http://www.priory.com/images/ethicgrid.jpg [2012-08-30].

Silverman D. 2010. *Doing Qualitative Research* (3rd ed.) [M]. London: Sage Publications.

Social Research Association. 2003. *Ethical Guidelines*[EB/OL]. http://thesra.org.uk/wp-content/uploads/ethics03.pdf[2018-02-09].

Social Sciences and Humanities Research Ethics Board, University of Toronto (SSHREB). 2013. *Guidelines for Ethical Conduct in Participant Observation* [EB/OL]. http://research.

utoronto.ca/wp-content/uploads/documents/2013/05/Participant-Observation-Guidelines. pdf[2018-02-09].

Stutchbury K, Fox A. 2009. Ethics in educational research: Introducing a methodological tool for effective ethical analysis[J]. *Cambridge Journal of Education*, 39 (4): 489-504.

World Medical Association. 2013. *WMA Declaration of Helsinki—Ethical Principles for Medical Research Involving Human Subjects*[EB/OL]. https://www.wma.net/policies-post/wma-declaration-of-helsinki-ethical-principles-for-medical-research-involving-human-subjects/[2016-09-15].

附 录

附录一　《纽伦堡法典》

THE NUREMBERG CODE
纽伦堡法典

1. The voluntary consent of the human subject is absolutely essential. This means that the person involved should have legal capacity to give consent; should be so situated as to be able to exercise free power of choice, without the intervention of any element of force, fraud, deceit, duress, over-reaching, or other ulterior form of constraint or coercion; and should have sufficient knowledge and comprehension of the elements of the subject matter involved, as to enable him to make an understanding and enlightened decision. This latter element requires that, before the acceptance of an affirmative decision by the experimental subject, there should be made known to him the nature, duration, and purpose of the experiment; the method and means by which it is to be conducted; all inconveniences and hazards reasonably to be expected; and the effects upon his health or person, which may possibly come from his participation in the experiment. The duty and responsibility for ascertaining the quality of the consent rests upon each individual who initiates, directs or engages in the experiment. It is a personal duty and responsibility which may not be delegated to another with impunity.

受试者必须绝对自愿参加实验，换言之，当事人应具备给予同意的完全民事行为能力；在没有外力干涉、欺瞒、蒙蔽、胁迫、欺诈、乘人之危等显失公平情形的情况下，具有自主决定的行为能力；必须充分保证当事人的知情权，即在充分了解实验具体内容的情形下，当事人可以做出理智、正确的选择。在受试者同意参与实验之前，应当让当事人充分了解实验的性质、方式方法、期限和实验目的；能合理地预料到实验可能引起的不利后果，以及因参与实验而可能对受试者本人的生命健康产生的不利影响。所有实验发起者、指导人和具体实施者都有义务判定当事人作出同意意思表示的真实性。该义务属于法定义务和责任，不得转嫁和逃避。

2. The experiment should be such as to yield fruitful results for the good of society, unprocurable by other methods or means of study, and not random and unnecessary in nature.

实验应能产生有益于社会的丰硕成果，是其他研究方法或手段所不能比拟的，而且在性质上不是随机的和不必要的。

3. The experiment should be so designed and based on the results of animal experimentation and a knowledge of the natural history of the disease or other problem under study, that the anticipated results will justify the performance of the experiment.

实验的设计应以动物实验结果和对所研究的疾病或其他问题的自然历史了解为基础，预期的实验结果能够证明实验的实施是正当的。

4. The experiment should be so conducted as to avoid all unnecessary physical and mental suffering and injury.

实验应避免带给受试者肉体和精神上的非必要的痛苦和伤害。

5. No experiment should be conducted, where there is an a priori reason to believe that death or disabling injury will occur; except, perhaps, in those experiments where the experimental physicians also serve as subjects.

如果事先有理由相信实验会致残致死，则应禁止该项实验，除非参与实验的医生自己也是受试者。

6. The degree of risk to be taken should never exceed that determined by the humanitarian importance of the problem to be solved by the

experiment.

实验所冒的风险不能超出通过实验解决的问题的人道主义重要性。

7. Proper preparations should be made and adequate facilities provided to protect the experimental subject against even remote possibilities of injury, disability, or death.

应做好相应准备，并提供充足设施，保护好受试者，避免受试者遭受伤害、致残或死亡，即便概率微乎其微。

8. The experiment should be conducted only by scientifically qualified persons. The highest degree of skill and care should be required through all stages of the experiment of those who conduct or engage in the experiment.

只能由具备相应科研资质的人员开展实验。主持开展或参与实验的人员，在实验的各阶段都应具备最高水平的技能和审慎。

9. During the course of the experiment, the human subject should be at liberty to bring the experiment to an end, if he has reached the physical or mental state, where continuation of the experiment seemed to him to be impossible.

在实验过程中，如果受试者因身体或精神状态无法继续进行实验，他应当享有终止实验的自由。

10. During the course of the experiment, the scientist in charge must be prepared to terminate the experiment at any stage, if he has probable cause to believe, in the exercise of the good faith, superior skill and careful judgement required of him, that a continuation of the experiment is likely to result in injury, disability, or death to the experimental subject.

在实验的任何阶段，如果负责实验的科学工作者凭借其良好的诚信、卓越的技能和审慎的判断，有理由相信继续实验有可能对受试者造成伤害、残疾或死亡，则应准备好随时中止实验。

附录二　《世界医学会赫尔辛基宣言
——人体医学试验之伦理原则》

WMA Declaration of Helsinki – Ethical Principles for Medical
Research Involving Human Subjects
世界医学会赫尔辛基宣言——人体医学试验之伦理原则

Adopted by the 18th WMA General Assembly, Helsinki, Finland, June 1964 and amended by the:

1964 年 6 月，本宣言在于芬兰赫尔辛基召开的第 18 届世界医学会大会上通过，并在以下大会上进行修订：

29th WMA General Assembly, Tokyo, Japan, October 1975
第 29 届世界医学会大会，日本东京，1975 年 10 月

35th WMA General Assembly, Venice, Italy, October 1983
第 35 届世界医学会大会，意大利威尼斯，1983 年 10 月

41st WMA General Assembly, Hong Kong, September 1989
第 41 届世界医学会大会，（中国）香港，1989 年 9 月

48th WMA General Assembly, Somerset West, Republic of South Africa, October 1996
第 48 届世界医学会大会，南非西苏玛锡，1996 年 10 月

52nd WMA General Assembly, Edinburgh, Scotland, October 2000
第 52 届世界医学会大会，苏格兰爱丁堡，2000 年 10 月

53rd WMA General Assembly, Washington DC, USA, October 2002

(Note of Clarification added)

第 53 届世界医学会大会，美国华盛顿，2002 年 10 月（增加解释说明）

55th WMA General Assembly, Tokyo, Japan, October 2004 (Note of Clarification added)

第 55 届世界医学会大会，日本东京，2004 年 10 月（增加解释说明）

59th WMA General Assembly, Seoul, Republic of Korea, October 2008

第 59 届世界医学会大会，韩国首尔，2008 年 10 月

64th WMA General Assembly, Fortaleza, Brazil, October 2013

第 64 届世界医学会大会，巴西福塔莱萨，2013 年 10 月

Preamble
前　言

1. The World Medical Association (WMA) has developed the Declaration of Helsinki as a statement of ethical principles for medical research involving human subjects, including research on identifiable human material and data.

The Declaration is intended to be read as a whole and each of its constituent paragraphs should be applied with consideration of all other relevant paragraphs.

世界医学会制定《赫尔辛基宣言》，作为涉及人体的医学研究的伦理原则声明，对可识别的人体组织和数据开展的研究也适用该原则。

本宣言应通篇阅读，避免断章取义。

2. Consistent with the mandate of the WMA, the Declaration is

addressed primarily to physicians. The WMA encourages others who are involved in medical research involving human subjects to adopt these principles.

本宣言符合世界医学会的宗旨，主要适用于医生。世界医学会欢迎参与人体医学研究的其他相关人员也采用这些原则。

General Principles
总 体 原 则

3. The Declaration of Geneva of the WMA binds the physician with the words, "The health of my patient will be my first consideration, " and the International Code of Medical Ethics declares that, "A physician shall act in the patient's best interest when providing medical care."

世界医学会《日内瓦宣言》中，认为医生应以"以患者健康为首要考量"为准绳，而《国际医学伦理准则》也声明："提供医疗服务时，医生应以患者的最大福祉为出发点。"

4. It is the duty of the physician to promote and safeguard the health, well-being and rights of patients, including those who are involved in medical research. The physician's knowledge and conscience are dedicated to the fulfilment of this duty.

医生的职责是促进和保护患者的健康、福祉和权益，包括涉及医学研究的人士。医生的知识和良知应为履行这一职责而服务。

5. Medical progress is based on research that ultimately must include studies involving human subjects.

医学进步基于研究，而研究终究会涉及人体试验。

6. The primary purpose of medical research involving human subjects is to understand the causes, development and effects of diseases and improve preventive, diagnostic and therapeutic interventions (methods, procedures and treatments) . Even the best proven interventions must be evaluated continually through research for their safety, effectiveness,

efficiency, accessibility and quality.

人体医学研究的主要目的，是了解疾病的成因、发展和影响，改进预防、诊断和治疗干预措施（方法、程序和疗法）。即便是目前已经被证实为最佳的干预措施，也必须通过研究，不断评估其安全性、效果、效率、可及性和质量。

7. Medical research is subject to ethical standards that promote and ensure respect for all human subjects and protect their health and rights.

医学研究的伦理标准是促进和确保人类受试者受到尊重，保护其健康和权益。

8. While the primary purpose of medical research is to generate new knowledge, this goal can never take precedence over the rights and interests of individual research subjects.

虽然医学研究的主要目的是获得新的知识，但这一目的绝不能超越个体研究受试者的权利和利益。

9. It is the duty of physicians who are involved in medical research to protect the life, health, dignity, integrity, right to self-determination, privacy, and confidentiality of personal information of research subjects. The responsibility for the protection of research subjects must always rest with the physician or other health care professionals and never with the research subjects, even though they have given consent.

参与医学研究的医生有责任保护受试者的生命、健康、尊严、人格、自我决定权、隐私，为受试者个人资料保密。医生和其他医疗专业人员一直负有保护受试者的责任。即便受试者已同意，这项责任也不能由其担负。

10. Physicians must consider the ethical, legal and regulatory norms and standards for research involving human subjects in their own countries as well as applicable international norms and standards. No national or international ethical, legal or regulatory requirement should reduce or eliminate any of the protections for research subjects set forth in this Declaration.

　　医生必须考虑到本国与以人为对象的研究相关的伦理、法律和法规中的规范和标准，以及适用的国际规范和标准。任何国家或国际伦理、法律或法规中的要求不得削弱或消除本宣言中提出的受试者保护内容。

11. Medical research should be conducted in a manner that minimises possible harm to the environment.

开展医学研究应尽可能减少对环境的破坏。

12. Medical research involving human subjects must be conducted only by individuals with the appropriate ethics and scientific education, training and qualifications. Research on patients or healthy volunteers requires the supervision of a competent and appropriately qualified physician or other health care professional.

只有受过相应伦理和科学教育、培训并具备一定资格的人员方可开展人体医学研究。针对患者或健康志愿者的研究需在具备相应能力和资格的医生或其他医疗专业人员的监督下进行。

13. Groups that are underrepresented in medical research should be provided appropriate access to participation in research.

应给予在医学研究中代表性不足的人群参与研究的相应机会。

14. Physicians who combine medical research with medical care should involve their patients in research only to the extent that this is justified by its potential preventive, diagnostic or therapeutic value and if the physician has good reason to believe that participation in the research study will not adversely affect the health of the patients who serve as research subjects.

对于同时肩负医学研究和医疗任务的医生，只有在能证明该研究具有潜在预防、诊断或治疗价值，并且有充分的理由相信，参加研究不会对作为受试者的患者健康造成不良影响的情况下，才可以让患者参与该项研究。

15. Appropriate compensation and treatment for subjects who are harmed as a result of participating in research must be ensured.

应确保因参与研究而受到伤害的受试者能获得恰当补偿和治疗。

Risks, Burdens and Benefits
风险、负担和受益

16. In medical practice and in medical research, most interventions involve risks and burdens.

在医学实践和医学研究中，大多数干预措施都存在风险和负担。

Medical research involving human subjects may only be conducted if the importance of the objective outweighs the risks and burdens to the research subjects.

只有在医疗研究的重要性远远超过受试者承受的风险和负担时，才可以进行人体医学研究。

17. All medical research involving human subjects must be preceded by careful assessment of predictable risks and burdens to the individuals and groups involved in the research in comparison with foreseeable benefits to them and to other individuals or groups affected by the condition under investigation.

在进行所有以人为对象的研究之前，必须通过对比参与研究的受试个人和群体所承受的可预测风险与负担和给他们以及其他受研究影响的个人和群体带来的可预见利益，对他们进行谨慎评估。

Measures to minimise the risks must be implemented. The risks must be continuously monitored, assessed and documented by the researcher.

必须采取措施，尽可能降低风险。研究人员必须持续监测、评估和记录风险。

18. Physicians may not be involved in a research study involving human subjects unless they are confident that the risks have been adequately assessed and can be satisfactorily managed.

除非医生确信已充分评估风险，并能以令人满意的方式管控这些风险，否则不得从事以人为对象的研究。

When the risks are found to outweigh the potential benefits or when there is conclusive proof of definitive outcomes, physicians must assess whether to continue, modify or immediately stop the study.

如果发现研究风险大于潜在利益，或者研究结论有确凿证据，医生应评估是继续研究、修改研究还是立即停止该研究。

Vulnerable Groups and Individuals
弱势群体和个人

19. Some groups and individuals are particularly vulnerable and may have an increased likelihood of being wronged or of incurring additional harm.

有些群体和个人尤为弱势，其权益更有可能受到侵犯或遭受额外伤害。

All vulnerable groups and individuals should receive specifically considered protection.

应重视对所有弱势群体的保护。

20. Medical research with a vulnerable group is only justified if the research is responsive to the health needs or priorities of this group and the research cannot be carried out in a non-vulnerable group. In addition, this group should stand to benefit from the knowledge, practices or interventions that result from the research.

只有在医学研究是为满足弱势群体的健康需要，或者是他们优先关注的问题，并且无法在非弱势群体中开展此项研究的情况下，对弱势群体进行的研究才被视为是正当的。此外，该群体应能从研究产生的知识、实践或干预措施中获益。

Scientific Requirements and Research Protocols
科学要求与研究方案

21. Medical research involving human subjects must conform to generally accepted scientific principles, be based on a thorough knowledge

of the scientific literature, other relevant sources of information, and adequate laboratory and, as appropriate, animal experimentation. The welfare of animals used for research must be respected.

以人为对象的研究必须符合公认的科学原则，并且是基于对科学文献、其他相关信息源、充分的实验室实验和相应的动物实验的全面了解。应尊重用于研究的动物的福利。

22. The design and performance of each research study involving human subjects must be clearly described and justified in a research protocol.

研究方案中应明确描述以人为对象的研究的设计和开展情况，并论证其合理性。

The protocol should contain a statement of the ethical considerations involved and should indicate how the principles in this Declaration have been addressed. The protocol should include information regarding funding, sponsors, institutional affiliations, potential conflicts of interest, incentives for subjects and information regarding provisions for treating and/or compensating subjects who are harmed as a consequence of participation in the research study.

研究方案中应包括有关伦理注意事项的陈述，并说明如何贯彻落实本宣言的原则。该方案还应包括资金情况、资助方、机构隶属关系、潜在利益冲突、对受试者的激励措施，以及如何治疗和/或补偿因参与研究而受到伤害的受试者的条款。

In clinical trials, the protocol must also describe appropriate arrangements for post-trial provisions.

对于临床试验，研究方案还必须说明完成试验后的相应安排条款。

Research Ethics Committees
研究伦理委员会

23. The research protocol must be submitted for consideration, comment,

guidance and approval to the concerned research ethics committee before the study begins. This committee must be transparent in its functioning, must be independent of the researcher, the sponsor and any other undue influence and must be duly qualified. It must take into consideration the laws and regulations of the country or countries in which the research is to be performed as well as applicable international norms and standards but these must not be allowed to reduce or eliminate any of the protections for research subjects set forth in this Declaration.

在研究开始前，应将研究方案提交给相关研究伦理委员会审定、评估、指导和批准。该委员会的运作必须透明，必须独立于研究者、资助方，不受其他任何不当影响，并且具备相应资质。该委员会必须考虑到本国和研究项目所在国的法律和法规，以及适用的国际规范和标准，但这些绝不允许削弱或排斥本宣言中的受试者保护条款。

The committee must have the right to monitor ongoing studies. The researcher must provide monitoring information to the committee, especially information about any serious adverse events. No amendment to the protocol may be made without consideration and approval by the committee. After the end of the study, the researchers must submit a final report to the committee containing a summary of the study's findings and conclusions.

该委员会必须有权监督进行中的研究。研究人员应向委员会提供监督信息，特别是关于严重不良事件的信息。未经该委员会审定和批准，不得对研究方案进行任何修订。在完成研究后，研究者应当向委员会提交一份终结报告，包含对研究结果和结论的总结。

Privacy and Confidentiality
隐私和保密

24. Every precaution must be taken to protect the privacy of research subjects and the confidentiality of their personal information.

必须采取一切防范措施，保护受试者的隐私，对其个人信息保密。

Informed Consent
知 情 同 意

25. Participation by individuals capable of giving informed consent as subjects in medical research must be voluntary. Although it may be appropriate to consult family members or community leaders, no individual capable of giving informed consent may be enrolled in a research study unless he or she freely agrees.

有知情同意表达能力的个体必须是自愿作为受试者参加医学研究。尽管也可同其家人或社区负责人进行商议，但是，除非有知情同意表达能力的个体自由地表达了同意，否则不得将其纳入研究项目。

26. In medical research involving human subjects capable of giving informed consent, each potential subject must be adequately informed of the aims, methods, sources of funding, any possible conflicts of interest, institutional affiliations of the researcher, the anticipated benefits and potential risks of the study and the discomfort it may entail, post-study provisions and any other relevant aspects of the study. The potential subject must be informed of the right to refuse to participate in the study or to withdraw consent to participate at any time without reprisal. Special attention should be given to the specific information needs of individual potential subjects as well as to the methods used to deliver the information.

在有知情同意表达能力的受试者参与的医学研究中，必须向每位潜在受试者充分说明研究的目的、方法、资金来源、任何可能的利益冲突、研究人员的机构隶属关系、预期利益和潜在的风险、研究可能造成的不适、试验后的条款以及其他任何与研究有关的信息，还应告诉潜在受试者有权拒绝参与研究或随时撤回同意、退出研究而不被报复，应特别关注潜在个体受试者的特定信息需求，以及提供信息的方法。

After ensuring that the potential subject has understood the information, the physician or another appropriately qualified individual must then seek the potential subject's freely-given informed consent, preferably in writing. If the consent cannot be expressed in writing, the non-written consent must be formally documented and witnessed.

在确保潜在受试者理解这些信息后，医生或其他具备相应资质的人员应当寻求获得受试者自由表达的知情同意（最好是以书面形式）。如果受试者不能以书面形式表达同意，则应正式记录下非书面同意，并有见证。

All medical research subjects should be given the option of being informed about the general outcome and results of the study.

所有医学研究受试者都应有权选择是否被告知研究的一般性成果和结果。

27. When seeking informed consent for participation in a research study the physician must be particularly cautious if the potential subject is in a dependent relationship with the physician or may consent under duress. In such situations the informed consent must be sought by an appropriately qualified individual who is completely independent of this relationship.

在寻求参与研究项目的知情同意时，如果潜在受试者与医生有依附关系，或存在被迫表示同意的可能，医生应特别谨慎。在这种情况下，必须由一个具备相应资质且与这种关系完全无关的人来寻求知情同意。

28. For a potential research subject who is incapable of giving informed consent, the physician must seek informed consent from the legally authorised representative. These individuals must not be included in a research study that has no likelihood of benefit for them unless it is intended to promote the health of the group represented by the potential subject, the research cannot instead be performed with persons capable of

providing informed consent, and the research entails only minimal risk and minimal burden.

如果潜在受试者不具备表达知情同意的能力,医生必须寻求其法定代理人的知情同意。除非研究旨在促进潜在受试者代表人群的健康,并且不能由具备知情同意表达能力的人员代替参与,同时研究只会带来最小风险和负担,否则,不得将这些受试者纳入到一个不可能带给他们利益的研究中。

29. When a potential research subject who is deemed incapable of giving informed consent is able to give assent to decisions about participation in research, the physician must seek that assent in addition to the consent of the legally authorised representative. The potential subject's dissent should be respected.

如果被认为不具备表达知情同意能力的潜在受试者能够做出同意参加研究的决定,医生除了寻求法定代理人的同意外,还必须征得该受试者的同意。如受试者不同意,也应得到尊重。

30. Research involving subjects who are physically or mentally incapable of giving consent, for example, unconscious patients, may be done only if the physical or mental condition that prevents giving informed consent is a necessary characteristic of the research group. In such circumstances the physician must seek informed consent from the legally authorised representative. If no such representative is available and if the research cannot be delayed, the study may proceed without informed consent provided that the specific reasons for involving subjects with a condition that renders them unable to give informed consent have been stated in the research protocol and the study has been approved by a research ethics committee. Consent to remain in the research must be obtained as soon as possible from the subject or a legally authorised representative.

当参与研究的受试者身体或精神上不具备表达知情同意的能力时(比如无意识的患者),只有在这类妨碍表达知情同意的身体或精神状况是研究群体的一个必要特征时，才可进行研究。在这种情况下，医生应征得法定代理人的知情同意。如果无法联系到法定代理人，而研究又不能拖延，则可以在没有获得知情同意的情况下进行研究，前提是在研究方案中陈述了致使受试者无法表达知情同意的具体原因，并且该研究项目已获得研究伦理委员会批准。医生应尽早从受试者或其法定代理人处征得继续参与研究的同意。

31. The physician must fully inform the patient which aspects of their care are related to the research. The refusal of a patient to participate in a study or the patient's decision to withdraw from the study must never adversely affect the patient-physician relationship.

医生必须完全告知患者，其医疗护理的哪些方面与研究有关。患者拒绝参与研究或中途退出研究的决定，不得对医生和患者之间的关系造成不利影响。

32. For medical research using identifiable human material or data, such as research on material or data contained in biobanks or similar repositories, physicians must seek informed consent for its collection, storage and/or reuse. There may be exceptional situations where consent would be impossible or impracticable to obtain for such research. In such situations the research may be done only after consideration and approval of a research ethics committee.

如果医学研究要使用可识别身份的人体材料或数据，例如采用生物标本库或类似资源库材料或数据的研究，医生必须征得受试者对其采集、储存和/或再利用的知情同意。在一些特殊情况下，如果难以或无法征得受试者同意，则必须在经研究伦理委员会审查和批准后，才能进行研究。

Use of Placebo
安慰剂的使用

33. The benefits, risks, burdens and effectiveness of a new intervention

must be tested against those of the best proven intervention (s), except in the following circumstances:

Where no proven intervention exists, the use of placebo, or no intervention, is acceptable; or

应通过与已验证的最佳干预措施进行对比试验，测试新的干预措施的益处、风险、负担和效果，但下述情况除外：

如果没有已经验证的干预措施，可以使用安慰剂或者不采取干预措施；或者

Where for compelling and scientifically sound methodological reasons the use of any intervention less effective than the best proven one, the use of placebo, or no intervention is necessary to determine the efficacy or safety of an intervention and the patients who receive any intervention less effective than the best proven one, placebo, or no intervention will not be subject to additional risks of serious or irreversible harm as a result of not receiving the best proven intervention.

如果出于令人信服、科学合理的方法论理由，为了确定某种干预措施的有效性或安全性，需使用比已验证的最佳干预措施效果差的干预措施、安慰剂或者不需要采取任何干预措施，并且使用比已验证的最佳干预措施效果差的干预措施、安慰剂或未采取干预措施的患者不会因为未采取已验证的最佳干预措施而遭受额外的、严重或不可逆伤害的风险。

Extreme care must be taken to avoid abuse of this option.

要特别注意，以防此选项被滥用。

Post-Trial Provisions
试验后规定

34. In advance of a clinical trial, sponsors, researchers and host country governments should make provisions for post-trial access for all participants who still need an intervention identified as beneficial in the

trial. This information must also be disclosed to participants during the informed consent process.

在开展临床试验前，资助方、研究者和研究所在国政府应制定规定，让所有参加试验的受试者能有机会接受在试验中已确定有益的干预措施。此信息必须在知情同意过程中向受试者公开。

Research Registration and Publication and Dissemination of Results
研究登记以及研究结果的出版和传播

35. Every research study involving human subjects must be registered in a publicly accessible database before recruitment of the first subject.

对于所有以人为对象的研究，在招募首位受试者前，就应在可公开访问的数据库中登记。

36. Researchers, authors, sponsors, editors and publishers all have ethical obligations with regard to the publication and dissemination of the results of research. Researchers have a duty to make publicly available the results of their research on human subjects and are accountable for the completeness and accuracy of their reports. All parties should adhere to accepted guidelines for ethical reporting. Negative and inconclusive as well as positive results must be published or otherwise made publicly available. Sources of funding, institutional affiliations and conflicts of interest must be declared in the publication. Reports of research not in accordance with the principles of this Declaration should not be accepted for publication.

研究者、作者、资助方、编辑和出版方对研究结果的出版和传播都负有伦理义务。研究者有责任公开以人为对象的研究成果，并对其报告的完整性和准确性负责。各相关方应遵守公认的伦理报告准则。负面的、不确定的结果必须和积极的结果一起发表，或通过其他方式让公众知晓。必须在出版物上公布资金来源、机构隶属关系和利益冲突。不符合本宣言原则的研究报告，不应被受理发表。

Unproven Interventions in Clinical Practice
在临床实践中使用未经验证的干预措施

37. In the treatment of an individual patient, where proven interventions do not exist or other known interventions have been ineffective, the physician, after seeking expert advice, with informed consent from the patient or a legally authorised representative, may use an unproven intervention if in the physician's judgement it offers hope of saving life, re-establishing health or alleviating suffering. This intervention should subsequently be made the object of research, designed to evaluate its safety and efficacy. In all cases, new information must be recorded and, where appropriate, made publicly available.

在治疗个体患者时，如果尚无被验证过的干预措施，或使用其他已有干预措施无效，医生在征得专家意见并得到患者或其法定代理人的知情同意后，如果根据自己的判断，该干预措施有希望挽救生命、恢复健康或减轻痛苦，那么医生可以采取未经验证的干预措施，然后，应对该干预措施进行研究，评价其安全性和疗效。在所有情况下，都应记录下新信息，并在适当的时候公之于众。

附录三　《贝尔蒙报告》

THE BELMONT REPORT
贝尔蒙报告

Office of the Secretary
部长办公室

Ethical Principles and Guidelines for the Protection of Human Subjects of Research
以人为对象的研究受试者保护伦理原则和指南

The National Commission for the Protection of Human Subjects of

Biomedical and Behavioral Research

生物医学与行为研究受试者保护全国委员会

April 18, 1979

1979 年 4 月 18 日

AGENCY: Department of Health, Education, and Welfare.

机构：美国卫生、教育与福利部

ACTION: Notice of Report for Public Comment.

作用：征求公共意见的通知

SUMMARY: On July 12, 1974, the National Research Act (Pub. L. 93-348) was signed into law, there-by creating the National Commission for the Protection of Human Subjects of Biomedical and Behavioral Research. One of the charges to the Commission was to identify the basic ethical principles that should underlie the conduct of biomedical and behavioral research involving human subjects and to develop guidelines which should be followed to assure that such research is conducted in accordance with those principles. In carrying out the above, the Commission was directed to consider: (i) the boundaries between biomedical and behavioral research and the accepted and routine practice of medicine, (ii) the role of assessment of risk-benefit criteria in the determination of the appropriateness of research involving human subjects, (iii) appropriate guidelines for the selection of human subjects for participation in such research and (iv) the nature and definition of informed consent in various research settings.

摘要：1974 年 7 月 12 日，《国家研究法案》（公法 93-348）签署生效，由此成立生物医学与行为研究受试者保护全国委员会。委员会的职责之一是确立涉及人类受试者的生物医学和行为研究的基本伦理原则，并制定指导方针，确保按照这些原则开展此类研究。在履行以上职责时，委员会需考虑：一、生物医学及行为研究和常规医疗之间的界限；二、风险/利益标准评估在对以人为对象开展研究适切性进行判定时的作用；三、关于受试者选取的相关指南；四、不同研究中知情同意的性质和定义。

The Belmont Report attempts to summarize the basic ethical principles identified by the Commission in the course of its deliberations. It is the outgrowth of an intensive four-day period of discussions that were held in February 1976 at the Smithsonian Institution's Belmont Conference Center supplemented by the monthly deliberations of the Commission that were held over a period of nearly four years. It is a statement of basic ethical principles and guidelines that should assist in resolving the ethical problems that surround the conduct of research with human subjects. By publishing the Report in the Federal Register, and providing reprints upon request, the Secretary intends that it may be made readily available to scientists, members of institutional review boards, and Federal employees. The two-volume Appendix, containing the lengthy reports of experts and specialists who assisted the Commission in fulfilling this part of its charge, is available as DHEW Publication No. (OS) 78-0013 and No. (OS) 78-0014, for sale by the Superintendent of Documents, U.S. Government Printing Office, Washington, D.C. 20402.

《贝尔蒙报告》概括了委员会审议时确立的基本伦理原则。它是委员会 1976 年 2 月在史密森学会贝尔蒙会议中心连续 4 天集中讨论的成果，并在接下来的近 4 年里每月审议一次。本报告归纳总结了这些成果。这份基本伦理原则和指引声明，可用于帮助解决以人为对象的研究中涉及的伦理问题。这份报告将在《联邦公报》上发布，并根据需求再版。部长希望以此可以让科学家、机构伦理审查委员会成员和联邦雇员们随时获得这份报告。两册附录中收录了由协助委员会履行这部分职责的专家撰写的报告全文，作为美国卫生、教育与福利部第（OS）78-0013 和（OS）78-0014 号出版物出版，由美国政府印刷局文献总监处对外出售（华盛顿哥伦比亚特区，邮编 20402）。

Unlike most other reports of the Commission, the Belmont Report does not make specific recommendations for administrative action by the Secretary of Health, Education, and Welfare. Rather, the Commission recommended that the Belmont Report be adopted in its entirety, as a statement of the Department's policy. The Department requests public comment on this recommendation.

不同于许多委员会发布的报告，《贝尔蒙报告》并未向美国卫生、教育与福利部部长提出采取行政措施的具体建议。委员会建议该部门整体采用《贝尔蒙报告》作为政策声明。该部门欢迎公众对此建议提出意见。

National Commission for the Protection of Human Subjects of Biomedical and Behavioral Research

生物医学与行为研究受试者保护全国委员会

Members of the Commission

委员会成员：

Kenneth John Ryan, M.D., Chairman, Chief of Staff, Boston Hospital for Women.

Kenneth John Ryan：医学博士，主席，波士顿妇女医院办公室主任

Joseph V. Brady, Ph.D., Professor of Behavioral Biology, Johns Hopkins University.

Joseph V. Brady：哲学博士，约翰斯·霍普金斯大学行为生物学教授

Robert E. Cooke, M.D., President, Medical College of Pennsylvania.

Robert E. Cooke：医学博士，宾夕法尼亚医学院院长

Dorothy I. Height, President, National Council of Negro Women, Inc.

Dorothy I. Height：全国黑人妇女理事会会长

Albert R. Jonsen, Ph.D., Associate Professor of Bioethics, University of California at San Francisco.

Albert R. Jonsen：哲学博士，加州大学旧金山分校生命伦理学副教授

Patricia King, J.D., Associate Professor of Law, Georgetown University Law Center.

Patricia King：法学博士，乔治敦大学法律中心法律学副教授

Karen Lebacqz, Ph.D., Associate Professor of Christian Ethics, Pacific School of Religion.

Karen Lebacqz：哲学博士，太平洋宗教学校基督教伦理学副教授

* David W. Louisell, J.D., Professor of Law, University of California at Berkeley.

*David W. Louisell：法学博士，加州大学伯克利分校法律学教授

Donald W. Seldin, M.D., Professor and Chairman, Department of Internal Medicine, University of Texas at Dallas.

Donald W. Seldin：医学博士，得克萨斯大学达拉斯分校内科系教授和系主任

Eliot Stellar, Ph.D., Provost of the University and Professor of Physiological Psychology, University of Pennsylvania.

Eliot Stellar：哲学博士，宾夕法尼亚大学教务长和生理心理学教授

* Robert H. Turtle, LL.B., Attorney, VomBaur, Coburn, Simmons & Turtle, Washington, D.C. * Deceased

Robert H. Turtle：法学学士，华盛顿哥伦比亚特区 Simmons & Turtle 律师事务所律师 已故

Table of Contents
目　　录

二、基本伦理原则

1. Respect for Persons

尊重他人

2. Beneficence

善待他人

3. Justice

公平公正

C. Applications

三、应用

1. Informed Consent

知情同意

2. Assessment of Risk and Benefits

风险/利益评估

3. Selection of Subjects

受试者选取

Ethical Principles & Guidelines for Research Involving Human Subjects
以人为对象的研究受试者保护伦理原则和指南

Scientific research has produced substantial social benefits. It has also posed some troubling ethical questions. Public attention was drawn to these questions by reported abuses of human subjects in biomedical experiments, especially during the Second World War. During the Nuremberg War Crime Trials, the Nuremberg code was drafted as a set of standards for judging physicians and scientists who had conducted biomedical experiments on concentration camp prisoners. This code became the prototype of many later codes[1]intended to assure that research involving human subjects would be carried out in an ethical manner.

科学研究产生了巨大的社会效益，但也造成了一些令人不安的伦理问题。有报道称某些生物医学实验滥用人类受试者（特别是第二次世界大战期间），引发公众对这些问题的关注。在纽伦堡战争罪行审判期间，起草了《纽伦堡法典》，作为审判那些曾在集中营囚犯身上进行生物医学实验的医生和科学家的标准。它是后来诸多法典[1]的原型。这些法典旨在确保以人为对象的研究合乎伦理。

The codes consist of rules, some general, others specific, that guide the investigators or the reviewers of research in their work. Such rules often are inadequate to cover complex situations; at times they come into conflict, and they are frequently difficult to interpret or apply. Broader ethical principles will provide a basis on which specific rules may be formulated, criticized and interpreted.

这些法典由条规组成，有的宽泛，有的具体，用于指导研究人员和审查人员的工作。这些条规往往不能面面俱到，有时又互相冲突，常常难以理解或应用。更加广泛的伦理原则将为制定、评论、解读具体条规提供依据。

Three principles, or general prescriptive judgments, that are relevant to research involving human subjects are identified in this statement. Other principles may also be relevant. These three are comprehensive, however, and are stated at a level of generalization that should assist scientists, subjects, reviewers and interested citizens to understand the ethical issues inherent in research involving human subjects. These principles cannot always be applied, so as to resolve beyond dispute particular ethical problems. The objective is to provide an analytical framework that will guide the resolution of ethical problems arising from research involving human subjects.

本报告中确立了三项与以人为对象的研究相关的原则或总体评判依据。其他原则也可能相关，但这三大原则是综合性、概括性的陈述，应能帮助科研人员、受试者、审查人员及对这类事情感兴趣的民众理解以人为对象的研究中固有的伦理问题。这些原则不一定能用来解决特定的伦理争议问题。它的目的是提供一个分析框架，指导解决由以人为对象的研究引发的伦理问题。

This statement consists of a distinction between research and practice, a discussion of the three basic ethical principles, and remarks about the application of these principles.

本报告包括科研和医疗的界限、有关三大基本伦理原则的探讨以及有关这些原则应用的说明。

Part A: Boundaries Between Practice & Research
第一部分：医疗与科研之间的界限

A. Boundaries Between Practice and Research

一、医疗与科研之间的界限

It is important to distinguish between biomedical and behavioral research, on the one hand, and the practice of accepted therapy on the other, in order to know what activities ought to undergo review for the protection of human subjects of research. The distinction between research and practice is blurred partly because both often occur together (as in research designed to evaluate a therapy) and partly because notable departures from standard practice are often called "experimental" when the terms "experimental" and "research" are not carefully defined.

为了明确需审查的活动，以保护受试者，一方面务必要将生物医学研究和行为研究区别开来，另一方面还要分清医学研究和常规医疗的界限。科研和医疗之间的界限是模糊的，一是因为二者常常相伴相生（例如为评估疗效而进行的科研），二是因为如未慎重定义"实验"和"研究"这两个术语，那些明显偏离常规医疗的行为也常常会被称为"实验"。

For the most part, the term "practice" refers to interventions that are designed solely to enhance the well-being of an individual patient or client and that have a reasonable expectation of success. The purpose of medical or behavioral practice is to provide diagnosis, preventive treatment or therapy to particular individuals[2]. By contrast, the term "research" designates an activity designed to test a hypothesis, permit conclusions to be drawn, and thereby to develop or contribute to generalizable knowledge (expressed, for example, in theories, principles, and statements of relationships) . Research is usually described in a formal protocol that sets forth an objective and a set of procedures designed to reach that objective.

在大多数情况下，"医疗"一词系指专为增强个别患者或顾客健康而采取的，且有一定成功预期的介入措施。医疗或行为疗法的目的是为特定个体提供诊断、预防治疗或疗法[2]。"科研"则指为了验证某一假设，得出结论，从而发展或推进具有普及价值的知识（如以理论、原则和关系陈述的形式表述的知识）。开展科研工作时，通常都应制订好正式方案，说明其目的以及达到目的所需的程序。

When a clinician departs in a significant way from standard or accepted practice, the innovation does not, in and of itself, constitute research. The fact that a procedure is "experimental, " in the sense of new, untested or different, does not automatically place it in the category of research. Radically new procedures of this description should, however, be made the object of formal research at an early stage in order to determine whether they are safe and effective. Thus, it is the responsibility of medical practice committees, for example, to insist that a major innovation be incorporated into a formal research project[3].

如果临床医生严重偏离常规或公认的医疗标准，这种创新本身并不能构成研究。一种全新的、未经试验和与众不同的"实验"操作程序并不能自然归属于研究，但为了确定其是否安全有效，应在早期将这类全新的操作程序作为正式研究的对象。因此，医疗委员会有责任坚持将主要创新内容纳入到正式研究项目中[3]。

Research and practice may be carried on together when research is designed to evaluate the safety and efficacy of a therapy. This need not cause any confusion regarding whether or not the activity requires review;

the general rule isthat if there is any element of research in an activity, that activity should undergo review for the protection of human subjects.

如果科研的目的是评价某种疗法的安全性和有效性，则可同时进行研究和医疗，而不应造成有关是否需要审查该项活动的困惑。原则上，如果某活动中存在研究的成分，则应对该活动进行审查，以保护好受试者。

Part B: Basic Ethical Principles
第二部分：基本伦理原则

B. Basic Ethical Principles

二、基本伦理原则

The expression "basic ethical principles" refers to those general judgments that serve as a basic justification for the many particular ethical prescriptions and evaluations of human actions. Three basic principles, among those generally accepted in our cultural tradition, are particularly relevant to the ethics of research involving human subjects: the principles of respect of persons, beneficence and justice.

"基本伦理原则"是一些综合判定依据，作为对诸多特定人类行为伦理规范与评价的基本评判。我们文化传统普遍接受的各项原则中，有以下三项基本原则与以人为对象的研究伦理学密切相关：尊重他人、善待他人和公平公正。

1. Respect for Persons. — Respect for persons incorporates at least two ethical convictions: first, that individuals should be treated as autonomous agents, and second, that persons with diminished autonomy are entitled to protection. The principle of respect for persons thus divides into two separate moral requirements: the requirement to acknowledge autonomy and the requirement to protect those with diminished autonomy.

尊重他人——尊重他人至少包含以下两项伦理要求：第一，应尊重具备自主能力的个人；第二，丧失自主能力的人理应受到保护。因此，尊重他人的原则可分为两项单独的道德要求：承认自主性；保护丧失自主能力的人。

An autonomous person is an individual capable of deliberation about personal goals and of acting under the direction of such deliberation. To respect autonomy is to give weight to autonomous persons' considered opinions and choices while refraining from obstructing their actions unless they are clearly detrimental to others. To show lack of respect for an autonomous agent is to repudiate that person's considered judgments, to deny an individual the freedom to act on those considered judgments, or to withhold information necessary to make a considered judgment, when there are no compelling reasons to do so.

有自主能力的人是指能够三思而后行的个人。尊重自主性即尊重有自主能力的人深思熟虑后的意见和选择。除非他们的行为对他人造成明显危害，否则就不应阻碍他们的行为。对有自主能力的人不够尊重是指在没有充分理由的情况下，否定他们深思熟虑后做出的判断，剥夺其按深思熟虑后的判断去行动的自由，或者故意隐瞒能让他们做出深思熟虑的判断所需的信息。

However, not every human being is capable of self-determination. The capacity for self-determination matures during an individual's life, and some individuals lose this capacity wholly or in part because of illness, mental disability, or circumstances that severely restrict liberty. Respect for the immature and the incapacitated may require protecting them as they mature or while they are incapacitated.

然而，并非所有人都有自我决定的能力。这种自我决定的能力是在个人的生活中逐渐成熟的，有的人则会因患病、智力障碍或者严重限制自由的情况而全部或部分丧失这一能力。尊重尚未成熟和欠缺行为能力的人，需要在他们成熟的过程中或者不具备行为能力时给予他们保护。

Some persons are in need of extensive protection, even to the point of excluding them from activities which may harm them; other persons require little protection beyond making sure they undertake activities freely and with awareness of possible adverse consequence. The extent of protection afforded should depend upon the risk of harm and the likelihood of benefit. The judgment that any individual lacks autonomy should be periodically reevaluated and will vary in different situations.

有的人需要多加保护，甚至不要让他们参加可能伤害到他们的活动；有的人，除了确保他们能自由地参加各种活动，并认识到可能的不利后果外，几乎不需要什么保护。提供的保护程度取决于利弊衡量。对个人欠缺自主能力的判断应定期重新评估，随情形的变化而变化。

In most cases of research involving human subjects, respect for persons demands that subjects enter into the research voluntarily and with adequate information. In some situations, however, application of the principle is not obvious. The involvement of prisoners as subjects of research provides an instructive example. On the one hand, it would seem that the principle of respect for persons requires that prisoners not be deprived of the opportunity to volunteer for research. On the other hand, under prison conditions they may be subtly coerced or unduly influenced to engage in research activities for which they would not otherwise volunteer. Respect for persons would then dictate that prisoners be protected. Whether to allow prisoners to "volunteer" or to "protect" them presents a dilemma. Respecting persons, in most hard cases, is often a matter of balancing competing claims urged by the principle of respect itself.

对于大多数以人为对象的研究来说，对受试者尊重体现在他们对该项研究有充分了解，并且是自愿参与研究。但是，在有的情况下，这一原则的适用对象并不是很明确。让囚犯作为受试者参加研究就是一个很有启发意义的例子。一方面，根据尊重他人的原则，不得剥夺囚犯自愿参加研究的机会。另一方面，在监狱里，他们又可能被强迫或受到不当影响，而非自愿地参加研究活动。尊重人，就应保护好囚犯。让囚犯"自愿"参加，还是"保护"他们？这是一个难题。在多数两难的情况下，尊重人，通常是权衡依据尊重原则本身提出的相互对立的主张要求。

2. Beneficence. — Persons are treated in an ethical manner not only by respecting their decisions and protecting them from harm, but also by making efforts to secure their well-being. Such treatment falls under the principle of beneficence. The term "beneficence" is often understood to cover acts of kindness or charity that go beyond strict obligation. In this document, beneficence is understood in a stronger sense, as an obligation. Two general rules have been formulated as complementary expressions of beneficent actions in this sense: (1) do not harm and (2) maximize possible benefits and minimize possible harms.

善待他人——不仅尊重他人的决定，保护他们不受伤害，而且努力确保他们的福祉，以合乎伦理的方式对待他人。这样待人属于善待他人原则的范畴。"善待他人"通常是指超出严格意义上的义务范畴的善举或慈善行为。本文中，"善待他人"可以理解成是一种义务。由此制定了两条一般性规则，作为这个意义上善待他人的行为的补充条款：其一，不造成伤害；其二，将可能的利益最大化，把可能的伤害最小化。

The Hippocratic maxim "do no harm" has long been a fundamental principle of medical ethics. Claude Bernard extended it to the realm of research, saying that one should not injure one person regardless of the benefits that might come to others. However, even avoiding harm requires learning what is harmful; and, in the process of obtaining this information, persons may be exposed to risk of harm. Further, the Hippocratic Oath requires physicians to benefit their patients "according to their best judgment". Learning what will in fact benefit may require exposing persons to risk. The problem posed by these imperatives is to decide when it is justifiable to seek certain benefits despite the risks involved, and when the benefits should be foregone because of the risks.

　　长期以来，希波克拉底誓言"不造成伤害"一直是一项基本医疗伦理原则。克劳德·伯纳德把它扩展到科研领域，认为无论他人是否可能受益，都不应对他人造成伤害。然而，为了避免伤害，需要先了解什么是有害行为；在获取这一信息的过程中，人们就有可能面临受到伤害的风险。此外，希波克拉底誓言要求医生"根据自己的最好判断"为患者造福。探索这些福祉的过程，往往也会让人面临风险。问题的关键是要决定何时尽管存在风险，也应该谋求利益；何时又因存在风险，而应该放弃这些利益。

The obligations of beneficence affect both individual investigators and society at large, because they extend both to particular research projects and to the entire enterprise of research. In the case of particular projects, investigators and members of their institutions are obliged to give forethought to the maximization of benefits and the reduction of risk that might occur from the research investigation. In the case of scientific research in general, members of the larger society are obliged to recognize the longer term benefits and risks that may result from the improvement of knowledge and from the development of novel medical, psychotherapeutic and social procedures.

　　"善待他人"的义务不仅事关研究者个人，也事关整个社会，因为它将二者与特定研究项目及整个研究事业联系起来。对于特定项目而言，研究调查人员及其机构成员有义务提前筹划，以将利益最大化，同时降低研究调查中可能出现的风险。对于常规科研，更大范围的社会成员有义务认识到知识进步以及新型医疗、心理治疗和社会过程发展可能带来的长期利益和风险。

The principle of beneficence often occupies a well-defined justifying role in many areas of research involving human subjects. An example is found in research involving children. Effective ways of treating childhood diseases and fostering healthy development are benefits that serve to justify research involving children—even when individual research subjects are not direct beneficiaries. Research also makes it possible to avoid the harm that may result from the application of previously accepted routine practices that on closer investigation turn out to be dangerous. But the role of the principle of beneficence is not always so unambiguous. A difficult ethical problem remains, for example, about research that presents more than minimal risk without immediate prospect of direct benefit to the children involved. Some have argued that such research is inadmissible, while others have pointed out that this limit would rule out much research promising great benefit to children in the future. Here again, as with all hard cases, the different claims covered by the principle of beneficence may come into conflict and force difficult choices.

在许多涉及人类受试者的研究领域，善待他人原则都起着明确评鉴的作用，例如涉及儿童的研究。即使在受试者个人不是直接受益人时，有效治疗儿科疾病、促进健康发育这些益处也可用于评鉴涉及儿童的研究项目。有些常规疗法以前被认可，但经进一步调查，发现其存在危险，通过研究，可以避免这些常规疗法带来的伤害。但是，善待他人原则的作用并非总是这样明确。例如，带有一定风险，又不能让儿童直接受益的研究就存在伦理上的难题。有人认为不应允许进行此类研究，有的人则指出，这种限制会将许多将来能为儿童造福的研究排除在外。和所有两难的情况一样，按照善待他人原则提出的不同索求可能相互冲突，让人难以抉择。

3. Justice. — Who ought to receive the benefits of research and bear its burdens? This is a question of justice, in the sense of "fairness in distribution" or "what is deserved." An injustice occurs when some benefit to which a person is entitled is denied without good reason or when some burden is imposed unduly. Another way of conceiving the principle of justice is that equals ought to be treated equally. However, this statement requires explication. Who is equal and who is unequal? What considerations justify departure from equal distribution? Almost all commentators allow that distinctions based on experience, age, deprivation, competence, merit and position do sometimes constitute criteria justifying differential treatment for certain purposes. It is necessary, then, to explain in what respects people should be treated equally. There are several widely accepted formulations of just ways to distribute burdens and benefits. Each formulation mentions some relevant property on the basis of which burdens and benefits should be distributed. These formulations are (1) to each person an equal share, (2) to each person according to individual need, (3) to each person according to individual effort, (4) to each person according to societal contribution, and (5) to each person according to merit.

公平公正——谁会从科研获益，由谁来承受负担？这是一个事关公平公正的问题，即"分配公平"或"理所当得"。当有人该得未得，或者负担过重时，即存在不公。公平公正原则的另一层意思是平等地对待平等的人，但这点需要说清楚：谁是平等的，谁又不平等？用什么标准评判偏离均等分配标准的行为？几乎所有评判者都能接受这样的观点：在某些情况下，经验、年龄、损失、能力、贡献和职位的差别有时确实能成为判定不同待遇合理性的标准。那么，就有必要说明应在哪些方面公平待人。这里有几种广为接受的公平分配负担和利益的观点。每种观点都会提及根据某些相关属性分配负担和利益。这些方法是：①按人平分；②按需分配；③按劳分配；④按社会贡献分配；⑤按业绩分配。

Questions of justice have long been associated with social practices such as punishment, taxation and political representation. Until recently these questions have not generally been associated with scientific research. However, they are foreshadowed even in the earliest reflections on the ethics of research involving human subjects. For example, during the 19th and early 20th centuries the burdens of serving as research subjects fell largely upon poor ward patients, while the benefits of improved medical care flowed primarily to private patients. Subsequently, the exploitation of unwilling prisoners as research subjects in Nazi concentration camps was condemned as a particularly flagrant injustice. In this country, in the 1940's, the Tuskegee syphilis study used disadvantaged, rural black men to study the untreated course of a disease that is by no means confined to that population. These subjects were deprived of demonstrably effective treatment in order not to interrupt the project, long after such treatment became generally available.

　　长期以来，公平公正的问题都与惩罚、征税、政治代表等社会实践相关。虽然，这些问题至今尚未与科研普遍关联，但在最早期的对以人为对象的研究伦理学的思考中已现端倪。例如，19 世纪和 20 世纪初，作为受试者的负担大都由穷苦的住院患者承担，而医疗改善后带来的好处却主要流向私家患者。后来，纳粹集中营强迫囚犯进行以人为对象的研究，臭名昭著，广受谴责。20 世纪 40 年代，美国塔斯基吉研究所的梅毒研究项目以处于弱势地位的乡下黑人男子为人类受试者，研究接受治疗前的病情。此类疾病并非仅在该人群中发生。为了不让这一研究项目中断，这些受试者未能接受早前普及且疗效明显的治疗。

Against this historical background, it can be seen how conceptions of justice are relevant to research involving human subjects. For example, the selection of research subjects needs to be scrutinized in order to determine whether some classes (e.g., welfare patients, particular racial and ethnic minorities, or persons confined to institutions) are being systematically selected simply because of their easy availability, their compromised position, or their manipulability, rather than for reasons directly related to the problem being studied. Finally, whenever research supported by public funds leads to the development of therapeutic devices and procedures, justice demands both that these not provide advantages only to those who can afford them and that such research should not unduly involve persons from groups unlikely to be among the beneficiaries of subsequent applications of the research.

　　在这一历史背景下，我们就可以看出公平公正的观念与以人为对象的研究的相关性。例如，为了确定是否仅仅是因为他们听从使唤、地位低下、任由摆布，而不是因为与研究的问题直接相关而系统地选择某些阶层（例如福利患者、特定种族和少数族裔或者被研究机构限制的人），需要对受试者的选择进行仔细审查。最后，只要是公共基金赞助的科研能够促进医疗设备和方法的发展，按照公平公正的要求，它们不仅要能让那些有偿付能力的人受益，而且，此类研究不应过多牵涉那些不太可能成为后续科研应用受益者的人群。

Part C: Applications
第三部分：应用

Applications of the general principles to the conduct of research leads to consideration of the following requirements: informed consent, risk/benefit assessment, and the selection of subjects of research.

在将这些一般性原则应用于科研行为时，应考虑以下要求：知情同意、风险/利益评估、受试者选择。

1. Informed Consent. — Respect for persons requires that subjects, to the degree that they are capable, be given the opportunity to choose what shall or shall not happen to them. This opportunity is provided when adequate standards for informed consent are satisfied.

知情同意——尊重他人的原则要求应根据受试者的能力，为其提供选择参与哪些项目的机会。提供这样的机会前，必须先满足充分知情同意的标准。

While the importance of informed consent is unquestioned, controversy prevails over the nature and possibility of an informed consent. Nonetheless, there is widespread agreement that the consent process can be analyzed as containing three elements: information, comprehension and voluntariness.

虽然，知情同意的重要性不容置疑，但围绕知情同意的性质和可能性的争论却没完没了。尽管如此，对知情同意过程的三要素分析却能达成广泛一致：知情、理解和自愿。

Information. Most codes of research establish specific items for disclosure intended to assure that subjects are given sufficient information.

These items generally include: the research procedure, their purposes, risks and anticipated benefits, alternative procedures (where therapy is involved), and a statement offering the subject the opportunity to ask questions and to withdraw at any time from the research. Additional items have been proposed, including how subjects are selected, the person responsible for the research, etc.

知情信息。多数科研行为规范都制定有详尽的信息公开项目，旨在让受试者充分知情。这些项目一般都包括：研究程序、研究目的、风险及预期好处、替代程序（涉及治疗时），以及让受试者有机会提问和随时退出研究的声明。其他条款包括如何挑选受试者、研究负责人等。

However, a simple listing of items does not answer the question of what the standard should be for judging how much and what sort of information should be provided. One standard frequently invoked in medical practice, namely the information commonly provided by practitioners in the field or in the locale, is inadequate since research takes place precisely when a common understanding does not exist. Another standard, currently popular in malpractice law, requires the practitioner to reveal the information that reasonable persons would wish to know in order to make a decision regarding their care. This, too, seems insufficient since the research subject, being in essence a volunteer, may wish to know considerably more about risks gratuitously undertaken than do patients who deliver themselves into the hand of a clinician for needed care. It may be that a standard of "the reasonable volunteer" should be proposed: the extent and nature of information should be such that persons, knowing that the procedure is neither necessary for their care nor perhaps fully understood, can decide whether they wish to participate in the furthering of knowledge. Even when some direct benefit to them is anticipated, the subjects should understand clearly the range of risk and the voluntary nature of participation.

然而，应该用什么样的标准来判断需提供多少信息及提供哪类信息的问题，并不是通过简单地列出项目清单就能回答的。因只有在没有形成共识时才需进行研究，医疗中常用的某种标准，即该领域或当地的医务工作者普遍提供的信息，是不充分的。目前医疗事故法规中普遍引用的另一标准，则要求医务人员公开信息，以便相关人员做出有关其治疗的决定。这样似乎也不充分，因为相对于那些不得不从医生那里获得所需治疗的患者而言，作为志愿者参与研究是平白无故地承担风险，他们会更想知道这些风险。可能我们应该提出一个"合理的志愿者"标准：当患者知道他们的治疗没有必要采用这样的实验程序，也不可能完全了解该程序时，他们能决定是否参加探索这方面知识的活动。应以此确定向他们提供信息的性质和范围。即使是预期能让他们直接获益，受试者也应清楚风险的范围和参加实验的自愿性。

A special problem of consent arises where informing subjects of some pertinent aspect of the research is likely to impair the validity of the research. In many cases, it is sufficient to indicate to subjects that they are being invited to participate in research of which some features will not be revealed until the research is concluded. In all cases of research involving incomplete disclosure, such research is justified only if it is clear that (1) incomplete disclosure is truly necessary to accomplish the goals of the research, (2) there are no undisclosed risks to subjects that are more than minimal, and (3) there is an adequate plan for debriefing subjects, when appropriate, and for dissemination of research results to them. Information about risks should never be withheld for the purpose of eliciting the cooperation of subjects, and truthful answers should always be given to direct questions about the research. Care should be taken to distinguish cases in which disclosure would destroy or invalidate the research from cases in which disclosure would simply inconvenience the investigator.

在将研究的某些相关事项告知受试者时，有可能会影响研究的有效性。这样会造成一个特殊的知情同意问题。在许多情况下，向受试者指出，要在研究完成后才能公开他们参加的研究的某些特征，这就足够了。对于所有不完全公开信息的研究项目，都应以下面三点为依据判断其是否合理：①不完全公开信息确实是为了实现研究的目标；②受试者不存在超过最低限度的未公开风险；③制订有相应的计划，在合适的时候，事后向受试者说明情况，并将研究结果告知他们。绝对不能为了诱使受试者合作而隐瞒风险信息，而应如实回答有关研究的问题。有的情况下，公开信息会破坏研究，或者致使研究失效；有的情况下，则只会对研究人员造成不便。应谨慎将这两种情况区分开来。

Comprehension. The manner and context in which information is conveyed is as important as the information itself. For example, presenting information in a disorganized and rapid fashion, allowing too little time for consideration or curtailing opportunities for questioning, all may adversely affect a subject's ability to make an informed choice.

完全理解。传递信息的方式及背景和信息本身同样重要。例如，以一种混乱而快速的方式传送信息，不给别人留出时间思考，或者不给别人机会提问，都可能对受试者理解信息做出选择的能力造成负面影响。

Because the subject's ability to understand is a function of intelligence, rationality, maturity and language, it is necessary to adapt the presentation of the information to the subject's capacities. Investigators are responsible for ascertaining that the subject has comprehended the information. While there is always an obligation to ascertain that the information about risk to subjects is complete and adequately comprehended, when the risks are more serious, that obligation increases. On occasion, it may be suitable to give some oral or written tests of comprehension.

因为受试者的理解力是其智力、理性、成熟度及语言能力的体现，需根据受试者的能力采用相应的信息传递方式。研究人员有责任确保受试者理解了这些信息。虽然，研究人员一直都有义务确保受试者风险信息完整且被充分理解，但风险增大时，这种义务也会增加。必要时，可进行口头或书面的理解力测试。

Special provision may need to be made when comprehension is

severely limited—for example, by conditions of immaturity or mental disability. Each class of subjects that one might consider as incompetent (e.g., infants and young children, mentally disable patients, the terminally ill and the comatose) should be considered on its own terms. Even for these persons, however, respect requires giving them the opportunity to choose to the extent they are able, whether or not to participate in research. The objections of these subjects to involvement should be honored, unless the research entails providing them a therapy unavailable elsewhere. Respect for persons also requires seeking the permission of other parties in order to protect the subjects from harm. Such persons are thus respected both by acknowledging their own wishes and by the use of third parties to protect them from harm.

当受试者的理解力严重受限时，例如，受试者尚未成熟或存在智力障碍时，需做出一些特殊规定。对于被认为不具备相应能力（如婴幼儿、智障患者、绝症患者和昏迷不醒的患者）的各类受试者，应根据其各自的情况分别考虑。然而，即使对于这些人，出于尊重的原则，不管他们是否最终参加实验都应给他们适当的选择机会。除非研究需要为这些人提供绝无仅有的治疗，否则应尊重他们不参加实验的决定。对人尊重的原则也要求求得其他人的同意，以保护这些对象免遭伤害。这样的话这些人就受尊重了，不仅是通过对他们意愿的承认，而且是利用第三方保护他们免遭伤害。

The third parties chosen should be those who are most likely to understand the incompetent subject's situation and to act in that person's best interest. The person authorized to act on behalf of the subject should be given an opportunity to observe the research as it proceeds in order to be able to withdraw the subject from the research, if such action appears in the subject's best interest.

应选择最能理解无行为能力受试者情况并能代表其切身利益的第三方。如果受试者退出研究最符合其切身利益，则应给予经授权能代表受试者的人机会，让其能观察正在进行的研究。

Voluntariness. An agreement to participate in research constitutes a valid consent only if voluntarily given. This element of informed consent requires conditions free of coercion and undue influence. Coercion occurs when an overt threat of harm is intentionally presented by one person to another in order to obtain compliance. Undue influence, by contrast, occurs through an offer of an excessive, unwarranted, inappropriate or improper reward or other overture in order to obtain compliance. Also, inducements that would ordinarily be acceptable may become undue influences if the subject is especially vulnerable.

自愿。只有自愿签署参与研究的协议才能构成有效同意。知情同意这一要素要求不会受到强迫和不当影响。强迫即为了让对方顺从，故意、公然发出伤害威胁。不当影响则是为了让对方顺从，采取过度、无根据、不适当或不合适的奖赏或其他示好行为。如果受试者特别脆弱，通常情况下被允许的诱导行为也可能成为不当影响。

Unjustifiable pressures usually occur when persons in positions of authority or commanding influence—especially where possible sanctions are involved—urge a course of action for a subject. A continuum of such influencing factors exists, however, and it is impossible to state precisely where justifiable persuasion ends and undue influence begins. But undue influence would include actionssuch as manipulating a person's choice through the controlling influence of a close relative and threatening to withdraw health services to which an individual would otherwise be entitled.

特别是有可能涉及处罚时，处于权威或支配地位的人催促受试者参加试验，通常都会造成不合理的压力。然而，这些影响因素并没有明确的界限，也不可能精准地区分什么时候是正当的劝说，什么时候是不当影响。但是，不当影响包括通过亲属控制操纵某人的选择，以及威胁不再提供某人本应享有的健康服务。

2. Assessment of Risks and Benefits. — The assessment of risks and benefits requires a careful arrayal of relevant data, including, in some cases, alternative ways of obtaining the benefits sought in the research. Thus, the assessment presents both an opportunity and a responsibility to gather systematic and comprehensive information about proposed research. For the investigator, it is a means to examine whether the proposed research is properly designed. For a review committee, it is a method for determining whether the risks that will be presented to subjects are justified. For prospective subjects, the assessment will assist the determination whether or not to participate.

风险/利益评估。——评估风险/利益时，需要仔细列出相关数据，在有的时候，还要列出获取研究中寻求的利益的替代方法。因此，这种评估会带来收集有关研究的系统和综合信息的机会和责任。对于研究人员来说，这是检验该项研究设计是否合理的方式。对于审查委员会而言，它是确定受试者要承受的风险是否正当的方法。对于潜在受试者，这样的评估可帮助他们做出是否参与实验的决定。

The Nature and Scope of Risks and Benefits. The requirement that research be justified on the basis of a favorable risk/benefit assessment bears a close relation to the principle of beneficence, just as the moral requirement that informed consent be obtained is derived primarily from the principle of respect for persons. The term "risk" refers to a possibility that harm may occur. However, when expressions such as "small risk" or "high risk" are used, they usually refer (often ambiguously) both to the chance (probability) of experiencing a harm and the severity (magnitude) of the envisioned harm.

风险/利益的性质和范围：应依据风险/利益评估结果来判断研究的合理性，这一要求与善待他人的原则密切相关，就如应征得知情同意这一道德要求主要源于尊重他人的原则一样。"风险"一词系指出现伤害的可能性，但如果使用"小风险"或"高风险"的表述时，它们通常指（常常是模糊地）遭受伤害的机会（概率）和预期伤害的严重性（大小）。

The term "benefit" is used in the research context to refer to something of positive value related to health or welfare. Unlike, "risk, ""benefit" is not a term that expresses probabilities. Risk is properly contrasted to probability of benefits, and benefits are properly contrasted with harms rather than risks of harm. Accordingly, so-called risk/benefit assessments are concerned with the probabilities and magnitudes of possible harm and anticipated benefits. Many kinds of possible harms and benefits need to be taken into account. There are, for example, risks of psychological harm, physical harm, legal harm, social harm and economic harm and the corresponding benefits. While the most likely types of harms to research subjects are those of psychological or physical pain or injury, other possible kinds should not be overlooked.

研究中所用的"利益"一词系指与健康或福利相关的积极价值。和"风险"不同,"利益"并不表示概率。与风险相对应的是受益概率,而利益相对应的是伤害,而不是伤害风险。因此,所谓的风险/利益评估和可能的伤害及预期的利益的概率和大小相关。我们需要考虑到各种可能的伤害和利益,比如,心理伤害、生理伤害、法律上的伤害、社会和经济上的伤害以及对应的利益。研究受试者最有可能遭受的伤害是心理和身体疼痛或损伤,但其他可能的伤害也不能忽视。

Risks and benefits of research may affect the individual subjects, the families of the individual subjects, and society at large (or special groups of subjects in society) . Previous codes and Federal regulations have required that risks to subjects be outweighed by the sum of both the anticipated benefit to the subject, if any, and the anticipated benefit to society in the form of knowledge to be gained from the research. In balancing these different elements, the risks and benefits affecting the immediate research subject will normally carry special weight. On the other hand, interests other than those of the subject may on some occasions be sufficient by themselves to justify the risks involved in the research, so long as the subjects' rights have been protected. Beneficence thus requires that we protect against risk of harm to subjects and also that we be concerned about the loss of the substantial benefits that might be gained from research.

　　研究带来的风险和利益可能影响到受试者个人、家庭以及整个社会（或社会中的特殊受试者群体）。此前已有法律法规要求，预期的受试者受益和以通过研究获得的知识等形式让社会受益之和必须超过受试者承受的风险。在权衡这些因素时，直接影响受试者的风险和利益一般都有着特殊的分量。另一方面，在有的情况下，只要保护好受试者的权利，除受试者利益外的其他利益应足以弥补科研带来的风险。因此，善待他人的原则要求我们保护好受试者，使其不会承受伤害风险，并关注他们是否能从研究中获得应得的利益。

　　The Systematic Assessment of Risks and Benefits. It is commonly said that benefits and risks must be "balanced" and shown to be "in a favorable ratio." The metaphorical character of these terms draws attention to the difficulty of making precise judgments. Only on rare occasions will quantitative techniques be available for the scrutiny of research protocols. However, the idea of systematic, nonarbitrary analysis of risks and benefits should be emulated insofar as possible. This ideal requires those making decisions about the justifiability of research to be thorough in the accumulation and assessment of information about all aspects of the research, and to consider alternatives systematically. This procedure renders the assessment of research more rigorous and precise, while making communication between review board members and investigators less subject to misinterpretation, misinformation and conflicting judgments. Thus, there should first be a determination of the validity of the presuppositions of the research; then the nature, probability and magnitude of risk should be distinguished with as much clarity as possible. The method of ascertaining risks should be explicit, especially where there is no alternative to the use of such vague categories as small or slight risk. It should also be determined whether an investigator's estimates of the probability of harm or benefits are reasonable, as judged by known facts or other available studies.

风险/利益的系统评估。人们通常认为利益和风险应该保持均衡，配比合理。这些字眼字面上的意思会引发对做出准确判断难度的关注。只有在很少的情况下，才可用定量方法仔细审查研究方案。但是，应尽可能进行系统、理性的风险/利益分析。这要求那些负责认定研究合理性的人认真搜集和评估有关研究的各个方面的信息，并系统地考虑替代方案。此程序能让研究更加严谨、精确，同时让审查委员会成员与研究人员之间的交流少一些误解、误报和争执。因此，首先应确定研究设想的有效性，然后尽可能界定风险的性质、概率和大小。确定风险的方法应该清晰明确，尤其在没有使用小或轻微风险等模糊分类的替代方法时。此外，还应根据已知事实或其他可用研究来确定研究人员有关伤害概率或利益的估计是否合理。

Finally, assessment of the justifiability of research should reflect at least the following considerations: (i) Brutal or inhumane treatment of human subjects is never morally justified. (ii) Risks should be reduced to those necessary to achieve the research objective. It should be determined whether it is in fact necessary to use human subjects at all. Risk can perhaps never be entirely eliminated, but it can often be reduced by careful attention to alternative procedures. (iii) When research involves significant risk of serious impairment, review committees should be extraordinarily insistent on the justification of the risk (looking usually to the likelihood of benefit to the subject—or, in some rare cases, to the manifest voluntariness of the participation) . (iv) When vulnerable populations are involved in research, the appropriateness of involving them should itself be demonstrated. A number of variables go into such judgments, including the nature and degree of risk, the condition of the particular population involved, and the nature and level of the anticipated benefits. (v) Relevant risks and benefits must be thoroughly arrayed in documents and procedures used in the informed consent process.

最后，研究合理性评估至少应能反映以下几方面的考虑：① 在道德上，野蛮或非人性地对待人类受试者是完全错误的。② 应将风险减少到达到研究目标所需的程度。应确定是否真的有必要使用人类受试者。风险或许不能完全消除，但往往可通过替代方式降低风险。③ 如果研究存在大量的严重伤害风险，审查委员会应特别注意风险的合理性（通常是关注受试者受益的可能性，或者在少数情况下，关注其参与研究的明显自愿性）。④ 如果研究涉及弱势群体，应论证他们参与研究的适当性。做出判断时应考虑各种变数，包括风险的性质和大小，涉及的特定人群情况，以及预计带来的好处的性质和程度。⑤ 知情同意过程中所用文件和程序中应详细列出相关风险和利益。

3. Selection of Subjects. — Just as the principle of respect for persons finds expression in the requirements for consent, and the principle of beneficence in risk/benefit assessment, the principle of justice gives rise to moral requirements that there be fair procedures and outcomes in the selection of research subjects.

受试者选取。——和知情同意的相关要求中表述的尊重他人的原则，以及风险/利益评估中善待他人的原则一样，公平公正的原则也提出了选取研究受试者的程序和结果应当公正的道德要求。

Justice is relevant to the selection of subjects of research at two levels: the social and the individual. Individual justice in the selection of subjects would require that researchers exhibit fairness: thus, they should not offer potentially beneficial research only to some patients who are in their favor or select only "undesirable" persons for risky research. Social justice requires that distinction be drawn between classes of subjects that ought, and ought not, to participate in any particular kind of research, based on the ability of members of that class to bear burdens and on the appropriateness of placing further burdens on already burdened persons. Thus, it can be considered a matter of social justice that there is an order of preference in the selection of classes of subjects (e.g., adults before children) and that some classes of potential subjects (e.g., the institutionalized mentally infirm or prisoners) may be involved as research subjects, if at all, only on certain conditions.

公平公正的原则在两个层面上与受试者相关：社会和个体。受试者挑选中的个体公正，就是要求研究人员展现公平：因此，他们不能只挑选自己中意的某些患者进行存在潜在好处的研究，或者只挑选他们"不喜欢的"人进行存在风险的研究。社会公正原则要求，根据社会群体成员承受负担的能力以及让已有负担的人承受更多负担的适当性，分清哪些群体应该参与特定研究，哪些群体不应该参与。因此，按优先顺序挑选各类受试者（如成人优先于儿童）以及让某些群体的潜在受试者（如收容的精神病患者或囚犯）只在某些条件下参与研究，这是一个事关社会公平公正的问题。

Injustice may appear in the selection of subjects, even if individual subjects are selected fairly by investigators and treated fairly in the course of research. Thus injustice arises from social, racial, sexual and cultural biases institutionalized in society. Thus, even if individual researchers are treating their research subjects fairly, and even if IRBs are taking care to assure that subjects are selected fairly within a particular institution, unjust social patterns may nevertheless appear in the overall distribution of the burdens and benefits of research. Although individual institutions or investigators may not be able to resolve a problem that is pervasive in their social setting, they can consider distributive justice in selecting research subjects.

即使研究人员公平地挑选各类受试者，并在研究过程中公平地对待他们，选择受试者时仍可能出现不公正的问题。不公正源自社会上固有的社会、种族、性别和文化偏见。因此，即使各研究人员公平地对待其受试者，即使机构审查委员会认真工作，确保在特定机构内部公平地挑选受试者，在整体分配研究的负担和利益时，还是可能出现不公正的社会形态。虽然各机构或研究人员可能没法解决其社会环境下普遍存在的问题，在挑选受试者时，他们还是能做到分配公正。

Some populations, especially institutionalized ones, are already burdened in many ways by their infirmities and environments. When research is proposed that involves risks and does not include a therapeutic component, other less burdened classes of persons should be called upon first to accept these risks of research, except where the research is directly related to the specific conditions of the class involved. Also, even though public funds for research may often flow in the same directions as public funds for health care, it seems unfair that populations dependent on public health care constitute a pool of preferred research subjects if more advantaged populations are likely to be the recipients of the benefits.

某些人群，特别是被机构收容的人群，在许多方面已因健康欠佳和环境等原因而承受负担。除与特定人群直接相关的研究外，若研究项目涉及风险，但不包含治疗，则应先招募负担较轻的人群，让他们接受研究的风险。另外，尽管公共科研基金流向常常与公共医疗卫生基金相同，如果更具优势的人群有可能成为受益者，将那些依赖于公共医疗卫生的人群作为首选受试者就显得不公平。

One special instance of injustice results from the involvement of vulnerable subjects. Certain groups, such as racial minorities, the economically disadvantaged, the very sick, and the institutionalized may continually be sought as research subjects, owing to their ready availability in settings where research is conducted. Given their dependent status and their frequently compromised capacity for free consent, they should be protected against the danger of being involved in research solely for administrative convenience, or because they are easy to manipulate as a result of their illness or socioeconomic condition.

不公正的一个特例是弱势受试者的参与。某些人群，如少数族裔、经济困难者、重病患者以及被机构收容的人等，很容易被与之相关的研究反复邀请而不断成为研究对象。鉴于他们依赖他人的状况以及他们自由同意的能力常遭约束，应该对他们进行保护，避免他们出于人们行政上的方便或者由于他们的病情或社会经济情况易受操纵而参加实验。

注释

[1] Since 1945, various codes for the proper and responsible conduct of human experimentation in medical research have been adopted by different organizations. The best known of these codes are the Nuremberg Code of 1947, the Helsinki Declaration of 1964 (revised in 1975), and the 1971 Guidelines (codified into Federal Regulations in 1974) issued by the U.S. Department of Health, Education, and Welfare Codes for the conduct of social and behavioral research have also been adopted, the best known being that of the American Psychological Association, published in 1973.

从 1945 年以来，不同组织采用了不同法规来规范医学研究中的人体实验，其中最著名的法规是 1947 年的《纽伦堡法典》、1964 年的《赫尔辛基宣言》（1975 年修订），以及由美国卫生、教育与福利部发布的 1971 年《指南》（1974 年被编入《联邦法规》）。此外，还有各种关于社会和行为研究的行为准则被采用，其中最著名的是 1973 年出版的美国心理学协会的行为准则。

[2] Although practice usually involves interventions designed solely to enhance the well-being of a particular individual, interventions are sometimes applied to one individual for the enhancement of the well-being of another (e.g., blood donation, skin grafts, organ transplants) or an intervention may have the dual purpose of enhancing the well-being of a particular individual, and, at the same time, providing some benefit to others (e.g., vaccination, which protects both the person who is vaccinated and society generally) . The fact that some forms of practice have elements other than immediate benefit to the individual receiving an intervention, however, should not confuse the general distinction between research and practice. Even when a procedure applied in practice may benefit some other person, it remains an intervention designed to enhance the well-being of a particular individual or groups of individuals; thus, it is practice and need not be reviewed as research.

虽然医疗通常会涉及专为增进特定个人身心健康而设计的介入措施，介入措施有时也适用于增进其他人的身心健康（如献血、皮肤移植、器官移植）；或者，有的介入措施还可能同时具有增进特定个人健康和让他人受益（如接种疫苗，保护接种疫苗者和整个社会）的双重目的。某些医疗的组成部分并不能让接受介入的个人直接受益，但不得混淆研究和医疗之间的一般界限。即使医疗中所用程序可能让某人受益，它仍然是用于增进特定个人或人群健康的介入措施，因此，它属于医疗，无须作为研究接受审查。

[3] Because the problems related to social experimentation may differ substantially from those of biomedical and behavioral research, the Commission specifically declines to make any policy determination regarding such research at this time. Rather, the Commission believes that the problem ought to be addressed by one of its successor bodies.

因与社会实验相关的问题和生物医学及行为研究问题存在本质的区别，委员会明确拒绝此时做出有关这类研究的任何决策。委员会认为这个问题应该由其替代机构来解决。

后　记

　　本书是 2015 年国家社会科学基金年度一般项目"中国社会科学研究伦理审查制度缺失问题及对策研究"（15BSH032）的最终成果。完成书稿校对，距离 2012 年 8 月正好 10 年，那个时候的我刚刚从英国毕业回到母校国防科技大学任教。入职第一个月，像许多高校"青椒"一样，申项目，发论文。当时写了一份有关教师发展的申报书，准备申请湖南省社科基金项目。那天，我早早地跑去学院，问科研秘书如何进行研究伦理审查。得到的答复是：没有研究伦理审查。我很好奇，马上想知道为什么没有，应不应该有，如何有。于是，围绕这三个问题我重新写了一份申报书，获得了立项。之后，在学校朱亚宗老师的指导下慢慢梳理了一些文献，做了一点研究，完成了项目。作为一名大学英语老师，到这个时候应该转回自己的本行了。可是，随着研究的深入，我越来越觉得研究伦理审查制度建设和研究伦理意识提升值得关注。那个时候出现了"黄金大米"事件，我便常常思考，在社会科学研究领域应该如何避免出现类似的问题。于是，我以"中国社会科学研究伦理审查制度缺失问题及对策研究"为题，申请国家社科基金 2015 年年度一般项目，获得立项资助。

　　完成这个项目，我用了五年。作为一名大学英语老师，每周 12 节课。除此之外，我还承担着各种各样的角色：教研室主任、党支部书记、学生课外活动中心负责人、三岁女儿的妈妈，等等。现在想想，那个时候支撑自己每天早上四点起来阅读写作的动力，应该是对开展这项研究的意义深信不疑吧。再有，就是对一大堆问题的好奇心。作为一名社会科学研究者，求真和求善孰轻孰重？我们在研究中的行为如何得到伦理上的辩护？"好研究"的判断标准是什么？如果说研究者、参试者和管理者构成一个研究共同体，什么样的机制可以协调各方之间的关系，使得各方利益得到保护、行为得到规约、成果得以共享？如果研究伦理审查制度可以做到这一点，那么这样的机制应该如何建立？临床医学研究伦理审查中的做法是否可以直接借用到社会科学研究中？社会科学研究伦理审查制度的演进历史是什么？背后的伦理学理论支撑是什么？在我国建立社会科学研究伦理审查制度会不会得到研究人员的认可？如何达成共识，理解制度建设的目的不是限制学术自由而是促进国际合作，实现与国际学术界平等对话，增强学术话语权的途径？

寻找这些问题的答案，每一步都走得很慢，也因此获得许多帮助。我先是到湖南师范大学伦理学研究所选修李伦老师的科技伦理课程，有机会将他从哈佛大学带回来的资料进行研读。也是在那个时候，我开始和在那里任教的李波、文贤庆、余露、孙宝成等青年教师一同读书。亚里士多德、康德、边沁、密尔、霍布斯、罗尔斯、麦金太尔等名字随着罗国杰、唐凯麟、周辅成、李泽厚、苗力田、邱仁宗、宋希仁、李伦、甘绍平等老师的介绍进入我的知识资源库。他们和他们的著作越来越吸引我，即便仅是一知片解。困惑的时候，伦理学研究所资料室的学习小分队成员立刻围过来开始讨论。正在读硕或读博的冯楚、周强强和高树平会把自己的理解一股脑儿地告诉我。资料室管理员何静经常会带我回家，做上一桌湖南菜给我打牙祭。在伦理学研究所的学习帮助我完成了本书前三章的撰写工作。

实证数据采集随着我的工作的变迁缓慢推进。2018 年，我因文职干部改革转业至北京外国语大学任教。最初的两年，我参加学校对口支援中国石油大学（北京）克拉玛依校区和新疆大学工作，在两所大学任教。在新疆大学图书馆，我完成了研究后半段的工作，提交了研究报告，顺利结项。结项时，国家已经十分重视科技伦理建设，相关法律法规和指导意见陆续颁布；许多学者也在积极建言献策，每天都能看到见解独到的理论文章。于是，对于将研究报告整理成书稿出版，我一直没有信心，总觉得多此一举，也觉得自己对理论的解读囫囵吞枣，对文献的梳理还不够系统，基于访谈和问卷调查得出的结论还不能完全回答最初的研究问题,给出的建议也显得稚嫩。

去年夏天,中国伦理学会科技伦理专业委员会在大连理工大学成立,我有幸成为委员会理事。应李伦老师之邀,我在成立大会上汇报了自己的研究成果,得到科学出版社科学人文分社侯俊琳社长的认可。在他的鼓励下,此书作为"互联网、大数据与人工智能伦理丛书"中的一册,得以顺利出版。在此,感谢侯俊琳社长、邹聪编辑和匿名审校的大力帮助,感谢国家哲学社会科学规划办公室和北京外国语大学资助出版,感谢李伦老师一路指引,感谢文贤庆和冯楚老师审校伦理学理论部分,感谢许宏晨和徐建两位老师指导数据分析,感谢陈钻钻和卢小汐两位挚友全程提供技术支持,感谢赵春青老师发来最新文献,感谢吴东风和王丹参与资料翻译,感谢朱亚宗和夏兆弓老师通读全文,修改反馈,感谢柴婷和李雅楠两位同学认真进行文字校对,感谢李雨萱小朋友在我的书稿不同版本的封面写下一行行暖暖的话语,留下一颗颗闪闪的爱心。

最后,要感谢参与此项研究的所有参试者。1093 名被调查对象认真填写问卷,24 名访谈对象给予我宝贵的时间,将自己对研究伦理审查制度的相关经历、认识、困惑和建议毫无保留地与我分享。那些关于在研究中伦理两难境地的讨论触发了我对研究伦理意识提升的诸多思考。完成这本书,我已开始在新疆、西藏、云南、内蒙古等民族地区开展语言教育伦理研究。在新的田野调查中我将遇到更多更复杂的伦理两难境地,对研究伦理的思考未完待续。

侯俊霞

2022 年 7 月 16 日于北京外国语大学